JN411608

밥배식의 25시

밥배식의 25시

2020년 6월 12일 인쇄
2020년 6월 18일 발행

지은이 | 박 배 식
펴낸이 | 강 경 호
편 집 | 강 나 루
디자인 | 박 지 원
발행처 | 도서출판 시와사람
등 록 | 1994년 6월 10일 제 05-01-0155호
주 소 | 광주시 동구 양림로119번길 21-1(학동)
전 화 | (062)224-5319
E-mail | jcapoet@hanmail.net

ISBN 978-89-5665-565-9 03810

· 잘못된 책은 구입하신 서점에서 바꾸어 드립니다.
· 값은 표지에 있습니다.

이 도서의 국립중앙도서관 출판예정도서목록(CIP)은 서지정보유통지원시스템 홈페이지(http://seoji.nl.go.kr)와 국가자료종합목록 구축시스템(http://kolis-net.nl.go.kr)에서 이용하실 수 있습니다. (CIP제어번호 : CIP2020022133)

박배식의 25時

운명을 섭리로,
고난을 축복으로 믿는
상처 입은 치유자의 스토리가 있는 삶!

글 · 박배식

시와사람

여는 글

인생의 황혼기를 맞이하면 누구나 다 자신이 그동안 살아온 삶의 여정을 돌아볼 것이다. 그리고 남은 삶을 어떻게 하면 잘 살 것인가 하는 화두를 과거에서 찾기도 한다. 이 지점에서 나는 '우리의 미래는 과거 속에 이미 보였다.'는 말에 동의한다. 과거를 회상하면서 고백록을 서술하는 일련의 작업은 과거의 상처에 대한 치유였고, 이제부터라도 남은 생애를 잘 살고 싶다는 바람이며, 나의 삶이 행복했다는 정리의 과정이었다.

이 글은 유년·청년 시절의 기록으로 가장 많은 지면이 채워졌다. 장년기 나의 활동에 대해 할 말이 많을 것이라 예상했는데 오히려 유년기의 기억이 가장 뚜렷했고 지면이 많이 할애됐다. 유년 시절의 경험과 행복이 인생의 기준점이 되어 있었다. 지나온 시절을 어떻게 보냈던지 고백록을 쓰면서 지나온 과거의 사건을 되돌아보며 다시 해석할 수 있었기에 행복의 시절로 바뀌었다는 사실도 말하고 싶다. 그래서 인생이 해석이 안 되면 고난이지만 해석이 되면 섭리로 변하는 것이다.

이 글을 쓰는 내내 나의 삶의 흔적을 돌아볼수록 부끄러움과 허물이 선명하게 드러나 보일 뿐이고, 알면서도 변화되지 않는 자신의 한계와 약점 앞에 '오호라! 나는 곤고한 자라, 누가 이 사망의 길에서 나를 구원하랴!'라는 독백을 순간순간 외쳐댔다. 그럴 때마다 나를 움직이는 힘의 근원이 내가 아닌 절대자의 이끄심이라는 것을 확신하게 되었다.

겉보기에 조금은 번듯해 보일 수도 있지만, 내면으로 들어가 보면 나는 고난의 사람이다. 창살 없는 감옥 같은 고난에 익숙해 있었기에 부단히 고난과 맞서며 그 안에서 축복과 유익을 배워나갔다. 나의 상처가 때로는 사람들을 치유하는 도구가 되었음을 고백한다.

'고백록'이라는 이 글을 통해 나의 죄를 고백하려 했지만 결국은 나의 삶을 자랑한 것은 아닌가 생각에 출판을 망설였지만 나의 약함을 드러나게 된 것으로 여긴다. 책의 제목을 『나의 약함을 자랑하노라』라고 정했다가, 나의 삶에 대해 알고 있는 분들과의 논의와 가장 가까운 곳에서 학문적·신앙적 고락을 함께한 신희삼, 손춘섭 교수께서 『밥배식의 25시』로 정하자고 했다. '밥'은 영, 육간의 양식이요, '배식'은 나누어 줌이고, '25'시는 초월자의 의미인데, 나의 지나온 삶과 맞아 떨어진다는 해석을 해주셨다. 그리고 평상시에 사람들이 나의 별명을 '밥배식'이라고 불러주었는데 그것이 나의 삶이요 결국 책의 제목이 된 것이다.

이 시점에서 내 삶의 영역을 크게 정리해보면 '교육, 학문, 신앙, 사랑'의 여정이었다.

교육과 학문이 나의 공적인 삶이라면 사랑과 신앙은 사적인 삶이다. 나에게 있어서 사적인 삶의 승패는 공적인 삶에 우선을 둘 때 가능한 것이었다. '나의 나' 되게 한 것은 40여 년간 연구직 공무원이셨던 아버님으로부터 배운 '선공후사'(先公後私)의 정신이었다. 그리고 신앙과 사랑의 사적인 삶은 어머님으로부터 물려받은 것이다. 교육과 학문의 공적인 삶에 최선을 다하고자 했기 때문에 사랑과 신앙의 삶도 충만해졌음을 고백한다. '현실에 뿌리박은 영성'을 추구하고자 하는 나로서 교육, 학문, 신앙, 사랑의 균형 있는 삶을 살게 하신 하나님께 감사할 뿐이다.

부제목을 '운명을 섭리로, 고난을 축복으로 믿는, 상처 입은 치유자의 스토리가 있는 삶!'이라고 조심스럽게 적어본다. 나의 삶에 대해'스토리가 있는 삶'이었다는 한 가지만으로도 자족한다.

그동안 잘 살았느냐, 못 살았느냐의 스토리가 중요한 것은 아니다. 주어진 환경으로 인해 마음의 사형선고를 받고도 하늘이 나에게 준 능력의 25시를 살아 냈다는 사실에 나 자신에게 격려를 보내며 행복감을 느낀다. 한마디로 나에게 주어진 삶에 자족하고 더 이상 바랄 것이 없다.

나와 함께 직장의 길, 사역의 길, 사업의 길, 인생의 길을 동행하다가 상처받은 분들께 미안한 마음을 글로써 대신한다. 또한 나에게 도움을 주고 보이지 않는 곳에서 지지해 주신 모든 분들께 감사의 말씀을 올린다. 남은 생애 동안 그들을 위한 축복기도로 사랑의 빚을 갚고자 한다.

처음 시작과 달리 끝내 글로도 다 고백하지 못한 나의 들키고 싶지 않은 스토리는 하나님께만 고백하며 참회의 심정으로 남은 삶을 살아가고 싶다. 그래서 온전한 고백록이 되지 못한 것이 삼가 부끄러울 뿐이다.

이 책을 읽는 분들이 각자에게 주어진 고난을 통해 더 높은 축복의 통로로 살아가기를 기원한다.

나의 '고백록' 초고를 읽고, 글씨와 그림을 그려준 一山當(유성준)선생님, 문장을 감수해 주신 서승현 시인, 소제목을 단순화시켜 정리해 주신 나은영 교수님과 장세은 제자에게 빚을 진 마음이다. 아내의 명상집에 이어 나의 책을 출간한다는 말을 듣고 자신의 스토리를 출간하는 것처럼 정성을 다해 주신 시와 사람 출판사 강경호 사장님께 감사의 뜻을 전한다.

아내의 유고집 『마음이 가난한 자는』(2018년)의 출간에 이어 『밥배식의 25시』를 품어주신 모든 분들께 바친다.

2020년 6월

저자 박배식

1장 ·

미래를 창조하는 꿈

〉〉 오늘 나는 무슨 꿈을 꾸고 있는가

'고백록'으로 17

믿음의 고향 18

돌 사진 뒷면의 꿈! 19

아버지 찾기 21

긴장의 연속 초등시절 22

건치상 27

정죄의 첫발 28

죄짐의 무게 30

양자로 31

첫 백일 새벽기도 34

긴장에 약함과 혹세무민적 스피치 40

낙방에서 리더로 43

사춘기 46

춘궁기 48

"함께죽자!" 51

신문팔이 55

교육열 56

'빼빼시' 탈출 59

커닝 1등 61

국문학과로 62

2장 ·

사랑의 성취

〉〉 나는 한 사람을 사랑하였다

나는 병사로, 아버님은 ROTC 장교로 67

무장공비 69

서원기도 70

10. 26 사태와 완장 72

또 하나의 나 73

계엄군과 시민군의 양편에서 76

선교사가 되고자 82

첫사랑 83

자신을 속인 사랑과 죽음 너머 86

'죽음은 소멸이 아니라 그 이후의 세계로 들어가는 길'이다 97

첫사랑이 결혼으로 101

상처 입은 얼굴로 첫 교단에서 103

떠나가는 배 105

신혼여행보다 설레는.. 108

용달차와 아내 *111*

보리밥과 쌀밥 *112*

도초도에서 목포로 *114*

한집살이 *116*

'버터 플라이' *120*

3장 ·

학문·교육의 장(場)으로

》 남이 아닌 내 자신으로 살아가라

학문 *127*

만남과 논문 *132*

체벌 *134*

청출어람 *138*

문학평론가로 *144*

첫 발간 *148*

사돈 *149*

우유감사 *152*

우유에서 햄으로 *163*

사업장에서 학교로 *166*

'Peace Maker' *167*

성 프란체스코 171

한국어교육학과 177

휘발유, 대나무, 와이셔츠, 그리고 아버지 188

책 쌓이는 집 190

아버지의 멋 192

불량 식품 197

아! 나의 아버지! 199

생전에 못다 한 사랑의 고백 205

꿈속에서 210

아! 장모님! 212

환상의 팀 219

4장 ·

사명의 완수

〉〉 약할 때 강함 되시는 그 분

마음의 사형선고 223

태촌파 민수 259

황금기 264

목숨을 걸고 271

난장판 275

메시아 콤플렉스에서 진정한 돌봄으로 282
상담강의자 286
원주민 부족을 향하여 294
열국의 어미로 303
아들이 중매자가 될 줄은! 307
딸의 결단 309
진주 목걸이 313
개척교회 318
1보 후퇴, 2보 전진 326
20년만의 휴식 332
빈센트 반 고흐 336
나를 따라 오겠니? 340
'마음이 가난한 자는' 345
새 생명 360
소확행 363
퇴임 369
'뒤센의 미소!' 373

부록1 박배식의 걸어온 길 378
부록2 사진으로 보는 발자취 385

1장

◆

미래를 창조하는 꿈

오늘 나는 무슨 꿈을 꾸고 있는가

'고백록'으로

60대의 중년이 되는 어느 날 나의 지나온 삶을 돌아보고 글로 쓰고 싶었다. 그렇다고 자서전을 쓰려고 하는 것은 아니다. 살아온 생애 동안 나의 허물과 부끄러움을 되새겨 보는 고백록을 써보고 싶었다. 위로부터 기질로 물려받아 살아왔고 이제 그 흐름을 후손들에게 전해 주는 길목에 서게 된 나로서 전해 주고 싶은 것이 있다.

우리 집안에 대대로 흘러내리는 좋은 은사가 있는 반면에 주의해야 할 약한 부분은 무엇인지 나를 통해 드러내고 싶다. 그래서 나의 후손들에게 "강점은 세상에 들고 나아가 승리하고, 반복되는 약점은 스스로 깨달아 노력하여 변화를 입어라."라고 말해 주고자 하는 것이 내가 이 글을 쓰는 이유이다. 바로 그런 점에서 업적을 드러내는 자서전이 아니라 나의 연약하고 허물되는 역기능적인 삶의 흔적들을 가감 없이 드러내어 후손들이 주의하고, 반복하는 실수를 하지 않기를 바라는 마음이다. 나아가 순기능적인 기능은 더욱 개발하고 드러내어 사회와 민족에 이바지하기를 바라는 마음으로 썼기에 '고백록'이라 일컫는 것이 적절할 것이다.

믿음의 고향

나는 1955년 12월에 전라남도 고흥에서 태어났다. 태어난 곳은 고흥이지만 지금까지 살아온 곳은 전남 광주다. 언젠가 어머님께서 나의 태생지인 시골의 조그마한 초가집을 보여 주셨다. 부모님이 신혼 생활을 하셨던 작은방과 시커멓게 그을린 처마, 그리고 서너 사람이 겨우 걸터앉을 만한 툇마루, 작지만 옹기종기 가꾸어진 앞마당의 꽃과 채소를 바라보면서 나는 그동안 잃어버렸던 고향을 다시 찾은 듯한 마음이 들었다.

'나에게도 고향이 있구나!'라는 생각이 물씬 들면서 순간적으로 정이 들었다. 그 후로 고향이 어디냐는 질문을 받으면 수십 년을 살아왔던 '광주'라고 말하지 않고 '고흥'이라고 바로 대답을 해주곤 했다. 태어나기만 했던 시골의 고향은 나의 소속감과 존재감을 분명하게 해주는 곳이었다.

1958년부터 1960년 사이의 세 살부터 다섯 살까지는 공무원이셨던 아버님의 전근으로 인해 나주에서 살게 되었는데, 감나무 쐐기에 쏘여 혼이 났던 일, 떫은 감을 소금물에 우려먹던 일, 세 발자전거를 타고 동네 한 바퀴를 돌던 일들이 기억난다.

그중에 가장 기억에 남는 것은 바로 집 앞의 교회 주일학교에 나가게 된 것이다. 주일학교 선생님이 부직포에 그림을 붙여가면서 성경을 가르쳐 주실 때 그 선생님의 모습이 어찌나 좋게 보이던지 나는 이미 그때 '가르치는 선생'으로서의 미래의 작은 꿈을 꾸었는지 모른다.

나주에서 아버님의 전근에 따라 장성으로 이사 가던 날, 어린 나이에도 그 선생님과 헤어진다는 것이 서글펐는지 몇 번씩이나 뒤를 돌아보며 눈물을 훔치던 기억이 난다. 맺어진 인간관계가 헤어지게 될 때나 손상될 때 가장 큰 아픔을 느끼는 것은 지금도 동일하다.

후일 나주시에 위치한 동신대학교에 교수로 근무하게 되면서 바로 그 집과 교회를 찾아보게 되었는데 집터와 골목은 여전히 그대로이고 내가 다녔던 교회는 '나주시 100년 유적 기념 건물'로 보존되어 있었다. 지금도 나는 가끔 '믿음의 고향'이 되어준 교회를 찾으면서 그 시절을 되새겨보곤 한다.

돌 사진 뒷면의 꿈!

어린 시절의 기억은 네, 다섯 살 때부터이다. 그 이전의 기억은 없지만 돌 기념으로 찍은 한 장의 사진이 오늘의 나를 나 되게 한 증표이기도 하다. 내가 태어난 지 첫 해가 되던 날 부모님은 기념사진을 찍어 두셨다. 아버님께서는 나의 돌 사진 뒷면에 선(線)이 분명하고 날아갈 듯한 특유의 필체로 나를 향한 꿈을 적어 놓으셨다.

'10대에는 착한 아이, 20대에는 대학생, 30대에 의사, 40대에 박사가 되어라!'는 글귀를 펜 글씨로 적어 놓으신 것이다.

내가 성장하는 과정 중에 어떤 사람이 "너희 집 3남매 자녀들이 까딱하면 곁길로 갈 뻔도 했을 터인데 이렇게 모두가 잘 자라준 것은 무엇 때문이냐?"라고 물을 때가 있었다. 그럴 때 나는 "나의 아버님이 일찍부터 우리 삼 남매에게 각자의 가야 할 인생 목표를 분명히 정해 주셨기 때문에 위기의 때에도 흔들리지 않았습니다. 사람이 목표를 정하지만 그 목표가 사람을 이끌고 간다는 사실을 믿습니다."라고 당당하게 말해줄 수 있었다.

평생을 '수의사'로 살아오신 아버님으로서는 아들이 '의사'가 되는 것이 꿈이셨나 보다. 나는 아버님이 원하시던 '의사'의 길을 가지는 않았지만 어릴 적부터 아버님께서 나의 인생 목표를 확실하게 정해 주셨기에 꿈을 꾸고, 꿈을 준비하며 나아가 누군가를 위해 헌신하며 살고자 하는 소원을 가질 수가 있었다.

어느 누구나가 겪을 수 있는 '역기능적 가정' 분위기에서도 평생 붙들만한 꿈을 일찍부터 주신 아버님이셨는데, 이것이야말로 가장 귀한 유산이라고 생각한다. 그리고 나는 나의 자녀들에게도 '하나님을 사랑하라! 사람을 좋아하라! 책을 사랑하라! 그리하면 그가 너를 높이시리라!'는 인생 목표를 분명하게 제시해 줄 수 있었다.

아버지 찾기

1961부터 1962년인 6세~7세 사이의 장성군에서의 생활 중 가장 선명하게 떠오르는 것은 '아버지 찾기' 에피소드이다. 장성 군청에 근무하시는 아버님은 퇴근이 늦으셨다. 군청과 집 사이에 막걸리 주막집이 있었는데 아버님은 늘 주변 분들과 그 집에 들르시곤 했다. 그럴 때마다 나는 어머님의 심부름을 받아 '아버지 찾기'에 나서야 했다. 어린 나이에 차마 막걸리 주막집에 들어가지는 못하고 밖에서 서성거리다가 아버지와 눈이 마주치면 집으로 빨리 돌아가서야 엄마한테 혼이 나지 않는다는 애타는 '사인'을 아버지께 보내드렸다.

그러면서 나는 마음먹기를 "나는 어른이 되어서 절대 술은 마시지 않을 거야! 집에 일찍 들어갈 거야."라는 고사리 다짐을 하곤 했다.

그런데 어른 된 지금의 나는 과연 얼마나 '저녁이 있는 삶'을 살고 있는지 돌이켜 본다. 또한 이제부터라도 그때 마음먹은 '저녁이 있는 삶'이 나의 남은 생애의 건강과 삶의 질을 결정해 줄 중요한 '키워드'가 될 것이다.

긴장의 연속 초등시절

만 7세 때 나는 초등학교에 입학하게 되었다. 당시는 거주지에 따라 이미 정해진 학교에 입학해야 하는 학군제였다. 학군제에 따라 동네 또래 친구들은 집 근처에 있는 '양동국민학교'에 입학하게 되었는데, 어머님은 나를 그 학교에 보내지 않고 걸어서 왕복으로 한 시간 넘게 걸리는 월산동 '대성국민학교'에 입학시켰다. 이유는 일류 중학교에 많이 들어가는 좋은 학군이기 때문이었는데, 물론 당시의 법칙 위반이었다.

이때부터 교육자 집안의 외할아버지로부터 물려받은 어머님의 교육열이 시작된 것이다. 외할아버지는 삼 남매의 자녀를 두셨는데, 장남 되시는 나의 삼촌을 26세에 초등학교 교장으로 차남 되시는 삼촌은 당시에 전국에서 최연소 공무원으로, 어머님은 당시에 여성으로서 흔하지 않던 고등교육까지 시키시고 삼 남매의 시야를 넓히시고자 만주까지 가족여행을 함께 가신 분이시다.

초등학교 4학년 때 외할아버님이 별세하셨는데, 외할머님께서 "아이고 영감! 나는 어떻게 살라고 혼자 가느냐!"라고 방바닥을 손으로 치면서 한참을 우시던 모습을 보았다. 평상시에는 그렇게도 외할아버님을 향해 '못된 영감'이라고 욕을 하셨는데, 알고 보니 두 분께서 서로 사랑하셨구나 하는 생각이 들면서 자주 싸우던 나의 부모님도 그리하시리라 짐작하며 안도의 마음을 가지기도 했다.

어머님은 1934년에 전남 순천에서 태어나서 여자고등학교의 명문인 순천여고를 졸업하셨다. 여고시절에 '여순 사건'을 겪으신 경험을 말씀해 주셨는데 71년 전 10월의 어느 날 음악수업 시간에 '김생옥' 선생님이 영문도 모르는 채 끌려가 손가락 총(여순 반란 사건 진압 과정에서 운동장에 모인 군중을 대상으로 반대파가 손가락으로 상대방을 가리키면 즉시 나오게 해서 바로 총살을 시키는 것을 말함)에 의해 죽임을 당한 이야기이다.

당시 반란을 일으켰던 14연대 군인들에게 밥을 차려주어서 죽였는지, 아니면 식량을 보태 주어서 죽였는지, 진압군에게 괜히 밉보여서 죽였는지, 아니면 남보다 더 많이 공부해서 죽였는지, 동네에서 잘난 척하다가 마을 사람들 중 하나가 시기해서 죽였는지, 아니면 가난하고 못나서 죽였는지 그 이유를 알 수 없었다고 한다. 그러다가 2017년에 그 음악 선생님의 며느리(유혜량 목사)가 중심이 되어 시아버님인 김생옥 선생님의 명예를 회복하기 위해 조직된 '여순 항쟁 유족연합회' 활동에 대해 마음을 다해 도움을 주신 분이 어머님이셨다.

어머님이 여고 시절에 동창생들과 사진을 찍은 것을 71년간 보관해 온 것이 상당한 영향력을 끼치게 되었는데, 40여 명쯤 되는 그 사진 속의 동창생들 중 어렵사리 다섯 명을 찾아내셨다. 그래서 6·25 전쟁으로 인해 교사 발령장이 불에 타 소실되었지만 86세 전후의 여학생 제자들이 당시의 음악 선생님께서 재직했던 사실과 갑자기 끌려가서 총살을 당하신 상황을 당당하게 증언하기에 이른 것이다.

2019년 10월 19일 '여순 항쟁 71주년 민간인 희생자 합동 추념식'에서 어머님을 비롯한 5명의 제자들은 그때 상황을 '세상에 고(告)합니다'라는 제목의 증언 순서에서 고백하고 나서 음악 선생님께서 마지막 죽기 직전에 부르셨다는 '울 밑에 선 봉선화'를 합창하자, 추념식에 참석한 김영록 도지사를 비롯한 많은 사람들이 함께 눈물을 흘리며 따라 부른 것이다.

어머님의 생애는 이날까지 열정과 지혜자의 삶을 살아오셨는데, 다음은 수많은 스토리 중 아버님의 군대생활 때 체험한 이야기이다. 선친께서 육군 대위로 전방에서 근무하던 시기인데, 아침에 군부대로 출근하는 아버님께서 방문 밖을 나가면서 갑자기 "내가 오늘부터 집에 못 들어올지 모른다."라는 말을 매일 하시더란다.

영문을 모르다가 나중에 알게 된 사실은, 군부대에서 병사가 사망한 사건이 발생했는데, 상관인 대대장이 군의관이던 아버님에게 '훈련 중 사망'이라는 진단서를 작성하라는 명령을 내린 것이었다. 부대 내에서는 사망한 병사의 동료들끼리 하는 말이 '구타 사건'이라고 양심선언을 할 듯한 상황에서 모두가 '쉬쉬'하면서 아버님의 반응만 지켜보고 있던 터였다. 이런 상황에서 아버님의 갈

등이 오죽했으면 아침 출근 때마다 모든 것을 각오한 말씀을 하셨겠는가!

결국, 이 모든 과정을 아신 어머님께서는 계급장이 없는 군복 한 벌을 구해서 갈아입고, 변장한 후 아버님의 부하인 통신병을 앞세우고서는 마침내 군부대 안에 있는 사단장 관사에 과감하게 들어가신 것이다. 깜짝 놀란 사단장 앞에 "만약 이번 일로 내 남편 박진열 대위에게 조금이라도 피해를 주면 유가족 입장에서 가만두지 않을 테니 잘 해결하라"고 선포하신 것이다. 사단장은 "이제야 사실을 알게 되었으니 염려 말라"고 대답했고 다행히 아버님은 무사하셨다고 한다.

하나님께서 어머님에게 주신 은사는 담대함과, 지혜스러움, 그리고 남을 위한 선한 마음씨였다. 어머님께서는 남다른 교육열로 우리 3남매를 가르치셨는데, 내가 초등학교에 입학할 때도 요즘 식으로 말하면 좋은 학군의 학교에 나를 보내신 것이다.

초등학교 6년 동안 동네 친구들의 눈을 피해 멀리 떨어진 소위 일류 학교를 다니면서 "나는 너희와 다르다"라는 우쭐함과, 어머님의 뜻을 받들어 공부를 잘해서 좋은 중학교에 가야 한다는 부담감이 함께 자리 잡았던 시기였던 것 같다.

60세가 넘은 그동안의 세월을 살아오면서 나를 움직인 8할은 무슨 일이든 남들 앞에서 잘해야 한다는 '긴장감'이라고 말할 수 있을 것이다. 목 디스크가 온다든지, 과민성 대장 증후군 같은 증세로 병원에 가면 '지나친 긴장감'때문이라는 전문 의사의 말을 자주 듣곤 한다. 병이라고 할 것도 없는 나의 지병은 기질과 습관으로 인한 것이라 생각한다.

그동안 '남에게 잘 보여야 한다'는 외형적인 부분에 열심을 갖고 살아왔다면 이제부터는 '나에게 원래 주어진 길'을 찾아 살아가는 노력이 있어야 남은 삶이 더욱 행복할 것이다.

초등학교에 입학하던 첫날부터 얼마 동안 외할아버님께서 학교에 데려다주셨다. 입학 후, 상당 기간 동안 내가 재래식 화장실에 가면 바로 그 앞에서 기다려 주신 기억이 난다. 내 몸이 원래부터 약하다고 생각하셨기에 보호해 주시기 위함이었다. 그와 더불어 담임 선생님께도 특별한 관심을 부탁하셨다.

초등학교에 다니는 동안 수업하다가도 조금만 몸이 아프다 싶을 때, 담임 선생님께 말씀만 드리면 자동적으로 '즉석 조퇴'를 시켜 주곤 하셨다. 나는 이것이 습관이 되어 '조퇴 중독증'수준까지 되었다. 몸이 약하다는 자신의 합리화로 결국 가장 중요한 초등학교 시기에 한자리에 앉아 주어진 일을 마칠 때까지 집중하는 훈련을 하지 못하고 말았다. 일하다가 싫증이 나면 스스로 다른 핑계를 만들다가 결국 끝을 맺지 못하는 나의 기질이 형성 되어버린 것이다.

50분 동안 집중해서 수업하고 10분간 쉬는 시간을 가지면서 하루 수업의 일과를 마치는 일상적인 일의 연습만 잘 해도 집중의 기본 훈련이 될 수 있다고 생각한다. "지나친 자유스러움을 절제할 수 있는 힘을 주세요"라는 기도는 어른이 된 지금도 여전히 드리는 기도이다.

건치상

내가 초등학교 입학할 당시는 교실에 책상과 걸상도 없었다. 2학년이 되던 무렵, 담임 선생님이 어머니를 모시고 학교에 오라고 하셨다. 영문도 모른 채, 다음날 어머님을 모시고 학교에 갔는데 전교생이 모인 조회에서 교장 선생님이 상(賞)을 주셨다. 치아가 건강하다는 '건치상'(健齒賞)이었다. 건치상을 받게 된 것은 보호자인 부모님의 관심 덕분이라는 뜻으로 어머님을 부르셔서 함께 상을 주신 것이다.

아버님께서는 70세 때도 흰 머리카락이 없으셨고, 현재 88세이신 어머님께서도 이때까지 충치 하나 없이 원래의 치아 그대로시다. 그리고 두 분 모두 안경을 쓰지 않으신 노년의 삶을 사셨다.

지금까지도 나는 치료를 위해 치과 병원에 간 적이 없다. 부모님께 물려받은 신체 중 가장 귀한 선물은 '건강한 치아'와 65세의 나이에도 흰 머리카락 한올 없는 '검은 머리'와 청년 시절 그대로의 '시력'이다. 사실 지금 생각하면 타고난 건강 체질인데 집중하기를 싫어하고 지나친 자유를 좋아하다가 억지 조퇴를 즐기면서 '나는 약하다'라고 자신을 합리화시킨 듯하다.

그리고 조퇴를 하고 나서 나는 과연 어디로 갔을까? 병원에 간 적은 한 번도 없었다. 만화방이나 영화관에 갔다가 학교 수업을 모두 마친 친구들에게 들켜서 그때마다 임기응변으로 빠져나온 적도 있었다.

지금 생각하면 나의 첫 번째 상은 치아가 건강하다는 건치상이었다는 것은 내 스스로 몸 관리만 잘하면 건강한 삶을 유지할 수 있다는 증표인 것이다. 우등상보다 건치상을 받게 해주신 부모님께 감사드린다. 나의 좋지 못한 과식의 습관, 바르지 못한 자세, 지나친 일 중심으로 인한 스트레스, 생각하기보다 너무 말이 많음으로 인한 엉뚱한 에너지 소비 등의 습관으로 인해 타고난 건강을 손해보거나 망치지 않는 노력이 필요함을 깨닫는다.

정죄의 첫발

초등학교 3학년 때부터 나의 본질적 죄성이 확실하게 드러난 것일까? 학교를 오가는 길에 감나무가 있었는데 친구들하고 익지도 않은 떫은 감을 따서 발로 차고 다녔다. 먹지도 못할 남의 집 감을 왜 따서 발로 차고 다녔을까? 재미로 그랬다는 말만 가지고는 이해할 수 없는 죄성의 행동이었다.

한 번은 학교에서 미끄럼틀에서 내려오는 데 어느 후배가 정문이 아닌 탱자나무 구멍으로 숨어 들어오는 것을 보고 크게 호통을 치며 급히 내려오다가 팔이 미끄럼틀 사이에 걸려 골절이 되었다.

남의 작은 잘못을 보고는 엄청난 죄를 지었다고 생각하는 나의 정죄 의식은 어디서부터 였을까? 중·고등학교에 다니면서 여학생들과 편지를 주고받는 친구나 담배를 피우는 친구들을 보면 아예 '타락한 자'처럼 업신여기고 충고와 비판을 아끼지 않는 나의 심성은 어디서 온 것일까? 중학교 때 우리 집에 전세를 들어 사는 가정이 있었는데, 그 가족 중 나보다 어린 딸아이가 아버지의 만년필을 가져간 일이 생겼다. 그 딸아이를 방에 가두고 그 가족이 상처를 받을 정도로 심하게 추궁을 했다. 나중에 내가 매일우유 대리점을 경영할 때 그 딸아이의 언니를 7여 년 동안 직원으로 채용하며, 지금까지 좋은 관계를 유지하면서 그 가족에게 진 마음의 빚을 갚았다고 할지라도 그때 일을 생각하면 미안하고 부끄러운 마음이다.

남의 잘못은 커 보이고 내 잘못은 감추고 싶은 마음은 그때나 지금이나 동일하다. 어찌 보면 그때부터 이날까지 '내로남불'(내가 하면 로맨스, 남이 하면 불륜)의 인생을 살아온 자신이기도 하다.

성 어거스틴은 자신의 죄성을 찾아가다가 유아시절의 어머님 젖꼭지를 깨문 것까지도 회개했다고 한다. 지금도 나는 남의 작은 잘못에 대해 지나친 비판으로 상처를 주는 죄의 본성을 끌어안고 자신의 변화를 위해 다짐하곤 한다. 지나친 비판의식이 나의 정신적 건강을 해치는 죄의 본능이라는 것을 깨닫고, 판단보다 이해하면서 사람들의 가능성을 키워주는 인생을 살고자 더욱 노력하고싶다.

죄짐의 무게

초등학교 3학년 때 나의 여동생과 등하교를 함께하면서 학교 앞의 노점상에서 군고구마 과자를 자주 사주었다. 하루는 돈은 없는데 동생에게 뭔가를 먹이고 싶어서 5원어치의 '외상'을 하게 되었다. 그런데 그 돈을 갚기가 싫어서 나는 그 노점상 앞을 'ㄷ'자로 피해 다녔다. 여동생이 눈치를 채고서는 이때부터 나에게 겁을 주기 시작했다. 내가 여동생의 말에 잘 안 따라주면 부모님 앞에서 "오빠! 외!"라고 외치면 나는 꼼짝을 못 했다.

내가 외상을 한 것을 부모님이 알면 큰 책망이 있을 것이라고 생각되었다. 그런데도 그 외상값 5원을 갚기 싫어서, 나는 거의 1년여 동안 군고구마 노점상을 피해 다닌 것이다. 여전히 여동생의 "오빠! 외!"라는 말만 나오면 나는 동생이 원하는 대로 다 들어 주고 겨우 무마를 시키곤 했다.

그런데 나를 향한 동생의 고발 의식(?)에 얼마나 시달렸는지 어느 날인가 부모님 앞에서 순간적으로 그 사실에 대해 담대하게 외치게 되었다.

"엄마! 동생을 먹이고 싶어서 5원어치 외상을 했답니다. 잘못했습니다."

어쩌면 매를 흠씬 맞을 각오로 외쳐댄 나의 고백이었다. 그런데 나의 고백을 들으신 어머님은 10원을 주시면서 "내일 동생과 함께 찾아가서 꼭 갚아라. 다시는 그런 일이 없도록 해야 한다."라고 말씀해 주셨다. 나는 그 자리에서 팔짝팔짝 뛰며 하늘을 날고 싶었다. 마음의 짓눌림에서 한순간, 자유함을 입은 기쁨을 누리게 된 것이다. '죄 짐에서 풀린 자의 자유함'의 감격을 생각하면 그때의 '외상값'사건이 떠오른다.

양자로

나의 아버님께서는 5형제 중의 막내이시다. 나의 큰아버님께서는 일찍 결혼을 하셨지만 큰어머님께서 딸만 하나를 낳고서는 더는 자녀를 생산할 수 없게 되셨다. 큰집에 얹혀 사셨던 나의 부모님께서는 "형님! 우리 집에서 첫아들을 낳으면 형님 댁에 수양아들로 드리겠습니다."라고 약속을 하셨다고 한다.

나의 큰아버님이 큰어머님을 만났을 당시의 나이는 18세의 소년으로 세탁소의 점원이셨다. 요즘 식으로 말하면 아파트마다 다니면서 "세탁~ 세탁~!" 소리를 내는 세탁소 아르바이트 학생 정도였을 것이다.

큰아버님께서는 당시에 일본 사람들이 관광 와서 숙박하는 여관에 가서 "세탁~~ 세탁~!" 소리를 외치셨다. 그러다가 한순간 한국 청년 아르바이트생과 일본의 고객 아가씨가 서로 눈이 맞은 것이다. 큰어머님 댁은 일본 오사카에 가문을 둔 귀족 집안의 딸이었다.

결국 이 연애 사건은 큰아버님 집안에서는 영광이요, 큰어머님 가문에서는 수치라고 여기게 되었고, 만약 두 사람이 결혼을 하게 되면 일본 입국을 거부한다는 가문의 결의에도 불구하고 마침내 두 분은 국경을 넘은 사랑을 이룬 것이다. 그런데 아들을 못 낳게 된 탓으로 동생네 집안의 장손인 내가 당시의 일부 풍습에 따라 자연스레 큰 댁의 수양아들이 된 것이다.

나는 초등학교 입학 이전에도 큰댁에서 오랫동안 살았고, 입학 후에도 방학이 시작되면 보성 읍사무소에 근무하시던 큰아버님 댁으로 곧바로 가곤 했다. 나의 큰아버님께서는 큰어머님을 생각하는 마음으로 항상 일본식 집을 택하여 거주하셨다. 아마 큰어머님의 고향에 대한 향수를 조금이나마 달래 주시고자 하는 배려로 보인다.

지금 100세가 다 되신 큰어머님께서는 마음씨가 참 좋으셨다. 내가 어릴 때부터 일상생활에 필요한 일본말을 가르쳐 주시고, 집안에서 키우는 닭이 알을 낳으면 친딸보다 나에게 먼저 먹이시며, 여러 사람이 부러워할 정도의 멋진 편물 스웨터를 철 따라 만들어 입혀 주셨다. 수양아들인 나를 친딸보다 더 챙겨주셨던 것이다.

나도 큰아버님과 큰어머님을 나의 친부모님처럼 생각했다. 나에게 작은 용돈이라도 생긴다든지 아르바이트로 첫 봉급을 받아서 돈이 생기면 늘 내 부모님과 큰댁의 선물을 함께 챙겨 드렸다.

큰아버님 댁에 기거하면서 가장 크게 기억에 남는 것은 일본인인 큰어머님께서 매일 새벽마다 정한 시간이 되면 큰아버님께 차(茶)를 올려 드리는 모습을 본 것이다. 매일 새벽마다 무릎을 꿇고 큰아버님께 정성껏 차를 올려 드리는 다도(茶道)의 모습이 나에겐 너무나도 아름답게 보였다. 그래서 어린 시절부터 일본인에 대한 좋은 동경을 갖게 되었다. 또한 나의 미래의 반려자가 되는 여성은 큰어머님처럼 남편을 정성껏 섬기는 성품이었으면 좋겠다고 생각을 갖기도 했다.

이러한 좋은 분위기는 내가 고등학교 3학년 때까지 이어졌는데, 어느 순간 나의 큰아버님께서는 자신의 피를 물려받은 진짜 친아들을 얻고 싶으셨나보다. 그래서 소위 말하면 '씨받이'를 하게 되었는데, 결과는 또 딸을 낳게 되었으니, 결국 나이 차이가 많은 여동생이 새로 생기게 되었다. 나의 여동생은 점차 성장하면서 자신의 운명적인 출생의 아픔을 저절로 알게 되었지만 이런 것에 매이지 않고 참으로 뿌듯하게 살아 주었다. 그리고 혼기가 되어 좋은 남편을 만나서 결혼하여 귀한 가정을 이루게 되었다, 출생의 비밀은 서로에 대한 사랑을 확인하고서, 배우자에게 고백을 한 후 가정을 이루었다. 들리는 말에 의하면 자신을 낳아준 친어머님을 찾을 수 있는 기회가 있었을 때에, 큰어머님께서 "너의 친어머님을 만나게 해 주겠다."라고 말했지만 "지금 자신을 키워준 일본 어머님을 평생의 친어머님으로 알겠다"라고 말했다는 것이다.

2019년 9월에 마침 큰어머님 집안과 만나 뵐 기회가 있어서 서로 살아가는 얘기를 하는 도중에 그 여동생이 낳은 아들이 외할머님 되시는 나의 일본 큰어머님을 너무도 잘 돌보고 있음을 직접 보게 되었다.

그래서 우리의 인생이란 언제 어떻게 변화할지 알 수 없는 것이다. '인생에 정답 없고, 하늘 아래에 비밀이 없으며, 세상에 공짜가 없다.'라는 말은 진리이다.

첫 백일 새벽기도

초등학교 3학년 때, 학교에서 집으로 돌아오는 길에, 어느 초가집 앞을 지나게 되었는데 그 집안에서 찬송가 소리가 들려왔다. '죄짐 맡은 우리 구주'라는 제목의 찬송가였는데, 초가집의 처마 밑에서 찬송가 소리에 귀를 기울이고 듣고 있으려니 참으로 천사의 소리가 들리는 것 같았다. 부러운 마음으로 언젠가 나도 저 찬송을 부르는 자리에 서게 될 것이라는 막연한 다짐을 하게 되었다,

내가 광주에서 본격적으로 교회에 나가기 시작한 것은 1966년, 초등학교 4학년 때이다. 그해 어느 봄날에 학교 수업을 마치고 나오는 데, 학교 뒷산에 어머님이 서 계셨다. 파마머리, 분홍색 나일론 한복에 하얀 양산을 쓰시고 나를 기다리고 계신 것이다.

어머님이 어찌 오셨을까? 담임 선생님이 권유하시던 과외 수업을 받게 하려는 것일까? 이번에 망쳐버린 산수 시험 때문에 오신 것일까? 여러 가지 생각으로 궁금하고 불안했다.

그런데 어머님은 수업이 끝난 나를 데리고 학교 근처인 백운동에서 출발하는 3번 버스를 타고, 광주 시내 중심가에 위치한 궁동 중앙교회에 나를 데리고 가셨다. 그때 어머님과 친분이 있는 삼촌뻘 되는 분이 계셨는데 그분이 전도를 하신 것이다. 어머님과 교회에 나가기 시작하면서 나의 신앙생활이 다시 시작되었다. 예배 시간에 어른들과 찬송가를 부를 때면 나는 '누가 더 소리를 잘 내는지' 은근히 힘주어 부르는 목소리 자랑으로 경쟁을 하면서 찬송가 소리를 높였다.

또 서울에서 목사님이 오시면 부흥회를 했는데 우리 가족은 일찍 나가서 맨 앞줄에 앉아 설교를 듣곤 했다. 특히 성경퀴즈를 할 때에는 미리 열심히 공부하여 항상 상을 타오곤 했다. 그때 상품으로 받은 '아름다운 가정'이라는 제목의 책을 탐독하면서 아버님 때문에 마음 아파하시는 어머님을 바라보면서 나는 기어이 '가정

친국'을 만들겠노라고 다짐하기도 했다.

어린 나는 모든 가족이 함께 교회에 나가는 것과 성가대에서 찬양하는 것이 가장 부러워서 내 가정도 그리 되도록 기도했다. 그때부터 온 가족이 신앙을 갖는 것이 나의 소원 중 하나가 되었다. 초등학교 4학년 때 가진 나의 소원기도는 결국 청년이 되서야 모두 이루어졌다.

그날 어머님은 나만 교회에 인도해 주시고 아버님의 핍박으로 인해 더 이상 교회에 나가지는 못하셨다. 이 당시 어머님은 위장이 많이 아프셨다. 위장을 치료하기 위해 당시 양림동의 재중병원(현재의 기독병원)에 다니셨는데 담당 의사이신 허진득 원장님으로부터 어머님의 위장 상태가 매우 심각하다는 말을 직접 듣게 되었다.

나의 외할머님은 당시의 풍습인 미신적 방법으로 어머님의 병을 치료하시겠다고 '굿'을 했다. 밤새도록 온 동네에 무당이 치는 징소리가 울려 퍼지고 부엌에 촛불과 쌀 그릇, 물그릇 등의 '굿상'이 차려졌다. 마침내 힘차게 달리는 말의 모습이 그려진 창호지의 그림을 불로 태워 하늘에 올리는 순간 여태 병석에 누워 계시던 어머님께서 방에서 뛰쳐나와 굿상을 엎어버리고 무당을 대문 밖으로 쫓아내 버렸다. 순식간에 일어난 이 일로 인해 외할머니께서는 무척 곤혹스러워하셨지만 그 뒤로 우리 집안에 굿하는 일은 영원히 없었다. 그 순간 어린 나는 "하나님! 굿 말고요, 제 기도로 어머님의 병을 낫게 해 드리고 싶습니다."라는 간절한 소원을 갖게 되었다.

그런데 어머님의 병은 더 심해졌고 나는 학교에서 돌아오면 병석에 누워계신 어머님의 가슴에 귀를 가까이 대고 숨을 쉬고 계시는지 확인하는 것이 일이었다. 가족 중에 나 혼자만 교회에 다니고 있던 그 해 겨울에 100일 새벽 기도회가 있었다. 교회 위치는 지금의 양림동 적십자 병원 부근이었고 나의 집은 월산동 돌고개 부근이었다.

교회는 집에서 아이들 걸음으로 왕복 2시간 거리였다. 나는 어머님의 병을 낫게 해 드리겠다는 믿음으로 100일 새벽 기도회에 참석하기로 작정했다. 새벽기도가 5시에 시작되었기 때문에 집에서 4시에 출발해야 했다. 교회에 도착하면 나는 교회안에서 사시는 사찰 집사님을 깨워 드렸다. 광주 천변을 쭉 타고 오르내리며 새벽기도회에 가는 길은 멀고 추웠다. 겨울의 찬바람을 막기 위해 아버님께서 군대 생활 때 사용하시던 군용 목도리와 털 모자를 쓰고 다녔다.

100일 새벽 기도회를 거의 마칠 무렵, 어쩌다가 군용 목도리를 잃어버려서 아버님으로부터 심한 꾸중과 함께 이제부터는 교회에 나가지 말라는 엄명이 있었다. 하지만 그까짓 추위 따위는 아무것도 아니었고 아버지도 두렵지 않았다. 오직 어머님의 병을 낫게 해 드려야 한다는 뜨거운 열심으로 마침내 100일 새벽 기도를 마치게 되었다.

그 이후로 어머님께서는 지금의 구순이 되시기까지 위장이 아프다는 말씀을 한 번도 하지 않으셨다. 어머님께서는 자신의 생명을 구하기 위해 먼저 아들을 교회로 인도하셨을까 생각해 본다. '빛바랜 찬송가'는 그때의 이야기를 중앙교회 칼럼으로 게재한 내용이다.

빛바랜 찬송가

나는 이사를 할 때마다 분실을 막기 위해 스스로 먼저 챙기는 물건이 있다. 그렇다고 그 물건이 값나가는 보석이라든지, 전해 내려오는 가보(家寶)는 아니다. 그것은 손때 묻고, 색깔도 바랜 어머님이 쓰시던 찬송가 한 권이다. 그나마 너무 오래 되어서 지금은 사용할 수도 없는 찬송가이다. 이 찬송가를 구한 것은 정확히 내가 초등학교 4학년 어느 여름날이었다.

그때까지 한 번도 학교를 방문하신 일이 없는 어머님께서 어느 날 예쁜 분홍 한복을 입고 학교에 오셨다. 어머님의 한손에는 묵직한 동전지갑이 들려 있었다. 그 동전은 나의 삼 남매 형제들이 세뱃돈, 용돈 등을 한 푼 두 푼 모아둔 것이었다. 어머님께서 그 동전지갑을 들고 학교까지 오신 까닭은, 동전을 모은 나와 함께 성경과 찬송가를 한 권씩 사러 가기 위함이셨다. 그날 학교가 끝난 후 어머님과 함께 그동안 모은 동전으로 겉장이 가죽으로 된 성경책과 찬송가 한 권씩을 구할 수 있었다.

그런데 이렇게 성경과 찬송가를 구한 이유가 당시 우리 가족이 교회에 나간다거나, 믿음이 있어서는 아니었다. 교회에 나가고는 싶었지만 그럴 수가 없었다. 그 이유라면 먹고 살아가야 하는 문제가 우선이었기 때문이다. 아버님의 수입으로는 너무 어려운 가정 형편으로 어머님은 여러 가지 일을 하셔야만 했다. 군인들의 하숙, 동네 삯바느질, 양동시장에서의 노점상 등 닥치는 대로 일하셨다. 어머님뿐만 아니라 나는 신문배달, 버스 안에서 물건 판매 등으로 집안일을 돌봐야 했다. 당시 집안 형편으로는 이렇게 해도 빠듯한 생활이었다.

그런데 그런 생활이 연속되면서도 어머님은 늘 우리 세 자녀에게 신앙교육을 잃지 않으셨다. 그런 분위기 가운데 우리 형제들은 성경과 찬송가를 구하기 위해 저금을 시작했고, 저금한 돈으로 드디어 한 권의 성경과 찬송가를 구하게 된 것이다.

성경, 찬송가를 구한 후 어머님은 서투른 가족 예배를 드리기 시작했다. 예배라고 해 봐야 먼저 십계명을 온 가족이 읽고, 내가 적당한 찬송가를 찾아 시를 읽듯이 낭독하는 것이었다. 곡을 모르니 노래로 부르지도 못하고, 성경책 앞부분에 적힌 십계명이 중요한 듯 보여 그것을 읽어 내려가는 원시적인 예배인 것이다.

한 권의 성경과 찬송가를 네 명의 가족이 함께 보면서 기쁜 일,

슬픈 일이 있을 때 마다 십계명 읽기, 찬송낭독 예배를 드리곤 했다. 그리고 찬송가를 낭독하면서 그 가사를 통해 눈물을 흘렸던 기억이 한 두 번이 아니었다. 어머님께서는 맘 아프신 일이나, 과로로 몸져 누우시면 찬송가 낭독을 나에게 부탁하기도 하셨다.

그 후 10여년이 지나면서 어머님의 소원대로 우리 가족은 드디어 모두 교회의 한 자리에서 진짜 예배를 드리는 축복을 받게 되었다. 그리고 그때 비로소 성경, 찬송가도 각자가 소유하게 되었다.

얼마 후 그때, 그 가죽 성경은 어머님께서 나의 친구에게 선물하셨고, 이제는 찬송가만 남아 있다. 물론 그동안 찬송가가 개편된 후로 지금은 사용 할 수 없는 것이다. 그러나 나에게 있어 어머님이 쓰시던 그 찬송가는 믿음의 고향이요, 믿음의 시작이며, 거울이었다. 그동안 살던 집에서 이사를 가게 되었다. 이삿짐을 꾸리면서 나는 때 묻고, 빛바랜, 그 찬송가를 먼저 챙겨서 간수했다. 믿음의 유산이요, 우리 가정의 보물이 된 찬송가이다.

- 2001년 3월, 광주 중앙교회 〈월간중앙〉에 게재한 글임-

긴장에 약함과 혹세무민적 스피치

초등학교 3학년 때부터 나는 긴장에 약했다. 시험 중 시간이 부족할 때 오금을 저리면서 바지에 소변을 흘려버린 적도 있다. 시험을 잘 보고 싶은 마음을 산수 실력이 따라주지 못한 듯하다. 대신 국어와 독서, 글짓기를 좋아했다. 기질적으로 지극히 인문학적인 풍부한 상상력과 창의성과 영감을 타고 난 듯하다.

교내, 교외 글짓기 대회나 웅변대회가 있으면 담임 선생님과 학우들은 당연히 내가 참여해야 한다고 생각했다. 상을 받고 못 받고를 떠나서 많은 대회에 저절로 나가곤 했었다.

초등학교 5학년 때 웅변부에 들어갔다. 하루는 웅변부 담당 선생님이 나에게 웅변을 해 보라고 하셨다. 나는 주일학교에서 배운 성경 이야기 밖에 할 줄 모른다고 대답했는데 선생님은 "그래도 좋으니 한번 해 보라."고 말씀하셨다.

선생님께서는 나를 방송부로 데리고 가시더니 마이크 앞에서 전교생을 대상으로 방송을 하라는 것이었다. 결국 나는 성경 스토리 가운데 '아브라함이 아들 이삭을 모리아 산에서 바치는 이야기'를 원고도 없이 상상력에 의존해서 전달했다. 방송 내용 중에 "아브라함아! 아브라함아! 네 아들에게 칼을 대지 말라"는 부분을 어찌나 감동스럽게 외쳤던지 방송하면서도 눈물이 났던 기억이 새롭다. 바로 이것이 나의 '최초 설교'가 되었는데 결국 이후에 '설교자의 삶'을 살게 된 것이다.

5학년 때는 전교 어린이회장 선출이 있었다. 서너 명의 친구들이 선거 유세에 나섰다. 나도 유세에 나갔는데 지금 생각하면 생각하지도 못할 '오버 발언'을 한 것이다. "우리 대성국민학교를 대통령이 나라를 발전시키듯 변화시켜 보겠다."는 황당한 공약으로 선거 유세를 한 것이다.

6학년은 중학교 진학 공부를 해야 하기 때문에 전교 어린이 회장은 5학년생의 몫이었다. 지금도 가끔씩 졸업식에서 선배들을 향해 "정든 학교를 떠나는 언니들이시여! 언니들의 졸업을 축하해 주는 듯 무등산 상봉의 눈이 녹아내리고 새봄에 따스한 햇볕은 새로운 길을 가시는 언니들의 앞길을 밝혀주고 있습니다."라는 말로 시작했던 그때의 송사를 혼자 읊조려 볼 때가 있다.

지금도 여전히 나의 말에는 '혹세무민'(惑世誣民. 세상 사람을 속여 미혹시키고 어지럽힘)적 요소와 과장된 언어의 습관으로 다른 사람의 관심을 불러일으키는 경향이 있음을 잘 안다. 따라서 사람을 만나거나 회의를 하기 전에 자극적인 도전에 끌려가지 않고 적절한 언어의 선택과 상황에 적절한 판단력을 주시라고 먼저 기도한다.

내가 아침마다 구하는 기도는 기초적인 것이다. "하나님, 제가 오늘도 누구누구를 만나게 되는 데 쓸데없는 말을 하지않게 해 주소서. 사람을 세우고 일마다 지혜의 기름을 부으소서. 내 안에 배어있는 교만과 자랑으로 다른 사람을 상처주지 않게 해 주옵소서" 라는 기도를 멈출 수 없는 나 자신이다.

낙방에서 리더로

국민학교 6학년은 내 생에 가장 열심히 공부를 했던 시기이다.. 아침에 학교에 가서 온종일 수업을 하고 또 담임 선생님댁에 가서 과외수업을 하다가 집에 오면 항상 밤 10시가 넘어섰다. 밤늦게 집에 오면 초콜릿 하나를 먹고 난 다음에 라디오에서 흘러나오는 '전설 따라 삼천리' 방송을 상상의 그림을 그리며 귀 기울여 듣는 것이 큰 재미였다.

그 당시의 공부 방법은 주입식과 외우기였다. 심지어 음악 과목도 음표와 계명을 완전히 외워야 했는데 지금도 노래의 가사보다 쉽게 흘러나오는 것이 그때 외운 음표와 계명이다. 그때 외운 국어, 사회, 자연, 도덕, 과학의 지식이 나의 지식기반이 되었다. 6학년 때 담임 선생님은 나에게 전기(前期)의 일류 중학교에 응시하라고 하셨고 나의 친구들도 "배식아! 다 떨어져도 너는 합격할 것이다!"라고 인정해 주었다. 그런데 결과는 참담했다. 그렇게 말해 주던 친구들은 합격하고 나는 낙방이었다. 이어서 후기(後期)의 중학교에 응시했는데 역시 낙방이었다.

전기, 후기 중학교 시험 모두에 낙방할 줄은 전혀 상상하지 못했지만 그것이 나의 본래 실력이고 현실이었다. 실망감과 부끄러움으로 졸업식에도 가지 않았다. 이러한 상황에서 당시에 흔히 공부 좀 한다는 학생들이 선택하는 재수를 택할 것인가? 아니면 원서만 내도 쉽게 합격하는 보통 중학교를 갈 것인가를 결정해야 하는 순간이었다. 이때 어머님은 "중학생 교복이라도 입은 네 모습을 보고 싶다."는 말씀을 하셨고, 그 말씀의 응답으로 보통 중학교에 입학했다.

초등학교 담임선생께서는 "배식아! 너는 월례고사는 잘 보는데, 전체 고사에서는 왜 성적이 평소처럼 나오지 않느냐? 너무 긴장하는 것 같다!"라고 진단해 주셨다. 나의 어머님께서도 평소의 시험에는 강하지만 결정적인 큰 시험에는 약한 것이 나의 모습이라면서 긴장하지 말라고 말씀해 주셨다. 그동안 나의 상당 부분이 과대평가된 것이었고, 그 겉모습에 나 자신도 속은 것이라 생각했다. 나는 결정적 순간에 긴장하지 않고 정확하게 판단할 수 있는 능력을 계발해야만 했다.

그리고 중학교에서 고등학교에 진학할 때는 동일 계열로 자연스럽게 이어졌고 고등학교 때는 자연계를 택하였다. 아버님이 나의 돌 사진 뒷면에 적어 놓으신 의대생의 꿈을 이루기 위해서였다. 그러나 나는 의과대학 시험에 여지없이 낙방하고 결국 제 2지망으로 선택한 국어국문학을 전공하게 되었다. 한마디로 나는 초등학교 때부터 대학까지 한 번도 원하는 학교나 학과에 가보지 못하고 모두 낙방이라는 쓴 잔을 마셔야 했다.

그런데 희한한 것이 있었다. 초등학교 때부터 대학원 박사과정을 졸업할 때까지, 각 학교마다 전교어린이 회장부터 시작해서 중, 고교와 대학에서의 학생회장, 심지어 대학원의 전체 원우회장까지의 직책을 모두 경험한 것이다. 그것도 내 스스로 택한 것이 아니라 모두가 주변의 추천과 선거를 통해 이뤄진 것들이다. 그러면 왜 이런 결과가 나타났을까 생각해 본다.

나의 리더십과 승부처는 '성실과 열정, 그리고 인간관계'였던 것이다. 어릴 때 나의 별명은 '염소'였다. 착하고 선하다고 해서 붙여준 별명인 듯싶다. 결국 나의 리더십은 열정과 선함을 기반으로 한 '섬김의 리더십'이었다고 생각한다. 다른 사람에게는 어려울지 모르지만 자신에게는 쉬운 것이 바로 천성적으로 받은 은사이며 달란트이다.

나에게 없는 것을 달라고 하기보다는 나에게 있는 것을 찾아 개발하고 사용하면 충분히 보람 있고 행복한 삶을 살 수 있다고 확신한다.

초·중·고등학교에 다니면서 우등상은 별로 받지 못했지만 '예절바른 어린이', '고운 말 쓰는 어린이', '성실한 어린이' 같은 상은 항상 나의 몫이었다. 학교와의 거리가 가장 먼 학생이 바로 나였지만 제일 학교에 빨리 오는 사람 또한 나였고 교실의 문을 마지막까지 잠그고 가는 사람도 나였다. 책가방에는 항상 학교 주변에서 주운 쓰레기가 가득했다. 초등학교 때 소풍을 가서도 친구들이

산에다가 마구 버린 쓰레기를 거의 혼자 주워서 깨끗이 정리했다.

몸이 아픈 친구가 있으면 집에까지 찾아가서 따뜻한 위로의 말을 전해야만 마음이 편했다. 그래서인지 나의 주변과 집에는 친구들이 항상 끊이지 않았다. 우리집은 어렵게 사는 친구들의 하숙집이었다고 해도 틀린 말이 아니었다. 당시에 광주 지역이 아닌 함평, 장성, 나주 등지에서 친구들이 광주로 유학을 왔는데, 가정 형편이 어려운 친구들은 아예 우리집에 둥지를 틀었다. 어머님께서는 이러한 친구들을 향해 항상 친아들처럼 대해 주셨음에 너무나 감사하다. 그리고 성공한 그 친구들이 지금도 내 어머님을 친어머님처럼 여기고 자주 찾아와 뵙는 것이 흐뭇하다.

이러한 가운데 나에게는 자연스럽게 섬김과 성실의 리더십이 자리 잡은 듯하다. 나는 내 자신이 가진 재능의 한계를 안다. 그래서 나의 실력으로 승부를 걸기보다 '성실이 재능을 이긴다.'라는 자기 고백적인 메시지를 제자들에게 자주 말한다.

사춘기

중학교 2학년 때 누구나와 비슷하게 나의 사춘기가 시작되었다. 그런데 '이성'에 대한 사춘기가 아니라 '동성'의 사춘기를 맞이하게 된 것이다. 너무도 엄격한 유교적 분위기의 가정 가운데서 자란 나로서는 이성에 대해 생각하는 것 자체가 죄스러운 것으로 여겨졌기 때문이었는지도 모르겠다. 그래서 사춘기의 감정을 동성에게서 느끼기 시작한 것인지 알 수 없다.

같은 반에 '석'이라는 친구가 있었다. 소심하고 남을 섬기기 좋아하는 나의 성격과는 반대되는 '나를 따르라'는 카리스마를 가진 친구였다. 학교에 가서 그 친구가 나를 향해 웃어주고 손이라도 잡아주면 그것만으로 기쁨이 되었다. 그런데 그 친구가 나를 외면한 것처럼 보이거나 한 번이라도 결석을 하면 외로워졌다. 쉬는 시간만 되면 그 친구에게 잘 보이고 싶어서 주변을 맴돌았다. 그 친구와 철봉에 매달려 발로 몸을 감싸 안는 놀이를 할 때가 가장 좋았다.

어쩌다가 서로 삐치면 주변의 친구들이 '석'이라는 친구와 내 사이를 이어주곤 했다. 나는 금방 화해를 하고서 그 친구의 책갈피 속에 특별한 우정의 편지를 끼워 놓곤 했었다. 나의 사춘기 시절에 '석' 이라는 친구는 매일 나의 감정을 흔들어대는 대상이었다.

내가 사춘기의 열병을 앓는 중학 시절에 어머님은 농약 장사를 하셨다. 나는 학교가 끝나면 어머님이 하시는 일을 당연히 도와드리곤 했다. 당시에는 독성이 매우 강했던 '마라치온', '호리돌' 같은 농약을 상무대의 미군 부대에서 한말들이 통으로 구입해서 박카스나 구론산 병에 담아서 판매하였는데 특히 '에카틴'이라는 진딧물 약의 냄새와 독성은 이웃집까지 불쾌감을 줄 정도였다. 그 농약 냄새가 내가 입는 교복에까지 저절로 배어들었음은 당연한 것이다. 어느 날 그 '석'이라는 친구가 공개적으로 여러 친구들 앞에서 나에게 말했다. "배식이에게 고약한 농약 냄새가 나서 싫다" 는 공개 선언이었다.

다른 친구들도 그 냄새를 느꼈겠지만 어느 친구하나 표현하지 않았었다. 그런데 그 친구의 충격적인 그 말 한마디가 사춘기의 꿈결에서 번쩍 깨어나게 하였다.

자존감에 손상을 입을 때 힘들어하는 나의 모습은 지금도 동일하다. 그리고 그날 이후로는 고치에서 깨어난 나비처럼 나는 다시 자유의 모습을 찾아 혼자 날 수 있었었던 것 같다.

시간이 흐른 후 중학교 동창회 때 그 친구를 다시 만나게 되자, 우리는 서로만이 알 수 있는 그때의 감정을 공유하면서 어떤 다른 친구들보다 뜨거운 포옹을 할 수 있었다. "누구에게나 사랑의 진통은 있다. 그 진통에서 깨어나면 더 큰 미래를 볼 수 있다"라는 메시지를 주는 헤르만 헤세의 〈데미안〉에 나오는 싱클레어가 바로 나의 모습이었다.

춘궁기

나의 아버님은 공무원이셨다. 지금의 공무원은 선망의 대상이라고 하지만 그 당시는 박봉의 표본이 공무원이었다. 박봉의 직장에서 아버님의 별명은 '와이셔츠'와 '휘발유'였다. 공직자로서 어려운 청탁을 받아도 와이셔츠 한 벌 이상은 받지 않으셨고 또한 성품이 불같아서 휘발유라고 불리신 것이다.

생활력이 강한 어머님은 일찍부터 살림을 도맡으셨다. 월산동 주택에 살 때는 상무대의 군인 장교들을 대상으로 하숙집을 운영하였다. 초등학교 2·3·4 학년 내내 우리 집은 군인 장교들이 살았다. 군인들이 대개 6개월부터 1년쯤 상무대에서 훈련을 받고 '자대배치'를 받아 떠났는데, 새로운 장교 군인들이 상무대에 부임하는 시기가 되면 나는 상무대의 군부대 정문으로 나갔다. 그리고 대위 계급장을 단 군인이면 아무나 붙들고 "우리 집이 좋은 하숙집입니다, 어머님이 음식을 잘 하십니다."라고 소개하면서 군인들을 이끌고 왔다. 지금 생각하면 나의 모습이 안타깝기도 해서 그분들이 따라와 준 것이라는 생각이 든다. 그리고 장남으로서 가정의 책임을 져야 한다는 마음가짐 때문에 이런 일이 어렵지 않았다.

군인 장교들 간의 선후배끼리도 우리 집은 좋은 하숙집으로 소문이 났기에 한꺼번에 여러 명의 군인들이 집에 찾아오면 안방까지 하숙방으로 내 줄 때도 있었지만 우리가족들은 불평하지 않고 오히려 정성껏 그분들을 가족처럼 대했다. '우리 가정의 춘궁기' 시기를 어머님의 지혜와 헌신으로 잘 넘겨 경제적 기반을 다진 것이 훗날 우리 삼 남매가 마음껏 공부 할 수 있는 배경이 된 것이다.

월산동에 살면서 어머님은 양동 시장 길거리에서 좌판 장사를 하셨다. 처음 시작한 것이 농약 장사였다. 농약은 시내의 '전남 원예사'라는 곳에서 도매로 농약 몇 병씩을 사고, 씨앗은 작은 포대에 넣어서 양동시장의 길거리에 벌려놓고 파는 '장마당' 식의 장사였다.

처음으로 장사를 시작하던 날의 오후는 내가 거들었다. 그날 저녁에 계산을 해 보니 판매 합계가 781원이었는데 그 돈을 몇 번이고 다시 세어보고 만지면서 석양녘에 집으로 돌아왔다. 초등학교 4학년 때 스스로 일하며 얻은 수입의 뿌듯함과 감동을 맛보았다. 초등학교 6학년 때 어머님은 양동파출소 앞에 있는 어느 허물어져 가는 기와집을 빚을 내서 매입 후에 점포로 개조했다.

그 빚 때문에 중학교 다니는 3여 년 동안 우리 집은 가장 힘든 시기를 지내야 했다. 나는 학교가 끝나면 어머님의 일손을 돕기 위해 교복을 그대로 입고 장사에 뛰어들었다. 중학교에 다니던 시기에는 교복이 외출복이고 활동복이었다. 모두가 하얀색으로 입었던 운동복은 사서 입지를 못하고 집안의 하얀색 커튼 한 폭을 잘라내어 재봉질 하여 입었다. 그래도 학교에 가면 나를 인정해 주고 따르는 친구들이 있었기에 부끄러움도 모르고 친구들과 신나게 지냈던 그 시절이 그립다. 그때 나는 한 가지 희한한 결심을 했다. 내가 언젠가 돈을 벌면 멋쟁이가 되겠노라고!

얼마 전 우리 대학의 여교수님 한 분이 이런 말을 전해 주셨다. “박 교수님! 여자 교수님들이 모여서 우리 대학에서 가장 패셔니스트는 누구인지 뽑기를 해보았는데 모두가 박 교수님을 뽑았답니다. 박 교수님은 한 번도 대충 옷을 입은 것을 보지 못했다고 평가했답니다.”

이 말을 전해 듣고 나서부터 옷 입는 것이 부담이 되어 버렸다. 저녁에 잠들면서 다음날 있을 일과 상황에 적절한 패션을 이리저리 구상한 후, 두 벌 쯤의 옷을 소파 위에 올려놓은 다음, 아침 출근할 때 그 중 한 벌을 당첨시켜 주는 것도 나의 재미중의 하나이다.

어른이 되어서도 멋을 좋아하는 감각은 중학교 때 옷 한 벌 변변치 못했던 시절의 내 자신에 대한 약속을 이루는 것이기도 하다.

“함께죽자!”

초등학교 4학년 때 우리 집이 농약상을 시작하면서 나는 학교에 오가는 길에 시골의 농가에 들르는 일이 일과가 되었다. 학교 수업이 오전반이면 오후에, 오후반이면 오전에 시골의 농가에 일일이 방문하여 ‘진흥농약사’라는 상호를 선전하고 각종 채소 종자가 소개된 ‘흥농종묘사’와 ‘중앙종묘사에서 나온 홍보물도 나누어 주었다. 또한 중학교 때에는 시내의 도매상 상가에 가서 농약과 씨앗 외에 갖가지 농기구 등을 사 가지고 와서 소매가로 판매했다. 특히 당시에 상무대의 미군 부대에서 나오는 '마라치온', '호리돌', '붕산'같은 독극물 농약을 한말들이 통으로 몇 통씩을 미군 브로커를 통해 구입해서 박카스 병에 일일이 나누어 담아서 판매하는 일을 거의 도맡아 해야 했다.

온 가족이 열심히 일한다고 했지만 빚 독촉은 항상 '정한 날'이 되면 맞이하는 일이 되었다. 어느 날은 빚쟁이가 와서 칼을 방바닥에 꽂고 엄포를 놓았는데 나는 벽장 속에 숨어 문틈 사이로 그 광경을 바라보았다. 만약 그 칼로 어머님에게 대들기라도 하면 즉시 뛰어 내려가서 덤벼들 태세를 갖추고 숨을 죽이며 숨어있던 기억이 새롭다.

농약상을 하면서 가장 중요한 것은 혹시라도 자살하려고 농약을 사러 오는 사람인지를 순간적으로 파악하는 감각을 가져야 한다는 것이다. 우리 가족들은 엉뚱한 마음을 갖고 농약을 사러 온 사람들은 귀신같이 정확하게 알아채는 감각을 쉽게 터득하였다. "이 농약을 어디에 쓰시려고 사러 오신 겁니까?"라고 묻는 질문 한마디를 던지면 그 사람의 답변 속에서 감추어진 속마음이 바로 드러나곤 했다. 나는 이런 사람들을 결코 그대로 돌려보내지 않았다. 소위 말해서 나는 바로 '상담자'역할로 들어가고 그 사람들은 '내담자'의 자리에 앉게 되는 것이다.

지금 생각하면 이런 감각이 있었기에 "농약상 16년 동안 참 많은 생명을 살렸구나!"라는 생각이 든다. 비 오는 날 밤, 사랑의 상처 때문에 농약을 사러 왔던 그 처녀! 자식이 속을 하도 썩여서 '호리돌'이라는 극약을 사러 온 그 어머님! 특히 늦은 밤에 눈이 퉁퉁 부은 채 술 냄새를 풍기며 쥐약을 사러 온 윤락녀들이 기억된다.

그분들이 그 위기를 넘기고 아직까지 생명을 유지하고 있다면 농약상을 하면서 돈만 번 것이 아니라 생명까지도 살린 것이라고 스스로 위안해 본다. 나는 그때부터 사람의 생명을 살리는 연습을 한 것일까? 나는 지금도 생명만 살린다면 어떤 고난의 길도, 어떤 궂은일도, 어떤 험한 길도 주저하지 않고 달려가겠다는 생각으로 살아가는 것 같다.

여전히 빚 독촉에 심하게 시달리던 중학교 2학년인가 되는 어느 날, 아버님을 제외한 우리 네 가족이 집안에 모였다. 월산동의 전셋집에서 양동 점포를 매입하면서 빌린 돈 때문에 빚 독촉이 절정에 달한 시기였던 것 같다. 견디기 힘들었던 어느 날, 아버님이 출근하시고 나서 남은 우리 네 가족은 농약병을 가운데 놓고 하나! 둘! 셋! 하면 모두 함께 마시기로 결의를 한 것이다.

"함께 죽자."라는 말은 자식까지도 빚 때문에 고통을 받는 모습을 보다 못한 어머님이 먼저 하셨다. 미리 약속한 대로 하나, 둘, 셋! 하고 농약병 뚜껑을 따서 마시려던 그 순간, 남동생이 갑자기 "자살하면 지옥 간다고 학교에서 배웠기 때문에 나는 안마시겠다."고 외치는 것이었다.

남동생은 그 당시 사레지오 국민학교에 다녔는데 교육열이 남다르셨던 어머님은 빚덩이 가운데서도 남동생을 비싼 등록금을 내야 하는 사립초등학교에 보낸 것이다. 그 사립초등학교는 천주교 미션스쿨이었는데 남동생이 수녀님에게 배우며 들었던 것을 그 위기의 순간에 생각해내고서 외친 고백인 것이다.

결국, 남동생의 한마디에 우리 가족은 죽음의 문턱 앞에서 살아났다. 아니, 남동생의 말을 기다렸는지도 모른다. 죽자고 했던 말이 사실은 살려고 하는 발버둥이었을 것이다. 그동안 자살하려는 사람들의 상담자요, 위로자로 살았던 나는 그날의 사건을 통해 한순간 극단적 선택을 하는 사람들의 심정을 나름대로 헤아려 보게 되었다.

그날 이후로 어머님은 몸부림치는 '사업혼'을 발휘하셨다. 우리 집 마당에는 항상 농약 잔류가 흐르고 있었는데 어머님은 거의 맨발로 일을 하셨다. 장사는 잘 되었다. 신용과 믿음으로 농약과 씨앗을 판매하는 어머님의 사업 정신에 손님들이 장사진을 이루기 시작했다. 양동 장날이 되면 교통경찰관 한 명이 배당되어 우리 점포 앞에 놓인 자전거의 교통정리를 해야 할 정도로 장사가 잘 되었다.

나는 새벽부터 문을 두드리는 손님의 소리에 거의 잠을 깨고 저녁에는 다음날 새벽부터 시작되는 장사 준비를 하곤 했다. 퇴근하신 아버님은 하루 동안 벌어들인 종이돈을 세다가 잠에 들기도 했다. 우리 집의 형편이 어려운 줄 알면서도 하숙집으로 여기면서 붙어살던 친구들의 일손은 사업의 번창기를 맞이했을 때 너무도 귀한 도움이 되었고, 방학 때면 외가의 친척들이 아예 방학 내내 우리 집에 거주하면서 일손을 도와주셨다. 우리 집은 당시의 가난을 신용과 정직의 사업으로 짧은 기간에 이겨낼 수 있었다.

신문팔이

이런 가운데 주말이 되면 나는 수입이 좋은 '주간지 신문'을 팔러 나갔다. 그때 주간지는 '선데이 서울' 과 '주간여성'이 잘 팔렸다. 사복 차림에 중학교 모표가 달린 모자만 쓰고 나가면 신문을 사는 손님들의 마음을 얻기가 어렵지 않았다. 주간신문은 한 부에 15원에 판매하는 것이었는데 손님이 20원을 주면 5원짜리 동전을 바로 내주면 안 된다. 거북선이 그려진 50환 짜리 은전 (당시 5원으로 통용됨)을 10원짜리와 미리 섞어서 주머니에 잔뜩 넣어 놓아야 한다. 그리고 손님에게 50환 짜리 거스름돈을 내줄 때 주머니 안의 동전을 한꺼번에 손바닥 위에 올려놓고 이리저리 찾는 척하면서 시간을 살짝 지체해야 한다.

이럴 때 대개의 손님들은 "야! 학생! 5원은 그냥 가져라!"라고 말해 준다. 그 5원이 어찌 그리 크게 보이고 그 순간이 그토록 기쁘게 느껴졌는지 모르겠다. 짧은 순간에 사람들의 마음을 간파하는 연습시간이었다고 생각한다. 나는 지금도 광주 충장로 길바닥에 50환짜리 거북선 동전이 널려있고, 내가 돈을 줍는 꿈을 가끔씩 꾸곤 한다.

주간지는 아침 일찍 충장로 1가에서 5가까지 점포마다 무조건 먼저 넣는 방법을 사용했다. 그리고 오후의 해 질 녘쯤 각 상가에 방문하면 되었다. 처음에는 점포 주인이 주간지를 안 보려 하다가도 점점 시간이 지나면서 결국은 주간지를 뒤석거리며 읽어버린 사람이 대부분이다.

주간지를 모두 판매하고 마지막 남은 한 매의 주간지는 시내버스를 타고 올 때 차장 아가씨에게 차비 대신 주면 오케이다. 그 마지막 한 매까지 다 판매하고 집에 돌아오면 나의 아버님은 수고했다는 말씀보다 "주간지 한 부도 안 가지고 왔냐?"라고 나에게 섭섭하다고 핀잔을 하셨지만 나는 '완판'했다는 기쁨이 더 컸던 그 시절이었다.

교육열

어머님과 나는 한때나마 보릿고개 같은 가정을 일으키는 데에 성공했다. 이후에 나의 두 동생들은 자신의 기질에 따라서 마음껏 공부하는 일을 지원받는 데는 어려움이 없었다. 어머님은 세 남매의 학교 납부금을 내는 날이 가장 기쁘다고 말씀하셨다.

'돈을 벌 때는 거지처럼! 쓸 때는 양반처럼!'이라는 말이 있는데 어머님은 오직 자식들의 교육을 위해서 돈을 벌고 돈을 쓰셨다. 어머님의 교육열은 우리 삼 남매가 결혼 후 며느리와 사위에게도 계속 이어졌다.

농약 장사는 내가 군대를 다녀온 해까지 계속했는데, 마침내 어머님은 농약 장사 때문에 병을 얻으시고 말았다. 집안 마당의 잔류 농약이 맨발로 일하시던 어머님의 몸 안에 침투하여 신장(콩팥)에 영향을 준 것 같다는 의사의 진단이 내린 것이다.

우리 가족은 어머님의 몸을 상하게까지 하면서 장사를 할 수는 없었다. 내가 군대를 다녀오던 해에 어머님의 병이 발견되었고 결국 신장 하나를 제거해야 하는 수술에 이르게 되었다. 어느 날 어머님은 나에게 집문서를 주셨다. 양동 점포를 내가 알아서 처분하라고 하셨다. 어머님 생각에 아들인 나와 어머님이 함께 일군 집안이기에 나에게 주권을 주신 것이다. 나는 여기저기 복덕방을 통해 시세를 알아보고 우리 가족이 피땀을 다해 일으킨 농약 상점을 마침내 처분하게 되었다.

결국 자신의 몸을 상하면서까지 자식들의 교육에 최선을 다하셨던 어머님이 계셨기에 우리 3남매는 공부는 마음껏 할 수가 있어서 나는 문학박사, 아내는 간호학 박사, 남동생은 경영학 박사, 제수씨는 문학박사, 여동생은 성악가로서 기량을 마음껏 발휘했고, 매제는 의학박사의 학위를 받기에 이른 것이다.

나의 중학교 시절에 광주에는 금성여객과 광주여객이라는 버스 업체가 있었다. 두 버스 회사가 동일한 시외버스 정류장에서 경쟁적으로 손님들을 향해 '오라이! 스톱!'을 외쳤다, 그때 우리 농약 점포 윗집에 '한마을 약방'이라는 곳이 있었는데 그 약방 주인께서 하는 말씀이 "돈 100만 원만 모아지면 광주여객에서 높은 이자로 빌려 간다. 지금은 금성여객이 더 부자이지만 앞으로는 자녀 교육에 투자하는 광주여객이 더 잘 될 것이다. 지금은 너희 집이 가난하지만 어머님의 교육열로 너희들이 잘 될 것이다."라는 말을 자주 해 주셨다.

얼마간의 세월이 흐른 후 금성여객은 사라져 버렸다. 그 광주여객 사장이 오늘날 금호그룹의 모체가 되었던 박인천 회장이다. 자식들이 해외 교육까지 마치고 돌아오면서 광주여객은 금호그룹으로 성장한 반면, 금성여객이라는 이름은 사라져 버린 것이다.

나는 약방 주인의 이 말을 듣고 '교육백년지대계(教育百年之大計)'의 뜻을 헤아리게 되었다. 나도 어머님의 교육열을 본받아 나의 자녀들과 손자 손녀들의 교육만큼은 그들의 국가와 인류에 봉사할 수 있도록 마음껏 원하는 데까지 뒷바라지해주고 싶다. 따라서 보험과 저축으로 후손들의 미래를 책임지고자 내밀하게 설계하고 있다.

'빼빼시' 탈출

학교를 마치고 고등학교에 진학했다. 꿈과 패기가 가득한 고등학교 시절이었다. 나는 체육시간이 가장 즐거웠다. 그 당시 우리 학교는 체육 시간에 유도를 배웠다. 나는 다른 친구들에 비하면 몸이 강하게 보이지가 않았다. 그런데 우리 반에 유도선수인 친구가 있었다. 어느 날 유도 시험을 보는 데 체육 선생님이 체구가 비슷한 친구들끼리 대련을 시켰다. 그 친구가 나의 대련 상대였는데, 나는 아예 유도 대련에서 질 것을 예상하고 시합에 임했다. 처음에는 방어적으로 버티기만 했는데, 몇 차례 발기술들이 오가면서 할 만하다고 생각이 들어 공격적으로 나가 보았다. 우리 반 친구들이 모두 숨을 죽이고 지켜보고 있는 순간이었다.

그런데 아직 서툰 나의 공격적인 발기술에 그 친구가 넘어져 버린 것이다. 한 번의 대련으로 끝나서 다행이었지만 나는 그날 우리 반에서 '작은 영웅'이 되었다. 친구들이 놀랐지만 나 스스로도 놀랐다.

나는 고등학교 때는 교회에 나가는 신앙생활은 하지 못했다. 그러나 성경을 열심히 읽는 믿음은 있었다. 그때 학교 수업이 끝난 후엔 하나의 습관이 하나 생겼다. 내가 읽은 성경 중에 마음에 와 닿는 성구가 있으면 그것을 모아서 칠판 전체에 꽉 차도록 분필로 성구를 적어놓고 하교하는 것이었다. 담임 선생님께서도 이런 나를 이해해 주셨다.

다음날 아침에 친구들이 등교하면 칠판에 성경의 성구가 빽빽이 적혀 있었지만, 종교가 다른 누구 하나 불만스럽게 내색하는 친구는 없었다. 내가 친구들에게 칠판에까지 적어 보여주고자 한 성경 구절들은 지금까지 가슴 속에 깊이 새겨지면서, 나를 지켜준 성경 말씀이 되었다.

그리고 지금 동창 친구들을 만나면 그때 일을 회상하면서 내 덕분에 크리스천이 되었다는 고백도 듣게 된다. 나는 마음속으로 친구들보다 더 큰 유혹과 호기심을 느꼈지만 겉으로라도 경건의 옷을 입는 연습이 있었기에 함부로 살 수 없었다고 생각한다. 그러다 보니 친한 친구들이라 할지라도 내 앞에서는 야한 말, 농담, 외설스러운 이야기나 경험 등을 함부로 드러내지 않았다.

그때부터 내가 깨달은 것은 외형을 먼저 변화시키면 마음 자세도 바뀌지기 시작한다는 것이다. 아무리 점잖은 남자라 할지라도 예비군복을 입으면 아무렇게나 행동하는 것을 보았다. 반면에 양복을 입고 넥타이를 매면 사람이 점잖아지고 달라지지 않는가! 이것을 의복치료(suit therapy)라고 했던가! 칠판에 성경구절을 판서하는 것이 형식적인 나의 행동일 수 있었지만 결국에는 나의 속마음을 지배했다고 생각한다.

커닝 1등

나의 고등학교 성적은 수학만 빼면 괜찮았다. 내가 좋아하거나 나를 인정해 주는 선생님의 과목은 열심히 공부했지만 수학만큼은 그리되지 않았다. 지금도 수학시험 문제를 다 풀지 못했는데 시험지를 거두어 가버려 마음을 졸이는 꿈을 가끔씩 꾼다. 초등학교 때 내 발목을 잡던 산수가 중·고등학교 때는 수학외 되어 나를 붙잡았다.

고등학교 3학년 때 내 짝꿍인 김영철이라는 친구였는데 그 친구는 수학만큼은 최고였다. 어느 때인가 월례고사 시험을 보는데, 세 번이나 계속해서 수학시험 때마다 그 친구의 답안지 커닝을 시도했다. 어차피 커닝을 하는 것이기에 깡그리 옮겨 적었다. 그 후 3개월 동안의 평균 성적 결과를 보니 세상에! 내가 전교 1등이 되어 버린 것이다. 부끄러운 후회를 했지만 때는 지난 것이다.

이러한 성적이 나온 얼마 후 담임 선생님께서 교무실로 부르기에 혹시라도 커닝한 것을 아셨을까? 근심 어린 마음으로 찾아갔더니 "배식아, 너 최근에 실력이 많이 늘었더구나. 이번의 교육청 주관 학력경시대회에 나가 보아라."는 것이다. 순간, 나는 어찌할 수 없이 "예"라고 대답은 했지만, 그날부터 대회에 나가지 않을 궁리를 찾기 시작해야 했다. 학력경시대회까지 나가서 커닝을 할 수는 없지 않은가!

교육청에 가서 학교 대표로 시험을 보면 결국은 학교 창피가 뻔한데, 이런 일은 상상하기도 싫었다. 결국은 대회를 앞둔 사흘 전부터 꾀병을 부리고 결석해 버렸다. 그리고 내가 죄를 지었을 때 스스로 양심의 가책이라는 처벌을 받게 된 것이다. 이 일이 있고 나서 나는 절대 커닝을 하지 않기로 결심했다. 그리고 수학이 없는 세상에서 살고 싶다고 기도했다. 정직한 행위가 참으로 귀한 것이라는 사실을 깨닫는 사건이었다.

국문학과로

고등학교 3학년이 되었다. 2학년 배지에서 3학년 배지로 갈아 달던 날, "나의 은사에 따라 대학 진학의 길을 인도해 주옵소서!" 라고 간절히 기도했다. 아침에 등교해서 집에 돌아오면 밤 10시가 넘었던 것은 지금의 고 3수험생들과 비슷했다.

아버님의 뜻에 따라 의대를 지망했다. 제 2지망 학과는 국문학과를 썼다. 당시는 대학의 입시제도였던 예비고사만 합격해도 일단 웬만한 대학은 갈 수가 있었다. 의대 지원의 결과는 구태여 합격자 명단을 보러 가지 않아도 스스로 알 수 있었다. 그런데 제 2지망에 합격했다는 통보를 받았다. 그런데 당시 '가슴에 활짝 피어오르는 새 희망이 넘치는 대학 일년생!', ' 멋있는 사각모자 으스대면서…….' 등의 유행가가 있었다.

어머님과 논의 끝에 재수보다는 멋있는 사각모자를 쓰는 대학에 진학하고서 다시 의대 시험을 보기로 했다. 유행가 가사처럼 새 희망이 넘치는 대학 1년생이 되었지만 나는 강의 시간에도 대학 입시 시험 준비를 해야 했다. 대학의 국문학과 1, 2학년 동안 재학하면서 의대 시험을 다시 보았지만 역시 낙방이었다.

이로 인해 나의 대학 1, 2학년 성적은 완전히 'F' 학점투성이가 되었다. 나중에 교수가 되기 위해 대학교 성적표를 발부받았는데 아내가 그 성적표를 보게 되었다.

"이렇게 F학점이 많은 사람이 어떻게 대학교수가 된단 말인가!"라고 탄식을 했다. 그럴 때 나는 "대학 때는 F학점의 천재였다오. 그 대신 대학원 석, 박사 성적은 올 A학점이잖아!"라고 응수하기도 했다. 대학 1, 2학년 때 나의 별명은 '오스왈드'였다. 알고 보니 미국의 케네디 대통령 암살범의 이름이었다. 한마디로 내가 얼마나 어두운 분위기로 학교를 다녔는지 표현해 주는 별명이기도 했다.

대학 2학년 2학기가 시작할 때쯤 당시에 '시론'을 가르치던 박홍원 교수님이 시화전을 개최해야 하기에 시를 한편씩 써 가지고 오라는 과제를 내주셨다. 이 일은 내 인생에 새로운 지평을 열어주는 계기가 되었다. 과제를 생각하며 고민하는 어느 날, 내 발밑에 무슨 용지 하나가 눈에 띄었다. 살펴보니 '대학생 성경읽기 선교회'라는 기관에서 여름 수양회를 다녀온 후 '시화전'을 개최한다는 홍보지였다. 그날 오후 금남로에 위치한 'UBF 회관'(University Bible

Fellowship)이라고 부르는 장소를 찾아 나섰다. 시화전에 전시된 시에서 한두 줄씩 베껴 와서 이리저리 적당히 짜깁기를 하면 과제물로 제출해야 할 시 한편이 완성될 수 있을 것이라는 생각에서였다.

그런데 그 UBF 회관 문을 들어선 순간부터 사방으로부터 환영의 인사를 받았다. 대학생 선교 단체였는데, 처음 방문한 나를 향해 '형제님', '사랑합니다!'라는 소리와 삼삼오오 짝을 지어 기도하고 성경공부도 하며 떡과 과자를 나누는 분위기가 나에게는 정말 천국 같아 보였다. '사랑과 인정받는 욕구'에 목말랐던 나에게는 '필요충분' 조건을 다 채워줄 만한 선교 단체의 분위기였던 것이다. 선교 단체에 가입하고 나서 열심히 성경공부를 하고 누구보다 앞서서 전도했다. UBF선교 단체는 1:1 성경공부가 특징인데 이를 통해 예수님을 인격적으로 만나게 되었던 것이다.

이때가 나에게 주어진 인생의 의미가 무엇인가? 나의 사명은 무엇인가? 나의 은사가 무엇인가를 발견해 내는 과정의 기간이 되었다. 성경공부를 하는 과정 중 마가복음 공부를 하면서 '섬기는 종이 되신 예수'의 삶을 살고자 서원하기도 했다.

대학 3학년이 시작될 무렵 군대 문제에 대해 결정을 해야 하는 시기가 왔다. 나는 일반 병사로 가서 이등병부터 시작하고 싶었다. 군대의 내무반 청소도 잘해 주고, 장교들의 군화도 잘 닦아주며, 전우애로 살아가는 삶을 실현하기 위해 이등병부터 시작하고자 마음먹었던 것이다.

2장

◆

사랑의 성취

나는 한 사람을 사랑하였다

나는 병사로, 아버님은 ROTC 장교

나의 아버님께서는 장교로 군 복무를 하셨다. 나에게도 ROTC 장교로 군 복무 하기를 원하셨지만 나는 내심 원치 않던 터였다. 그래서 ROTC 장교 후보생을 모집하는데 고의로 1차, 2차 시험에 모두 응시하지 않았다. 그런데 3차 모집이 있을 때 아버님이 모집 일정과 상황을 먼저 파악하시고 나에 대한 응시 확인과 감독 체제에 들어가셨다. 결국 아버님의 등쌀에 떠밀려 3차에 응시했는데 나는 성적, 체력과 적성, 신원 조회에 모두 합격하여 마침내 ROTC 후보생이 되었다.

ROTC 후보생이 되던 첫째 날을 잊을 수 없다. 내 전 생애에 걸쳐 선배에게 그렇게도 매를 많이 맞아 본 적은 전무후무하였다. 집에 돌아와서 옷을 벗어보니 온 몸이 멍 투성이었다. 내 모습을 보고 깜짝 놀란 남동생이 "형! 온 몸에 멍이 안 든 곳이 하나도 없다"며 온 몸에 약을 발라 주었다. 이런 일은 그 후에도 한참 동안 반복되었다. 당장에 그만두고 싶었지만 첫날 너무 심한 매를 맞은 것이 아까워서 그만두지 못할 정도였다. 나중에 알게 된 것이지만 나의 동기생과 선배 사이에 개인적인 감정이 있었는데, 선배가 후배에게 훈련을 시킨다는 명분을 내세워 너무도 비열하게 사적인 감정으로 구타를 한 것이었다.

나의 생애에서 가장 고통스러운 육체적 훈련은 바로 그때와 군대에서 '김신조 유격 훈련'을 받았을 때이다. 김신조 유격훈련소는 1.21 사태 때 청와대를 공격한 무장공비들이 북한에서 받는 훈련보다 더 강도를 높여 만들어진 코스였다. ROTC 선배들에게 받는 훈련은 자존감 파괴가 참기가 힘들었다. 오히려 강조가 세고 기간이 긴 유격 훈련을 받을 때는 시작일 부터 마지막 날까지 미소를 지을 수가 있었다.

그때 우리 장교 중대는 300여 명으로 구성되었다. 유격훈련이 끝나면 훈련 기간 중에 동료들이 추천해 주는 상이 있었는데, 내가 그 상을 받게 되었다. 동료들이 힘든 훈련 기간 동안 나에게서 떠나지 않는 미소와 동료들을 향한 격려의 리더십에 모두 힘을 얻었다고 추천해 주었던 것이다.

육체적 한계에 도전하는 유격훈련을 통해 예수님의 육체적 고난에 동참하게 되어 감사하다는 생각에 저절로 나에게 은혜의 미소가 지어졌던 것이다. 나는 기억이 안 나지만 ROTC 동기들이 말하길, 완전 군장으로 죽음의 구보를 하는데 내가 동료 장교들의 소총을 대신 메어 주고 그들이 지쳐서 쓰러져가는 순간에 손을 잡아 함께 붙들어 부축해 주었기에 무사히 훈련을 마쳤다고 한다.

무장공비

군대 생활은 충청도 조치원에서 시작되었다. 후방 근무였는데 정보장교 직책을 갖고 소대장으로 근무하는 내내 '광천 지구 무장 공비 침투'사건 때문에 완전 무장을 갖추고 5분 대기조로 출동이 잦았다. 공비들이 공주지역에 침투해 수색에 나선 예비군들을 무참히 죽이는 일이 발생했기 때문이다. 두려움에 떨던 예비군들이 밤이 되면 초소에 불을 피워 일부러 위치를 적에게 노출시킴으로써 공비들에게 오히려 피해 가는 길을 가르쳐주는 지경에 이르렀다. 소대장으로서 이런 예비군들을 이끌고 잘 훈련된 공비들을 수색하고 맞서 싸운다는 것은 실로 위험천만한 작전이었다. 무장공비들이 도망을 가다가 한 번씩 돌아서서 소련제 '아카보 소총'을 한 방씩 '탕!' 쏘면 딱 예비군이 한 명씩 '으악'하고 총에 맞아 쓰러지는 상황이 눈앞에 펼쳐졌다. 적은 내 위치를 알기에 우리 부대원이 툭 트인 개활지에 노출되었을 때가 가장 위험했다. 산 위쪽 어디에선가 무장공비들이 나와 부하들을 조준하고 있을 것이라는 위기 상황에서도 소대장으로서 맨 앞장에 서지 않을 수 없었다.

전방의 동료들도 다른 곳에서 체험할 수 없었던 죽음에 대한 극심한 공포를 느끼면서 작전을 수행해야 했다. 5분 대기조 작전을 나갈 때는 공비들과의 전투에서 어느 순간 죽을지 모른다는 생각이 들어 짧은 시간에 유서를 작성해 놓기도 했다. 실제로 소대장 동료 중 두 사람이 안타깝게도 공비들의 총에 맞아 사망하기도 했다.

그 당시 나는 나의 부하들을 위해 목숨을 걸고 맨 앞에 서야 하는 전투 경험을 했다. 이런 경험이 "나는 양들을 위해 목숨을 버리노라"는 목회자로서의 길을 걸을 때, 내가 그 당시처럼 생명을 거는 희생정신으로 양을 돌볼 수 있게 하였다.

서원기도

내가 상무대에서 초급 장교 훈련을 받으면서 아직 부대 배치를 받기 전이었다. 나는 훈련 중에도 일요일이면 꼭 예배에 참석했다. 어느 날 UBF 리더로 계시는 박 엘리야 목자라는 분이 내게 말하기를 주일예배에 참석할 수 있는 곳에 부대 배치를 받도록 '서원 기도'를 하자는 것이었다. 그 이유는 주일 예배 참석의 소중함을 알려주는데 의미가 있다는 것이다. 결국 기도한 대로 부대 배치를 후방인 조치원 지역으로 받다 보니, 토요일에 열차를 타면 주일 예배 참석이 가능했다.

그러나 부대 복귀를 위해서는 예배를 마친 즉시 올라가야 했다. 나는 2년 6개월 동안의 군 복무 기간 중에 광주까지 오가면서 주일 예배 참석의 서원을 지켰다. 주일 예배에 대한 감격도 있었지만 그 당시에 UBF에서 선교사 훈련을 받던 한 여학생을 만나는 기쁨도 있었기 때문이다. 하나님에 대한 사랑과 예배시간에 그 여학생을 만날 수 있다는 기대감으로 주일 예배 참석에 목숨을 걸었던 행복한 군 복무 기간이었다. 내가 좋아하는 사람하고 일하면 피곤하지 않고 천리의 가시길도 맨발로 갈 수 있는 것이다.

육군 중위 시절에 대전의 부대에서 생긴 일이다. 마지막 열차를 타야 광주에 가서 예배를 드릴 수 있는데 업무가 끝나지 않은 상황이었다. 대대장이 붙잡고 퇴근을 시키지 않았던 것이다. 우리 부대 영역 한쪽에 군수창고가 있었다. 나는 그 창고 한쪽 켠에 가서 기도를 드리기 시작했다. "하나님시여! 지난번에 근무했던 부대의 대대장한테 군화 발로 채이면서까지 감당했던 주일예배 참석을 이번에도 이루어지게 하옵소서!"라는 기도였다.

한참 기도를 드리고 있는데 부대의 사병들이 몽둥이 같은 것들을 들고 갑자기 안으로 들어왔다. 내가 기도하는 모습을 발견하고 겸연쩍은 모습을 지으며 "중대장님! 죄송합니다! 이전에도 가끔 침입자가 있었는데 오늘 무슨 사람 소리가 들려 도둑인 줄 알고 잡으리 왔다"는 것이다.

나의 기도하는 모습은 즉시로 대대장에게 보고가 되었고 대대장은 전용 지프차를 내어 주면서 운전병에게 박 중위를 서대전역까지 신속하게 모셔다드리라는 명령을 내려 주었다. 나는 이런 비슷한 일들을 많이 경험하면서 깨달은 것이 있다.

'하늘은 스스로 돕는 자를 돕는다'라는 확신을 갖게 되었고, 이 말이야 말로 내 인생의 좌우명이 된 것이다.

10. 26 사태와 완장

군 복무 중에 조치원에서 근무할 때 1979년 10.26 사태가 발생했다. 전두환 보안 사령관에 의해 계엄령이 선포되었고 나는 조치원 군청으로 즉시 발령을 받았다. 같은 부대의 소령은 조치원 군수실을 차지했다. 군청의 모든 결재가 정보장교인 내 손과 소령의 결정에 의해 진행되었다. 우리 부대의 하사급 군인은 면사무소 면장실을 점령(?) 했다. 참으로 군인 통치 시대는 국민들의 불행이다.

처음에는 밤 10시부터 통행금지가 실시되었기 때문에 산부인과 병원과 일부 택시 운전자들이 계엄군의 허락을 받아야 했었는데, 군부대 소령과 민간인들 사이에 금품이 오가는 것을 목격했다. 면사무소를 점령한 하사급 군인들은 한순간 자기들의 세상이 온 듯한 태도로 바뀌었다. 계엄령 선포는 군인들에게 완장을 채워 준 것이나 다름없었다.

그때 서울에서 목포로 가는 모든 열차는 조치원역에서 정차했는데, 계엄군들은 정지된 열차 옆에 도열한 채로 열차를 향해 '차려 총!'의 자세를 잡았다. 나는 권총과 완장을 차고 정차된 열차 안을 순찰하는 임무를 가졌다. 누구든지 버릇없이 굴면 권총이라도 내밀듯 위풍당당한 모습으로 뒷짐 지고 개폼(?)을 잡던 내 모습은 지금 생각해도 부끄럽기 그지없다.

그때 계엄군인 우리의 모습을 바라보는 시민들은 속으로 얼마나 비웃었을까 생각하니 지금도 고개를 들 수 없다. 이 일을 통해 내가 깨달은 것은 인간이란 '완장'만 채워주면 얼마든지 악해질 수 있다는 것이다. 《꾸뻬씨의 행복여행》에서 말하는 행복의 조건 중에 '정치 지도자를 잘 만나는 것'과 '절대 군인들이 지배하는 세상이 되어서는 안 된다'는 말이 있는데 이에 대해 실감하는 바이다.

또 하나의 나

군복무 중 중위시절, 나의 부하 중 박격포 명중 선수가 있었다. 나는 그 박격포 선수에게 잘 배운 덕분에 박격포의 모든 것에 대해서는 1인자라고 자부할 정도의 교관이 되었고, 분대원들을 우수하게 지도할 수 있었다. 그러던 중 사단에서 박격포 사격 시합이 있었다. 여러 부대에서 참여했는데 분대원들의 정확하고 침착한 판단 덕에 기대했던 대로 1등상을 받았다. 그런데 이러한 일련의 과정을 지켜보는 두 사람이 있었다.

한 사람은 당시 32사단장인 이상훈 소장이었고 또 한 사람은 대전 경비대장인 이창암 중령이었다. 박격포 사격대회를 마치고 갑자기 대전의 경비대에 발령을 받았다. 예상치 못한 일이어서 당황했으나 나중에 알고 보니 박격포 시합 때 투철한 군인 정신을 갖춘 나의 모습을 보고 자신의 부대로 데려오기로 마음 먹고 미리 작전을 펼친 것이다.

박격포 사격대회를 통해 이상훈 사단장과 친숙한 관계가 되어 사단 본부에 파견하는 정보 상황 장교로 근무하게 되었다. 아침 출근 즉시 이상훈 사단장은 상황 장교로부터 보고를 받으면서 하루를 시작했다.

대전의 경비대에서 근무하게 되면서 부터 부대의 특성상 몇 백 명의 장병들을 대상으로 지휘를 해본다는 것은 장교로서 멋진 경험이 되었다. 학생 시절 '빼빼시', '가시내', '염소'라는 순한 뉘앙스의 별명을 가졌던 나와는 완전히 다른 모습이었다.

그동안 아버님으로 인해 절제와 엄격으로 가려진 나의 본능이 군대 생활을 통해 마음껏 튀어 나왔다. '이것이 나의 본래 모습이구나' 싶었다. 수백 명을 이끌고 지휘하고 통제하며 작전을 수행하는 동안 주어진 임무를 성공적으로 완수하면서 나도 모르는 자신을 발견할 수 있었다. 제대할 시기가 되었을 때, 다른 동료들은 빨리 제대하고 사회로 복귀하고 싶다고 말했지만 나는 군대 생활이 너무나도 행복하고 즐거웠다.

'남이 아닌 자신으로 일한다는 것'이 바로 이런 것이구나 싶었다. 그동안 아버님이 원하는 직업을 가져야 성공이라고 생각하며 다른 사람을 흉내 내다가 나의 진정한 모습을 잃어버린 것이 아닌가 깨달아졌다. 우리가 권위 있고 행복하게 일 하려면 내게 있는 은사의 발견과 사용이 중요하다. 참된 나 자신으로 일하며 살아간다는 것이 무엇인지 충분히 깨달은 군대 생활이었다. 군대 생활 이후로 나는 나의 약점에 얽매이기보다 내 안에 잠재된 능력을 개발하여 그 위에 하나님의 기름 부어 주심으로 살아온 것 같다.

군대에서 제대를 할 무렵 장기 복무를 원하면 신청을 하는 제도가 있었다. 이상훈 사단장은 나에게 군대 생활을 계속하면 도와주겠다는 말을 하셨다. 이분은 나중에 대한민국 27대 국방부 장관을 역임하셨는데 나의 군인기질을 파악하고 인정 해주신 것이다. 병사로 가서 섬기는 리더십이 되었든지, 장교로 가서 이끄는 리더십이 되었든지 중요한 것은 군대 생활을 통해 나의 강점을 찾아내어 이후의 삶에 자신감을 가진 것이라 하겠다.

계엄군과 시민군의 양편에서

군대에서 광주의 5·18민주화운동 사건을 겪었다. 광주의 가족들과는 통화 불능상태가 되었다. 당시에 정보장교로 근무하던 나는 사복을 입고 광주에 내려 오려고 했지만 열차가 장성까지만 운행되었다. 군대 제대 후 5·18민주화운동의 현장 이야기를 직접적으로 전해 들었다. 내가 섬기던 UBF 회관은 전남도청 바로 옆 전일빌딩 뒤쪽이었는데, 시민들이 도청을 향해 데모를 하다가 갑자기 '빵빵!' 큰소리가 나서 처음에는 무슨 소리인지 구분이 안 되었다는 것이다. 그런데 '빵빵!' 소리가 나는 순간 바로 옆 사람이 피를 흘리고 쓰러졌는데 나중에 알고 보니 그 큰 소리는 계엄군이 시민군을 향해 총을 쏘는 소리였던 것이다. 군대에 다녀온 친구들을 통해 무기와 장갑차를 갖고 계엄군과 실제 싸운 이야기를 들으면서 나는 부끄러움이 앞섰다. 그리고 이후에 대학에서 강의를 하면서 학생들과 이데올로기 문학에 대한 토론의 시간도 가져 보았다. 다음의 글은 1996년 〈신동아〉 월간지 2월호에 게재한 글의 내용이다.

어제는 시민군 오늘은 계엄군편

광주 5·18민주화 항쟁 당시 나는 군 복무 중이었다. 5월 17일은 일요일이었는데 광주의 본가에 내려가 있던 터라 시내 교회에서 주일 예배를 마치고 도청 부근을 지나가게 되었다. 이때 완전 무장을 한 공수부대 계엄군과 헐렁한 셔츠 차림의 시민들이 대치한 도청 앞 현장을 보게 되었고, 잠시 후 옷이 찢기며 질질 끌려가는 학생들과 머리에 피가 낭자한 학생들의 모습을 목격하게 되었다.

순간 양심의 선택이 아닌 명령에 따라 움직여야 하는 계엄군 병사들의 행동을 목도하면서 같은 군인의 신분으로 명령을 따라야 한다는 점에서 이해가 가는 한편, 내 고향 시민들이 도대체 무엇을 잘못했기에 저렇게 모질게 당하는 데도 보고만 있어야 하는가라는 적개심과 분한 마음이 함께 들었다.

이러한 현장에서 장교 군복을 입고 있다는 사실만으로 주변의 시민들이 나를 보는 눈살 또한 분명 예사롭지 않았기에 살며시 그 자리를 빠져나왔다. 쫓기듯 귀대하는 열차에 오른 나의 마음은 착잡했다.w

내 가족이 저렇게 처참히 당하면 난 어느 편에 서게 될까 하는 번민이 생기면서 가족이 염려되기도 했다. 자부심을 가졌던 대한민국 장교의 복장이 왜 그렇게 부끄럽게 여겨졌는지 ……

내가 광주를 떠나온 뒤로 현지 상황은 더욱 악화되었다. 그때 어머님은 사회봉사활동을 주로 하는 Y·W·C·A 단체의 일원이셨는데. 5·18민주화운동이 심각해지면서 봉사단원들과 함께 시민들을 돕는 일들을 맡아야 했다. 소속 단체를 중심으로 시민군들에게 음료수와 김밥 등을 제공했다. 어머님은 장기 보관용 우유를 용달차에 싣고 시민군들에게 갖다 주기도 하셨다. 당시에 대학에 재학 중이던 나의 남동생도 시위에 참여하였다. 큰아들은 군인의 신분이요, 작은 아들은 시민군에 참여해야 하는 어머님의 심경이 얼마나 복잡하셨을까 생각해 본다.

그러던 중 시간이 얼마쯤 지나 계엄군이 곧 도청으로 진입한다는 소문과 그렇게 되면 대학생들은 다 죽게 될 것이라는 말이 떠돌아다녔다. 마침내 새벽바람을 가르는 총소리와 함께 깨어보니 어제의 시민군은 하나도 안 보이고 철모 쓴 계엄군만 근엄한 동상처럼 도로에 우뚝 서 있더란다.

그때 우리 집은 시민군과 계엄군이 대치하던 지역(광주시 농성동 345의 1번지)이었는데, 계엄군과 시민군의 총격 전투 중에 집안에 동생이 누워 있던 바로 옆자리까지 총알이 날아올 정도로 시가전 전투가 치열했다.

계엄군이 대학생들을 잡아들인다는 소문에 어머님은 동생을 벽장에 가두고 음식을 올려주며 대·소변까지 받아내셨다. 그리고 갈수록 무서운 소문이 더하자 시민군과 계엄군의 접경지대인 동네 어머니들을 모아서 나름대로 자구책을 찾기 위해 고민했다. 마침내 동네 어머님들이 모여 결의한 것은 집집마다 돈을 몇천 원씩 거두어 동네에 배치된 계엄군 상관에게 적당히 대접하기로 한 것이다.

어쨌든 우리 동네 대학생들은 별반 어려움 없이 이 고비를 넘길 수 있었다. 어머님은 어제는 시민군 협조자가 되셨다가 하룻밤 만에 계엄군에게 아량을 베풀어야 하셨다. 어머님으로서는 시민군편이냐 아니면 계엄군편이냐가 문제는 아니었다. 생존 자체가 더욱 현실적이었던 것이다.

6·25 전란 중에 낮에는 태극기를, 밤에는 인공기를 올려야만 했던 지리산 주변 사람들이 겪은 민족의 비극이 '광주사태'(민주화 운동으로 명칭 변경)라는 상황에서도 재연됐다. 어머님의 마음은 어찌 보면 둘 중에 하나의 이데올로기를 선택해야 하는 민족의 현실이요 비극인 것이다.

어느 봄날에 학생들과 함께 빨치산 문학을 연구하기 위해 빨치산들의 은신처였던 지리산의 의신골을 찾아 나서게 되었다. 때마침 우리는 당시 전쟁에 참여했던 칠순의 두 노인을 모실 기회를 가졌다. 한 사람은 소설가 이태의 〈남부군〉에서 '록동무'라 불리던 노인인데, 그는 빨치산 대장인 이현상 사령관을 호위하던 병사였다. 또 한 사람은 경상도 하동 사람으로 빨치산 토벌대원으로 활동 중 총을 일곱 번이나 맞고도 살아난 '하 노인'이었다.

록동무와 하 노인은 분명 과거에 서로 총부리를 겨누어야 했던 원수지간이었음이 분명하다. 같은 혈연의 민족이 내가 선택한 이데올로기에 따라 죽고 죽이는 '가인과 아벨'이 된 것이다.

그러나 오랜 세월이 흐른 오늘에 와서 이데올로기를 초극한 그들은 서로에게 술잔을 권하며 서로 말했다.

"죽으면서 '김일성 만세'하는 놈은 하나도 없더라."

"나도 '대한민국 만세'하고 죽는 놈은 못 봤구만."

"빨치산이나 국군 모두 죽음의 순간에는 한결같이 '어머니, 어머니'만 애타게 부르더구만."

시내에서 태어나 국군이 되어야 했고, 지리산 자락에서 태어났다는 이유 때문에 빨치산만이 선택의 길이었던 그들이다. 민주주의의 뜻이나 마르크스, 레닌의 이름조차 모르면서 오직 자신의 생존을 위해 서로를 원수로 여겨야 했던 그들이다.

이들에게 강요되었던 이데올로기는 스스로의 판단에 의해 결정되어진 것이 아니라 태어난 장소와 정치 지도자들에 의해 이미 결정되어 진 것이다. 국군이나 빨치산 모두가 정치적 이데올로기의 희생자인 것이다.

그래서 이병주의 작품, 〈지리산〉에서 마지막 빨치산인 주인공 박태영은 "나라에 대한, 인민에 대한 충성심은 있어도 당에 대한 충성심은 가질 수가 없다"라고 고백했는가 보다. 우리 일행은'공산주의나 민주주의가 무엇인지도 모르면서 오직 내 민족만을 위해 한 생명을 바친 것'만큼은 분명한 모든 영령들에게 묵념의 시간을 갖기도 했다.

지난여름에 몽골과 러시아의 대학을 방문할 기회가 있었다. 그곳의 지식인들이 겪는 고뇌는 한결같았다. 그들은 유치원 어린이에서 대학생이 되기까지 레닌과 스탈린은 가장 완전한 인간이며 결코 실패라는 것이 없는 위대한 삶의 전형으로 배워왔다는 것이다. 그러던 어느 날 하늘같이 믿고 따르던 이들의 구소련의 붕괴와 '페레스트로이카' 정책에 의해 광장마다 세워진 지도자들의 동상을 스스로 망치를 들고 깨부숴야 하는 현실을 접할 때, 먹고 입는 문제보다 더 심각한 것은 그토록 절대적으로 신뢰했던 이데올로기의 해체로 인한 갈등이었다는 고백이었다.

그러나 그들을 옭아맨 이데올로기로부터 해방되면서 여태 남의 인생을 살아주다가 이제야 자신의 감정에 충실한 자유의 삶을 살 수 있게 되면서 인간의 가치를 느끼게 되니 기쁘다고 말했다.

러시아의 이르쿠츠크라는 도시에서 한 노인을 만났다. 한국에서 왔다고 나의 신분을 밝히자 그 사람은 6·25전쟁 당시에 소련군 탱크를 몰고 서울로 진주한 점령군으로서의 경험을 말해 주었다. 내가 초등학교에 다니면서 용납하지 못할 원수로 배웠고, 이 나라를 침략한 소련군 탱크부대의 군인을 이렇게 만나게 된 것이다. 그러나 함께 이야기를 나누면서 둘 사이에 적대감이 끼어들어야 할 어떤 필연성도 없다는 사실을 확인하고 나는 그 사람과 같은 식탁에서 빵과 우유를 주고받았다.

우리는 무엇인가 이데올로기를 선택하여 살 수밖에 없다. 이데올로기를 탈피하려는 것 자체가 또 하나의 이데올로기를 형성하는 것이다. 문제는 이데올로기의 극단적인 신봉은 스스로의 인간성 상실과 이데올로기의 희생양이 되어간다는 것이다. 정치, 종교, 지역감정 등 이데올로기를 초극하여 살아갈 때 진정한 자유와 민족의 통일도 앞당겨질 것이다.

-1996년 〈신동아〉 월간지 2월호에 게재한 글임-

선교사가 되고자

군 복부를 마치고 귀향했을 때가 1981년 6월 31일이었다. 나는 다시 UBF 선교회에 출석하였다. 그런데 대학생 시절에는 그런대로 ROTC 훈련 핑계로 넘어갔지만 이제는 그럴 핑계가 없어졌다. 나의 믿음 생활에 대한 아버님의 핍박이 이전보다 강해지기 시작했다. 나는 믿음의 열심에 대한 핍박이라고 생각했지만 아버님이 보시기에는 내가 광신자처럼 보이셨을 것이다.

나는 UBF 선교회의 정식 간사(STAFF)가 되어 선교사 후보로서의 훈련에 들어갔다. 회관의 대표 목자님께서 이름도 '박배식'에서 '박모세'로 바꾸어 불러주셨다. 특히나 군대에서 제대하자마자 내가 선교사로 가겠다고 선포하니 아버님은 나에 대한 기대가 완전히 무너져 강하게 나오셨고, 어머님은 당시에 광주 기독병원에서 몰몬교 선교사가 맹장이 걸려 이국땅에서 사망한 것을 눈으로 우연히 보시고 선교사는 나중에 되라고 권면하셨다.

아버님을 대하는 나의 태도에도 문제가 있었다. 지혜롭게 아버님을 설득하고 이해시켜도 부족할 판에 반항적 태도로 대한 것이다.

지금도 아버지와 아들이 함께 진지하게 대화를 나누는 모습이 가장 좋아 보인다. 그래서인지 지금의 내 딸, 아들과는 한마음이 되어 친구처럼 대화를 하려고 노력한다. 선교사의 꿈은 부모님의 반대와 뜻하지 않은 교통사고로 접게 되었다.

첫사랑

나는 대학 3학년 때부터 부모님을 모시고 교회에 가고 싶은 마음이 들었다. 그래서 여동생의 소개로 광주 중앙교회의 대학부에 출석했다. 내가 다니던 대학생 선교 단체에 부모님을 모시기에는 적절하지 않았던 것이다. 교회에 출석한지 1여 년이 지난 후에 4학년이 되었다. 주일 예배 후에 4학년 졸업을 앞둔 학생들만 모이는 모임이 있었다. 그 자리에서 한 여학생의 모습이 눈에 들어왔다. 그 여학생과 나는 1여 년 동안이나 대형 교회 안에서 서로 거의 존재도 모를 정도였다.

그러던 중 나와 같은 조(組)였던 그 여학생이 어느 주일부터인가 계속 교회에 나오지를 않았다. 우리 교회 대학부의 규칙에 따라 조장인 나는 다른 친구 한 명과 함께 그 여학생이 있는 전남 대학병원 간호사 기숙사에 심방(교회 성도들의 집에 방문하여 기도하거나 예배를 드리는 것을 말함)을 갔다. 아마 나는 그 여학생과 만남의 자리에서

"주일 예배는 생명을 걸고 지키십시오."

"사람에게 빨리 실망할수록 주님을 바라보세요."

"주일 예배 계속 서너 번만 빠지면 아저씨, 아줌마 됩니다."

라는 이야기의 권면을 했을 것이다.

그 후 그 여학생은 다시 교회에 출석하게 되었고 성가대까지 서게 되었으니 나는 나 자신의 심방 효과(?)에 대해 스스로 공치사를 했다. 이때까지만 해도 나는 그 여학생에게 철저히 대학부 조장이라는 공인의 입장이었다.

그런데 대학부 성가대 모임이 끝나면 집으로 돌아가는 코스가 비슷해서 자연스럽게 함께 걷기도 하다가, 어느 순간부터 서로 기다려주기 시작했고, 두 사람이 헤어지는 지점에 '거목 다방'이라는 곳이 있었는데 그 다방에서 차 한 잔씩을 나누기 시작했다. 그리고 서로 기다리다 못 만나면 다방의 메모판에 다음 만날 시간과 사연을 적어놓고 가곤 했다. 점차 만나는 횟수가 많아져서 책방에서, 자장면 집에서 만났는데, 나는 당시에 대학 방송국 아나운서로 일하고 있어서 한 달에 한 번씩 적은 액수의 봉급이 나올 때였다.

봉급날이 되면 그 당시 연인들끼리 잘 가던 무등 극장 앞의 '대해수'라는 만둣국 집에 자주 들르곤 했다. 그 대해수 식당의 우아미가 넘치는 여주인께서 우리가 식당에 들어가면 "에구! 어울리는 사람들끼리 오셨네." 하는 듣기 좋은 말로 반겨주면서 만두 몇 개씩을 더 넣어주기도 하셨다.

이 여학생을 만나기 이전에 중학생 시절 버스 안에서 자주 보면서 마음 설레었던 이름 모를 그 소녀, 고등학교 때 나를 잘 따르던 친구의 여동생, 대학 신입생 미팅 때 딱 한 번 만났던 그 간호학과 여대생, 그리고 자장면을 다섯 번 정도 함께 먹었던 국문학과의 최고 멋졌던 그 동창생들은 모두 별일 없이 지나갔다. 만남은 몇 번 있었지만 주고받는 선물도 없었다. 이성으로서 막연한 마음은 있었는지 모르겠지만 사랑한다는 말은 고백하지 않았다.

그런데 나는 이 여학생에게 4학년 졸업반의 어느 겨울에 멋진 털 장갑을 선물해 버린 것이다. 1981년 성탄절을 맞이하기 전의 어느 날, 그 여학생은 간호사 국가시험을 보려고 서울로 올라가서 며칠 밤을 여관에서 단체로 합숙을 하게 되었다. 국가고시 시험이 끝난 날, 그 여학생의 친구에게서 전화 연락이 왔다.

오늘, 그 여학생과 함께 시험을 마치고 광주로 내려가니 광주우체국 앞에서 만나자는 것이다. 나는 기다렸다는 듯 당연히 시간을 내서 나갔다. 이때 나를 불러냈던 그 여학생은 나에게 "미자 친구가 서울에서 광주로 내려오는 내내 털 장갑으로 얼굴을 감싸고 내려오더라."라는 말을 전해주고 바로 가버렸다. 그 여학생은 서울에서 국가고시 시험을 보는 중에 사가지고 온 허리띠를 나에게 선물해 주었다.

그날 이후로 나는 항상 그 허리띠를 했던, 그 여학생은 늘 털 장갑을 끼고 다녔다. 대학 4학년을 마칠 무렵, 나는 그 여학생을 교회 생활보다 성경공부를 통해 더 깊은 믿음의 세계로 인도하고자 하는 마음으로 UBF 대학생 선교회로 인도해 주었다.

선교회는 교회와 달리 남녀 간의 만남이나 교제의 문제가 엄격했다. 공적이나 사석에서 여전히 나는 그 여학생을 '미자 자매님'이라고 부르고 그 여학생은 나를 '배식 목자님'이라고 서로 불러 주었다.

자신을 속인 사랑과 죽음 너머

그 여학생은 선교회에서 믿음이 성장하여 '선교사 후보' 훈련을 받게 되었다. 당시에 서독으로 가면 돈도 벌고 선교도 할 수 있었기에 선교회에서 간호학과 전공 여학생은 선교 후보로 인정받는 것이 사명자로서의 길을 가는 최고의 영광이요, 은혜였다.

내가 대학을 졸업하고 군대에 갔을 때 그 자매님은 참으로 많은 편지를 보냈다. “하나님의 종 박배식 목자님께”로 시작되어 “주님의 은혜 입은 여종 고미자 자매 드림”으로 끝을 맺는 편지를 수백 통은 받았을 것이다.

그런데 그 자매님은 서울의 대학생 선교회에서 서독으로 갈 마지막 선교사 훈련을 다 마쳤지만 광주로 내려오게 되었다. 서독 정부에서 더 이상 한국의 간호사와 광부를 받아들이지 않는 정책을 시행했기 때문에 서독으로 파견될 수가 없게 된 것이다. 그 여학생도 이제 완전한 사회인이 되어 전남대학교 병원의 간호사로 근무하면서 대학에 보낼 동생들의 경제적 뒷바라지를 하고 있었다.

내가 군대 생활을 하면서 주일날이 되면 광주의 모 교회와 대학생 선교회에 예배를 드리러 오기도 하지만, 그 여학생을 만날 수 있다는 기대감에서 거의 한 주일도 빠지지 않고 내려올 수 있었다.

또 어떤 때는 군 복무 중이라 할지라도 그 여학생을 몇 십분이라도 만날 수만 있다면 이런 핑계, 저런 핑계를 대고 광주에 내려와서 그 자매님의 얼굴을 보고 가는 것이 힘든 군 복무 중에도 기쁨이 되었다.

내가 대전의 부대에 근무하던 어느 날 내가 살던 하숙집에 그 자매님이 방문을 했다. 그런데 그날 오후부터 자매님은 구토를 하고 고열이 오르기 시작했다. 그러다가 광주로 가는 마지막 열차도 놓쳐 버렸다. 어찌 되었든 그 여학생은 그날 광주의 집으로 내려가지 못했고 집에서 하룻밤을 지내야 했고, 나는 바로 집 앞의 언덕 위에 위치한 군부대 장교 숙소에 들어가 잠을 자야 했다.

다음날 아침에 군부대에서 내가 사는 집을 내려다보니 그 여학생이 혼자 집을 나서 걸어가고 있었다. 아침이 밝기 전, 집주인이 오해하기 전에 일찍 집에서 나와 광주로 가기로 서로 약속한 것이다.

그런데 이상한 일이 생겼다. 그 하룻밤을 가까운 곳에서 따로 잠을 자면서 청년으로서 많은 갈등에 휩싸이게 된 것이다. 야릇한 내 감정에 내 스스로 어떻게 반응해야 좋은 것인지 마음이 미묘해진 것이다.

이런저런 생각에 휩싸인 상태에서 그날 밤 부대에서 퇴근 후 집에 들어가서 나도 모르게 그 여학생이 보내주었던 수백 통의 그 소중한 편지를 모두 불살라 버렸다. 얼마 지나지 않아서 그런 행동을 한 것이 내 인생에서 가장 큰 후회 중의 하나가 되었다.

인간적이나 연애감정을 이겨야 한다는 생각에 스스로 그 보물을 태워 버린 것이다. 지금 그 편지들을 책으로 만들지 못한 것이 한스럽고 미안하기만 하다. 한 마디로 나는 지나친 율법주의자요, 이상주의자였던 것이다. 어찌 보면 나 자신의 진솔한 마음을 속인 것이다. 하나님이 허락하신 감정에 충실하지 못하고 남의 시선을 의식하며 살아왔던 것이 여지없이 나타난 것이라 생각한다.

1981년 6월에 제대 후 얼마 동안 '미자 자매'와 '배식 형제'의 만남은 선교회 안에서 공적인 성경공부를 할 때만 이루어졌다. 그 해 8월 말의 어느 날 밤에 역시 나는 '미자 자매님'이라는 호칭으로 서로 부르면서 학사회(학생회 졸업 후 팀 명칭) 성경공부를 하고 있었다.

성경공부를 다 마치고 나니 밤 9시쯤 되었을 것이다. 그때 나를 신앙적으로 지도해 주셨던 광주 선교회의 대표이신 이 여호수와 목자님이 전체 모임 앞에서 나에게 의견을 물으셨다. "박 모세(배식) 목자님! 이번 미국의 간호 선교사로 가신 이○○ 선교사님께서 일시 귀국을 하시는 데 그 분하고 결혼을 생각해 보시지요." 그 말을 듣는 순간 나는 갈등하기 시작했다. 그리고 눈물을 쏟으면서 기도하기 시작했다.

'하나님! 미자 자매님을 어떻게 한단 말인가요? 한 여인을 향한 내 감정을 따를 것인가요? 하나님의 인도하심을 받아 순종하여 선교사로서 사명의 길을 가야 할 것인가요?' 선교회에서 성경공부를 마친 후 당시 동명여중 돌담에서 미자 자매를 만났다. 만나자마자 미자 자매는 가지고 있던 가방으로 나를 후려치기 시작했다. 이미 마음으로 주고받은 사랑의 배신자에 대한 당연한 징벌(?)이었던 것이다. 이때 내가 겨우 한말은 "미자 자매님! 내가 그동안 자매님의 손을 만졌나요? 입을 맞추었나요? 내가 선교사로 가고자 함은 오래전부터의 소원이었답니다."라는 변명만 늘어놓을 뿐이었다. 나는 미자 자매가 내려치는 그 가방의 매를 한참동안 모두 맞아주면서라도 마음의 빚을 갚고 싶었다. 아프기는커녕 더 맞아도 할 말이 없었다. 그날 이후 한두 달 동안 미자 자매는 선교회관에 나오지를 않았다.

나는 어머님께 간신히 미국 여자 간호 선교사와의 결혼 예정 이야기를 꺼내어 놓았는데 "네가 그토록 좋아했던 미자는 어떻게 하고! 이놈아! 하나님의 인도하심을 구해라."라며 나를 심하게 꾸중하셨다.

나의 이러한 행동은 믿음의 결단이기도 했지만 자극적인 도전에 끌려들어 제대로 판단하지 못하고, 쉬운 일은 너무 복잡하게 생각하고 어려운 것을 너무 쉽게 단순화해버리는 나의 모습이 드러난 경우라고 생각한다.

이런 분위기 가운데 그해 1981년 9월 27일이 되었다. 다음날은 추석날이다. 추석날에 발생했던 일을 교회에서 발간하는 〈월간중앙〉에 게재했는데 그대로 옮겨 적어본다.

당시 청년은 창세기 12장 2절 말씀을 붙들고 복의 근원으로 살기로 하나님께 작정했습니다. 천년의 아버지는 아들이 신앙생활을 한다는 것에 불만을 가지셨기에 화가 나시면 아들이 출석하는 교회 성전의 유리창을 깨기도 했고 아들이 소중히 여기는 성경을 불태워버리기도 하셨습니다.

청년은 어느새 "환란과 핍박 중에도 성도는 신앙 지켰네~~이 신앙 생각할 때에 기쁨이 충만 하도다~~"라는 찬송을 애송하는 찬송가로 정했습니다. 그러면서 청년은 가족 복음화를 위해 기도하기 시작합니다.

예수'예'자만 들어도 민감하게 싫어하시는 아버님을 복음화를 위해서는 30년, 그리고 다른 가족을 위해서는 각각 20년, 10년, 가족 복음화 계획을 소원하고 기도합니다. 청년은 아버지께로부터 오는 그 모든 핍박은 참을 수 있었지만 자신의 믿음이 더할수록 도저히 피할 수 없는 한 가지가 있었습니다. 그것은 아버님께서 명절 때가 되면 고흥에 있는 선산의 산소에 가서 술잔을 붓고 음식을 바치며 절을 하는 것이었습니다.

대학을 다니는 시절에는 ROTC 훈련을 핑계로 이리저리 피해 다녔습니다. 빨간색의 성경은 신문지로 싸서 가지고 다녔습니다. 집안의 제사가 있을 때는 살며시 뒤로 물러서서 묵상을 하면 넘어갔습니다.

정확히 1980년 9월 27일 밤입니다. 청년은 혼자만의 기도처인 집안 옥상으로 올라갑니다. 그리고 간절히 기도합니다. "살아계신 하나님! 내일은 추석이네요. 저는 명절이 싫어요. 명절 때만 되면 우리 집안은 하나님께서 가장 싫어하시는 우상 숭배를 해야 한답니다. 내일이 바로 그날입니다. 하나님 다른 어떤 핍박도 제가 참았는데 눈 빤히 뜨고 우상숭배하는 것만큼은 참을 수가 없네요. 그러나 저는 완고하신 아버님의 생각을 막을 길이 없답니다. 하나님의 뜻대로 인도해 주옵소서"

막상 아버님을 따라가지만 만약 내가 산소 앞에서 절하는 것을 거절하면 어떤 상황이 생길지 몰랐습니다. 청년은 밤중에 집의 옥상에 올라가 하늘을 향해 기도를 드렸습니다. 참으로 생사를 놓고 드리는 강청 기도였습니다.

다음날 아침 일찍 청년은 부모님을 모시고 고흥 산소를 향해 출발합니다. 운전은 청년의 삼촌이 맡으셨습니다. 차는 어느새 광주를 빠져나가 화순을 거쳐 벌교를 향합니다. 이제 한 시간 정도만 더 가면 산소에 도착합니다. 차 안에서 청년의 말 없는 묵상의 강청기도는 여전히 계속 되어집니다.

"살아계신 하나님! 나의 선한 목자 되신 아버지! 산소가 점차 가까워집니다. 저는 감히 아버님에게 한마디도 말할 수 없는 존재인 것을 잘 아시지요. 나는 그 자리에서 아버님과 다툴 수도 없답니다. 오직 하나님만 붙들고 구할 뿐입니다. 살아계신 하나님 간섭해 주시옵소서!"

분위기를 전환시키기 위해 청년은 미리 준비해가지고 간 찬송가 테이프를 차에 꽂아 듣기 시작했습니다. "갈보리산 위에 십자가 섰으니 주가 고난을 당한 표세~~, 험한 십자가를 내가 사랑함을 주가 보혈을 흘림일세~~ . 최후 승리를 얻기까지 내가 십자가 사랑하리~~ 빛난 면류관 받기까지 주의 십자가 붙들리라~~"찬송가 가사가 흘러나오며 나는 속으로 찬송을 따라합니다.

찬송가가 다 끝나기 전에 청년의 어머님이 물으셨습니다.

"얘야! 갈보리 산이 뭐냐 "

"예! 어머님 갈보리산은 예수님께서 우리 죄를 사하시려 십자가에 못 박히신 산!"이라고 까지 대답한 순간 청년은 순간 눈앞을 덮치는 괴물 같이 큰 차량을 보게 됩니다.

꽝!! 두 차가 부딪친 순간부터 청년의 몸은 피범벅이 되고 정신을 잃게 됩니다.

청년은 그 순간 차량이 절벽 아래로 몇 바퀴나 구르고 있다고 생각했습니다. 왜냐면 순간적으로 자신의 지나온 과거에 대한 죄가 마치 영화의 화면처럼 서서히 돌아가는 것을 보았기 때문입니다 어머님의 젖을 깨물던 일, 앙심을 품은 일, 등등 기억하지도 않은 죄까지 영화 화면처럼 돌아가는 데 그 시간이 상당히 길게 느껴졌기 때문에 차가 한참을 절벽 아래로 구르고 있는 줄 알았던 것입니다.

이 순간 청년에게 비춰진 것은 멀리서 흔들거리는 나무들 사이에 펼쳐진 긴 들판이었습니다. 그리고 그 들판의 모습이 어찌 그리 아름답던지요. 그리고 또 하나 확실하게 느낀 것은 빛과 평안이었습니다.

"아하! 내가 죽어가는 구나! 죽음이라는 것이 이렇게도 평안과 빛이라면 받아들여도 좋겠구나. 여기가 이렇게 좋으니 그냥 여기서 살아도 좋겠구나"라는 마음이 들었습니다. 이러한 마음은 시간적으로 볼 때 매우 긴 시간의 여행이었습니다. 그런데 나중에 알고 보니 청년이 탄 승용차는 사고 순간의 자리에 그대로 정지해 있었습니다.

승용차는 절벽에 떨어지지도 않았던 것입니다. 그냥 한 순간이 영원한 시간처럼 흘러간 것입니다.

청년의 아버지는 지나가던 택시에 아들을 싣고 이 병원 저 병원을 찾아 다녔습니다. 부인할 수 없는 한 가지 확실한 것은 청년을 실은 택시가 여기 저기 병원을 찾아갈 때마다 의사들이 말하길"이 사람 이미 죽었다"라고 말하는 것입니다.

놀랍게도 그 소리가 청년의 귀에는 선명하게 들리는 것입니다.

애타며 절규하는 아버님께서 이미 시신이 되었다는 청년을 붙들고 마침내 도착한 곳은 순천도립병원이었는데 산부인과 의사가 당직이었습니다.

그런데 그 병원에서는 조금 전에 청년의 차와 부딪친 운전자가 살아 들어왔지만 그 병원 입구에서 숨을 거두어 버렸습니다. 그리고 나서 이미 죽었다고 판정 받은 청년은 숨이 돌아온 것입니다. 이 모든 것의 과정은 청년의 아버님이 증인이 되십니다. 그 청년이 바로 저입니다. 결국 저보다 더 놀라신 것은 수의사로서 임상을 공부하신 아버님이셨습니다. 응급 처치가 이루어지고 나는 의식을 회복했습니다. 나는 얼굴만 해서 150 바늘 이상 수술을 받아야 했습니다. 나중에 알고 보니 상대방은 추석날을 맞아 음주운전을 하고서 중앙선을 넘어버린 사고였습니다. 상대방 기사는 사고를 내고 사망했지만, 나는 살아있다는 것 자체만으로 감사했습니다. 다행히 승용차 뒤에 타신 부모님과 운전하신 삼촌은 먼지만 털고 나왔습니다.

나는 긴 시간의 치료에 들어갔습니다. 그러다가 어느 날 병상에 누워 우연히 '스텐 숟가락' 뒷면에 비친 자신의 얼굴을 보게 되었습니다. 거미줄처럼 되어버린 얼굴의 모습이었습니다.

"하나님 어찌 하여 내게 이런 일이?" 얼굴의 상처보다 더 힘든 것은 재활물리치료였습니다. "하나님 이 고통이 언제까지 입니까?" 절규로 시작했던 나의 기도는 점차 바뀌기 시작했습니다.

"하나님은 선하시고 의로우십니다. 우리에게 좋은 것으로 주시기를 기뻐하시는 분일 줄 믿습니다. 이 상처가 은혜의 흔적인줄 믿습니다." 은혜의 흔적인 것을 믿고 감사하면서 오랜 기간 동안 광주의 병원에 옮겨져서 치료 받는 과정 중에 나에게 들린 소식은 아버님이 변하셨다는 소식이었습니다. 그렇게 술을 즐기시던 입술에서 주기도문, 사도신경을 외우시게 되었답니다. 그해 10월에 교회에서 베푸는 교회의 가을의 세례 문답을 받기 위한 준비였습니다.

성경을 마구 던져버렸던 아버지는 저와 함께 성경 공부를 시작하게 되었습니다. 예수님의 열두 제자 이름을 외우기가 무척 혼동된다는 아버지의 모습이 내가 보기에는 그렇게도 존경스럽고 자랑스러웠습니다.

그해 가을 성찬예식 때 나는 절뚝거리는 몸과 일그러진 얼굴 모습을 가지고 아버지와 손잡고 성찬예식에 참석했습니다. 나의 아버님 한분이 세례받은 사건은 불신 집안과 권속들을 한 순간에 변화시킨 은혜의 사건이 되었습니다.

사고가 난 지 2년 후 나는 부모님과 함께 집사의 직분을 받고 아버지는 그때부터 20여 년간 교회의 봉사활동을 함께 나서며 도와주시다 하나님의 부르심을 받게 됩니다. 당시에 주님 주신 은혜에 감사하며 청년은 이렇게 적었습니다.

'그리스도의 고난이 우리에게 넘친 것 같이 우리의 위로도 그리스도로 말미암아 넘치도다.' '주님! 내 얼굴의 상처를 주님께서 우리를 살리시기 위해 주신 은혜의 흔적으로 받겠습니다. 인간의 계산적인 구원의 계획을 흩으시고 하나님의 강권적인 주권으로 역사하시는 살아계신 하나님이심을 믿습니다.'

나는 사고가 난 다음 그 다음해의 1982년 설날 명절에 온 가족과 함께 성묘를 갔습니다. 그리고 조상의 묘 앞에서 그토록 생명걸고 원했던 가족예배를 인도하게 되었습니다. 그리고 사고 날 때 혼자 속으로 불렀던'갈보리산 위에 십자가 섰으니 주가 흘리신 보혈일세.'라는 찬송을 온 가족이 목청 높여 찬송하며 산을 내려왔습니다. 고난이 해석이 안 되면 고난 그대로지만 해석되는 순간 섭리로 바뀐답니다.

- 1981년 11월 광주중앙교회 〈월간중앙〉 게재한 내용임 -

'죽음은 소멸이 아니라 그 이후의 세계로 들어가는 길'이다

세례를 받으시고 나서 아버님의 삶은 완전히 변했다. 당시에 중앙교회에서 해마다 여름철이면 한 주일씩 낙도나 산간벽지의 마을로 봉사활동을 갔다. 아버님은 수의료 봉사 부분을 전담하셨고 광주, 전남 수의료 분야의 최고의 공직자의 위치 (전라남도 가축위생시험소장, 서기관)에서 봉사지역을 행정적, 전문적 측면에서 최선을 다해 헌신해 주셨다.

또 아버님이 교회에 나가신다는 말을 전해 들은 우리 집안의 친지들이 거의 교회에 다니시게 된 것이다. 그 당시에는 나 혼자만 예수를 믿었는데 지금 와서는 예수 안 믿는 가정이 없는 집안이 된 것이다. 재활치료를 받는 과정의 병원생활은 물론 힘들었다. 그러나 그 기간 중 교통사고에 대한 해석의 시간을 갖게 되었다. 첫째, 하나님은 살아계신다는 확신이다. 살아계신 하나님은 우리의 기도에 응답하신다. 반응하시는 하나님은 인격체이시다. 가족구원을 위해 기도하라. 하나님 방법으로 때가 되면 이루신다는 것이다. 둘째, 천국은 실제 존재한다는 것이다. 그곳은 빛과 평안이다. 죽음을 두려워 하지않아도 된다. 죽음은 소멸이 아니라 다른 세계로 옮겨가는 것이다. 셋째, 우리의 실수도 협력하여 선을 이루시는 하나님이시라는 것이다. 나의 선천적 기질로 인해 주변에서 상처도 받고 일도 어긋나게 되었지만, 하나님이 이후에 사명을 잘 감당하라고 살려주신 것이다.

1981년 당시의 나의 죽음 체험은 2019년에 서울대학교 의과대학 정현채 교수의 경험을 쓴 〈죽음은 소멸이 아닌, 옮겨 감〉이라는 저서와 강연에서 동일하게 증명되었다. 그는 "한국 사람들은 죽음에 대해 무관심, 냉소, 회피 그리고 혐오의 반응을 보인다"며 "죽음을 어떻게 준비할 것인지는 삶에서 방치 수준"이라고 역설했다. 가령 그는 "'개 똥 밭에 굴러도 이승이 낫다'는 말은 우리나라 사람들의 지극히 현세적이고, 물질주의적 가치관을 보여주는 말"이라고 했다.

죽음은 꽉 막힌 벽이 아닌 다른 세계로 나가는 또 다른 관문임을 정현채 박사는 재차 강조했다. 스위스의 정신과 의사인 칼 구스타브 융은 그의 수제자 폰 프란츠 여사에게 "죽음은 사라지는 게 아닌 알 수 없는 세계로 가는 것"이란 유언을 남겼다. 또 융 자신도 생전의 편지에서 "죽음의 저편에서 일어나는 일은 말할 수 없이 위대해서 우리의 상상이나 감정이 제대로 파악하기조차 어렵다."고 밝혔다. 이처럼 죽음을 미지의 어둠으로 또는, 새로운 차원으로 나가는 관문으로 볼 것인지에 따라, 삶의 태도와 방식은 크게 달라질 수 있음을 정 박사는 주장하였다.

정 교수는 21세기 의학 기술의 발전이 물질주의 관점으로 죽음 저편의 세계를 거부한 시각을 강화했다. 다만 정 박사는 "의학기술의 발전이 역설적으로 비과학적 영역의 베일을 벗기기 시작했다."고 밝혔다. 이른바 '근사체험(Near death experience)'인 셈이다. 그는 "최근 심폐소생술의 발달로, 동공 반사와 심장 박동이 멈춘 사람들의 생존율이 높아졌다."며 "잠시 심장 박동이 멈춘 상태에서, 죽은 나를 바라보는 임사체험의 사례 보고가 적지 않다."고 전했다. 지금까지 심폐소생술로 생존한 10~20%의 사람들이 근사체험을 했다고 한다.

나아가 그는 "근사체험 와중에 생의 회고, 죽음에 대한 두려움

감소, 삶의 심대한 변화를 이끌어 낸다"는 점에서, "뇌가 헷갈리는 현상은 아니다."라고 주장한다.

바로 이 대목에서 그는 근사체험의 열 가지 요소를 인용했는데 그 열 가지는 자신이 죽었다는 인식, 긍정적인 감정, 이미 세상을 떠난 가족과 친지와 만남, 터널을 통과함, 천상의 풍경을 관찰함, 체외이탈 경험, 밝은 빛과의 교신, 색깔을 관찰함, 자신의 생을 회고함, 삶과 죽음의 경계를 인지함으로 드러났다는 것이다.

끝으로 그는 과학자였던 프랑스의 샤르댕 신부(1881~1955년)을 빌려 "우리는 영적 체험을 하는 인간이 아니라 인간이 된 체험을 하는 영적 존재다."라고 말했다.

나의 교통사고와 죽음 체험을 과학적, 의학적으로 설명해 주고 증명해 준 정현채 박사의 텍스트를 손에 쥐게 된 순간 전적인 동의와 함께 죽음 이후의 세계에 대한 확신은 나의 부활 신앙과 함께 더욱 분명해지게 되었다.

나의 근사체험은 다른 사람에 대해 공감과 이해를 더 하게 되고, 인생의 목적을 보다 잘 이해하게 되게 한 계기가 되었음을 고백한다. 그뿐만 아니라 영적인 문제에 더 관심을 가지며, 죽음에 대한 두려움은 큰 폭으로 감소하고, 나아가 사후생(死後生)에 대한 믿음과 일상에 대한 감사의 마음이 크게 증가했음을 덧붙인다.

교통사고로 인한 몇 분밖에 안 되는 짧은 순간의 체험이 나의 남은 생애까지도 큰 영향을 준 것이라 확신한다. 죽음 너머를 잠시 체험케 해준 나의 근사체험(Near death experience)이 결국 죽음을 삶의 일환으로 긍정하고, 나아가 죽음을 항상 주지하기에 삶은 더욱 긍정적 에너지로 채워진 셈이다.

교통사고를 통한 가장 큰 해석은 하나님이 '고미자' 자매와의 결혼이 하나님의 뜻이라는 확신이었다고 생각하며 기도하는 가운데 받은 말씀이 있었다.

성경 중에 갈라디아서 6장 7절의 '스스로 속이지 말라. 하나님은 만홀히 여김을 받지 아니하시나니 사람이 무엇으로 심던지 그대로 거두리라.' 말씀이었다. 말씀을 통해 하나님 앞에 내가 스스로 자신을 속였음을 고백했다. 자칫 하나님 역사의 운행하심을 나의 위선으로 가로막을 뻔했다는 것을 인정했다.

첫사랑이 결혼으로

병원에서 치료를 받으며 기도하던 중 어느 날 미자 자매가 다른 분과 함께 병원에 찾아왔다. 오래전에는 내가 병원 기숙사로 찾아가서 가서 위로해 주었는데 이제는 그 반대가 되어 미자 자매가 나를 위로하려고 방문한 것이다

왼쪽 얼굴을 많이 수술했기에 살며시 가리고, 미자 자매의 심방

과 기도를 받았다. 지금도 갈색 코르덴 치마에 국화꽃 무늬의 블라우스를 입고서 쪽머리를 뒤로 묶고 무릎을 꿇고 내 앞에서 기도해 주던 모습을 그려 본다. 기도 중에 하나님께서 '이 사람을 너의 아내로 맞이하라'는 음성이 마음에 와닿았다.

약 3개월의 병원 치료 후 바깥세상으로 나왔다. 여전히 수술 자국이 드러난 얼굴 모습은 안타까웠다. 이후에 나는 다섯 번의 성형수술을 통해 지금의 모습을 갖추었다. "교통사고 이전에는 지금보다 더 잘 생겼다고 자부한다!"라는 말을 지금도 농담 삼아 한다.

퇴원 후, 미자 자매와 만나 함께 목포행 열차를 탔다. 목포는 미자 자매가 다니던 고등학교가 있고 친척이 있어서 고향과 같은 곳이다. 미자 자매가 즐겨 올라갔다는 유달산에 함께 올랐다. 나는 그곳의 조각공원 근처에서 미자 자매에게 마음과 몸의 무릎을 꿇었다.

그리고 "나와 결혼해 달라."는 프러포즈를 했다. 내 생애 첫 사랑의 여인에게 첫 번째 사랑의 고백을 한 것이다. 그리고 "나의 아내 되는 고미자에게 드립니다."라고 표지에 적은 작은 성경책을 증표로 주었다. 미자 자매는 눈물만 머금고 아무런 대답을 못했다.

겨울바람은 차갑게 불었지만 서로의 마음은 뜨겁기만 했다. 그날 나는 목포에서 가장 음식을 잘한다는 고깃집을 찾았다. 결혼을 결심하게 되는 순간 일단 아내가 될 사람을 잘 먹여야 되겠다는 생각부터 들었기 때문이다.

그날 집으로 돌아와서 부모님께 이 일에 대해 말씀드리자 가장 기뻐하신 분이 나의 어머님이셨다. 그리고 대학생 선교회의 이 여호수와 목자님을 찾아뵙고 그동안의 과정과 마음의 변화에 대해 설명을 드렸다.

나하고 미국에 계신 여자 선교사님 하고의 결혼을 생각하고 계셨던 이 여호수와 목자님은 참으로 믿음이 신실하신 분이셨는데, 나에게 "모든 과정을 살펴보니 하나님의 뜻 가운데 결혼하게 된 것이다. 내가 억지를 부린 것 같다. 이 일을 통해 나도 회개할 것이 있다."라고 말씀하시면서 우리의 결혼에 대해 축복기도를 해주셨다.

상처 입은 얼굴로 첫 교단에서

군대에서 제대 후 대학의 지도교수를 만나 뵈러 갔는데, 광주시내의 중, 고등학교 이름이 적힌 명단을 보여주며 사립학교 국어교사로 근무해 달라고 부탁하셨다. 교사가 되기 위해 순위 고사를 보면 국립학교로 발령을 받았고 사립학교는 골라서 갈 정도였다. 내가 사는 농성동에서 가까운 곳이 진흥 중학교였다.

평생 못 잊을 1981년의 가을이 지나고 1982년의 봄이 왔다. 나는 얼굴의 상처가 아직 선명했음에도 불구하고 교단에 서게 되었지만 부담감은 갖지 않았다. 결혼식을 하루 앞둔 그해 4월 3일은 밤새도록 비가 내리기 시작했는데 새벽에는 벼락과 천둥까지 몰아

쳤다. 그런데 아침이 일어나니 너무나도 찬란한 햇빛이 떠올랐다.

나와 함께 근무했던 중학교 체육 선생님께서 "새벽까지 억수로 비가 내리다가 아침에 깨끗하게 갠 날씨를 보고 박배식 선생님의 결혼식이 하나님의 뜻인가 보다."라고 축하의 해석을 덧붙여 주었는데, 되돌아보면 그 선생님의 말씀은 내 인생의 예견이 되었다.

아내의 친정 집안이 있는 전남 신안군 도초도에서 많은 분들이 먼 길을 미다않고 예식장에 찾아와 주셨다. 나와 아내와의 지난 과정을 어느 정도 알고 계시는 장모님께서는 "자네가 그러믄 쓴 당가! 이제부터 우리 미자 이뻐 하시게나!"라고 말씀하시고 축복과 핀잔의 말씀을 해 주셨다. 그리고 아내에게는 "이제 네 남편을 낮에는 남 보듯 하고 밤에는 님 보듯 해라"라고 충고 해 주셨다.

그동안 교회의 대학부에서는 조장님과 여학생으로, 선교단체에서는 목자님과 자매님의 호칭으로 서로 부르다가 이제 나의 신부요, 아내라는 호칭으로 불리게 된 아내는 결혼식의 기쁨도 컸지만 한편으로는 나로 인한 상처도 있었다.

그래서 결혼식 날 신부 대기실에서 친구들에게 하는 말이 "혹시 신랑이 확실히 예식장에 나타났는지 살펴봐 달라."고 몇 번이나 부탁을 했다고 한다. 다시는 아내에게 상처를 주지 않겠다고 다짐하면서 시작한 결혼 생활이었지만 지금 생각해보니 여전히 아내의 상처에 오히려 덧을 내는 내 모습이었음을 깨닫고 아내 앞에 미안한 마음뿐이다.

결혼식 예식을 마치고 신혼의 첫날 서로 한복으로 차려입고 내가 평소에 잘 찾던 무등산의 어느 기도원으로 가서 결혼 후의 삶을 새롭게 인도해 주시기를 바라는 기도를 드렸다. 밤늦게까지 기도를 드린 후 처제가 사는 광주의 집으로 가보았는데, 장인 장모님과 아내의 친척분들이 아직 도초 섬으로 가지 않고 계셨다. 신혼의 첫날밤을 그 집에서 아내의 가족들과 함께 지냈다. 이로 인해 장모님의 마음이 풀어지신 듯해서 나도 마음이 편안해졌다.

그리고 얼마 후 그 당시에 신랑 신부들이 신혼여행 갈 때 즐겨 갖고 다니던 큰 가방을 들고 부곡온천으로 향했다. 광주에서 온천 관광지인 부곡까지 가는 그레이 하운드 중앙고속을 탔는데, 고속버스 안에서 안내하는 분의 권유에 못 이겨 차내의 승객들에게 아내와 합창 몇 곡을 불러드렸다. 그동안 사랑의 마음만 주고받으면서 한 지붕 아래 살기만 한다면 더 이상 소원이 없다고 생각하며 숨어서 사귀던 관계에서 사실적 부부가 되어 자유스러움을 느꼈던 아름다운 추억이 새롭다.

떠나가는 배

아내의 태어난 곳은 신안 도초도라는 섬이다. 목포에서 빠른 배를 타면 한 시간 반쯤 걸리고 일반 배를 타면 반나절이 걸렸다. 장인께서 청년시절에 도초도에서 목포항까지 나오려면 쌀을 한 말 지고 나오셨다고 한다. 목선 배를 타고 이 섬, 저 섬을 다 들려 목포항에 도착하면 약 보름의 기간이 걸리는 동안 쌀 반말을 소비했고 또 목포항에서 도초도까지 되돌아가면서 쌀 반말을 소비했다고 한다. 목포와 홍도의 중간이 도초섬이다.

목포에서 출항하는 배의 시각은 대개 일정했지만 도초에서 목포로 나오는 배는 기상 상황이 나쁘다든지. 또는 홍도에서 승객을 많이 실으면 도초섬은 통과해 버렸다. 그래서 한번 들어가면 나오는 때는 정확하지 않은 때였다. 대학생 시절에 명절을 맞아 아내가 고향에 갈 때면 목포항까지 바래다주곤 했다. 광주 하늘에 함께 있을 때는 며칠동안 서로 만나지 못해도 그리움이 덜하지만 도초도라는 섬으로 들어가서 자칫 언제 돌아올지 모를 때는 그리움이 더했다. 2006년에 그때의 감정을 그리워하면서 쓴 글의 내용이다.

첫 사랑의 회복

금번 봄이 결혼 25주년이고 아내를 만난 지는 32년째이다.
다니던 교회에서 만나 사귄 지 7년 만에 결혼한 것이다.
조금은 쑥스럽기도 하지만 그때 일을 회상해 본다.

만나서 헤어질 시간이 되면 어찌 그리 아쉬워서,

그 짧은 거리에도 몇 번이나 고개를 돌려보면서
서로 그리워하는 몸짓을 보냈는지…

어느 산간에서 군 복부를 하던 시절,
밤하늘의 반짝이는 별을 바라보다가
문득 그리움에 사무치는 마음을 이기지 못하고서,
단 한 시간의 만남을 위해
하룻길을 마다 않고 아내를 만나고자 내려왔다

대학생 시절의 언젠가는 명절을 맞아
고향인 섬으로 가는 아내를 바래다주기 위해
배 떠나는 항구까지 갔다가,
크고도 느린 배가 보이지 않을 때까지 수평선을 바라볼 때
갑자기 가슴이 턱 막히며 숨을 쉴 수가 없었다.

그리움이 얼마나 컸는 지,
골목길을 걷다가
역시 가슴이 막혀오면서 숨을 쉴 수가 없었다.
지금도 그때 그 사랑의 마음이 도전이 된다.

'내가 진실로 주님을 사랑하고 있는가' 그 수준에 대해 돌아볼 때마다 그때 그 숨 막히던 기억이 잣대가 되어 되살아 온다.

정말로 주님을 사랑하는 것이 너무나 심해서 숨을 못 쉰 적이 있는가? 진실로 주님을 사랑하는 그리움에 사무친 몸부림을 얼마나 해 보았던가?

나의 신랑 되신 예수님을 향한 그리움에 몸부림치는 사랑!!
숨이 목에까지 차오르는 그리움의 사랑!!

이름만 불러도 마음이 설레는 사랑의 고백을
아내와 주님께 함께 드리고 싶다.

- 2006년 교회 칼럼에 게재한 것임-

신혼여행보다 설레는..

결혼 후 아내가 살았던 처가를 방문한다는 것이 나에게는 신혼여행보다 마음이 설레었다. 배에서 도초도에 내리니 비금도로 가는 오른쪽 길과 도초도로 가는 왼쪽 길이 있었다. 비금도로 가는 입구의 길에는 '풍요의 고장 비금도에 오신 것을 환영합니다.'라고 쓰여 있고 도초도로 가는 입구에는 '인재의 고장 도초도에 오신 것을 환영합니다.'라고 적혀 있었다.

바다 가운데에 잠시 정박한 큰 배에서 내려 작은 배에 옮겨 타고 도초도에 상륙해서 다시 합승 버스를 타고 30여 분을 간 뒤, 또 다시 걸어서 산 중턱 쪽으로 조금 올라가니 드디어 초가지붕과 돌담집의 처가집이 나타났다. 동네 사람들은 "고란리라는 마을이 생기고 나서는 처음으로 대학에 들어간 여자가 고미자요, 항상 장학생이었고, 수석으로 졸업을 했다고 자랑을 하면서 한턱을 내라"고 나를 부추기고, 나는 "사위가 처가에 왔으니 동네 사람들이 씨암탉을 잡아주어야 한다"라고 응수하며 아내의 친척들과 편하고 가깝게 지내고자 노력하며 며칠을 지냈다. 머무르는 동안 누구보다 아내가 행복해 하니 보기가 더욱 좋았다.

처가집 한쪽에 아내의 오빠 부부가 함께 사시다가 나중에는 아내가 초롱불을 켜놓고 공부했다는 두 평 정도 되는 방이 있었다. 그 방을 우리 신혼부부가 거처하는 방으로 주셨는데, 천장의 황토흙이 곧 아래로 떨어질 것만 같았고, 밤이 되니 쥐 소리가 여기저기서 들리기도 했지만 '아! 이곳에서 내 아내가 유년과 소녀의 시절을 보낸 집이구나'라는 생각에 감개무량한 마음으로 행복한 잠에 빠져들었다.

장인 어르신은 고 씨 집안의 족보를 내놓으시면서 설명을 해 주셨다. 대략적인 내용은 임진왜란 때 왜군들과 싸우기 위해 가족들을 이곳 도초도 고란리에 숨겨놓고 목숨을 걸고 전쟁에 나간 장군들의 후손이라는 것을 족보로 증명하셨다. 또한 조선 시대 후반기에는 양반들의 유배지라는 것이었다. 그래서 도초도가 조상들의 정신과 명성을 이어받아 '인재의 고장'이 되었다는 설명이었다. 말하자면 도초도라는 섬에 살지만 아내의 집안이 대단하다는 것을 인정해 달라는 장인 어르신의 속마음이셨다.

아내가 다니던 초등학교와 중학교는 집에서부터 한 시간 이상을 걸어야 했다. 내가 아내와 결혼을 하겠다고 어머님께 말씀을 드렸을 때 어머님은 아내의 학교와 집을 미리서 방문하셨다는 것을 나중에 알게 되었다.

"네 아내 될 사람의 초등학교, 중학교 성적까지 다 열람했다. 집에서 학교까지 왕복 두 시간 이상 걸리는 거리인데 9년 동안 한 번도 결석이 없더구나. 그만하면 됐다."라고 말씀해 주신 어머님이셨다.

아내의 동네는 낮에는 멀리서 갈매기가 끼룩거리는 소리만 들리고 밤에는 뒷산에서 몰아치는 바람소리만 들렸다. 전기가 들어오지를 않아 그때까지도 초롱불을 켜고 살았기에 밤이 참으로 길게 느껴졌다. 마을에 점포도 없었고 전화가 있는 집은 동네 이장 집뿐이었기에 육지에서 전화연락이 오면 "○○○ 집에 전화가 왔소." 라고 방송을 했다.

아내가 살아온 그동안의 여정은 오직 나의 아내가 되기 위함이었다는 생각이 들어 사랑으로 그 마음을 채워 외롭지 않게 해주리라고 다짐한 처가집 신혼여행이었다.

용달차와 아내

처가에 거하던 어느 날 오전에 나는 장인 어르신의 고무신을 신고 동네 어귀 쪽으로 나가보았다. 이때 "사요! 싸요!" 스피커 소리가 들리면서 용달차 한대가 들어왔다. '만물상 용달차'였다. 섬에서의 며칠간의 생활이 도시 생활에 익숙한 나로서는 너무 무료하다고 생각했던 때에 만물상 용달차나 구경해 볼 요량으로 천천히 동네 어귀 쪽으로 걸어갔다. 나의 호기심과는 달리 동네 사람들의 반응은 무관심 자체였다. 물건을 구매할 사람이 없을 것으로 판단한 그 용달차는 불어오는 바람에 황토 흙모래를 날리며 마을 동네 어귀를 한 바퀴 휙 돌더니 흙먼지만 일으키고 그대로 돌아가 버렸다.

나의 발보다 더 큰 장인 어르신의 고무신을 신고 천천히 용달차 쪽으로 내려가던 나는 뽀얀 흙먼지를 뒤집어쓰며 그 자리에 멈춰 서 버렸다. 바로 이 순간 아내의 살아온 시절이 이해가 되어졌다. 외로움과 홀로 있기를 즐기며 내성적이면서 사람들과의 어울림을 그리 좋아하지 않는 아내의 성품이 바로 이런 환경에 편하고 익숙한 영향 때문인 것이라 이해되었다.

짧은 시간에 일어난 이 일은 나에게 있어 아내를 이해하는데 매우 의미 있는 순간이 되었다. 그래서 이후에 아내가 무슨 일이 있어서 혼자 있고자 할 때 아내의 시간과 공간을 만들어 준다든지, 아내의 내성적인 대인 관계에 대해 불만을 갖기보다 이해하는 노력이 먼저 있게 된 것이다. 사람을 아는 것만큼 더 사랑하게 된다는 말에 공감한다.

보리밥과 쌀밥

아내의 고향은 섬이지만 농사를 짓는 집안이었다. 위로 언니와 오빠를 두고, 아래로는 여동생과 두 명의 남동생이 있는 대가족이었다. 언니의 이름이 '달막'인데 딸을 태어나는 것을 막아버리고 아들이 태어나기를 바라는 마음으로 지어준 것이란다. 그런데 또 아내인 딸이 태어났으니 포대기에 싸서 윗목에 두었는데 '응애 응애' 소리가 계속 들리기에 불쌍히 여겨져 키우기 시작했다고 한다.

아침에는 집 앞의 밭에서 풀을 뽑다가 학교에 갔고, 또 학교가 끝나면 또 논, 밭에서 힘든 일을 하고서 집에 들어오면 항상 해 질 녘이었다고 한다. 일을 하면 엄마가 쌀을 한 주먹씩 주시면서 간식으로 먹으라고 하시는데, 그 쌀을 얼마만큼 모아서 동네 멀리 있는 가게에 가서 과자하고 바꿔서 먹는 재미가 있었다고 한다.

잠을 잘 때는 6형제가 한꺼번에 모여서 한 이불 속에 발을 뻗고 자다 보니까 항상 맨 바깥쪽에 자는 아내가 잠자는 중에 이불을 둘둘 말아서 혼자 덮어버리는 습성이 있었다고 한다. 그래서 나하고 잠을 잘 때도 아침에 잠을 깨보면 아내 혼자 이불을 둘둘 말은 채

한쪽에서 잠을 자곤 했다.

그런 가운데에서도 부모님께서 다투시는 모습을 한 번도 보지 못했기 때문에 불행을 느끼지 않고 살았던 아내의 유년, 소녀 시절이었다. 반면에 나는 3, 4세 의 어린 시절부터 아버님을 동네 주막에서 모시고 와야 했고, 초등학교 4학년 때는 직장에서 숙직하면서 화투놀이를 하시고 아침에 집에 돌아오신 후 갑자기 나에게 돈을 훔쳐갔다고 하시던 아버님에게 하루 종일 매를 맞아 후유증으로 늑막염이 걸린 적도 있었다.

또한 아버님은 바깥에서 일단 술을 좀 드시기만 하면 집에 오셔서 온 가족을 힘들게 하셨다. 결국 아버님과 어머님이 다투기 시작하면 우리 형제들은 부엌의 칼과 석유부터 감춰야 했다. 아버님이 너무도 심하게 일을 터트리면 이웃에 사는 사람들이 겨우 말리고서야 잠에 들곤 했다. 나는 동네에 다니기가 항상 부끄러웠다. 때로는 어머님은 사, 나흘씩 단식을 하면서 장롱 속으로 숨어 버리기도 하셨다. 아버님과 어머님의 다툼은 내가 결혼을 하고 나서도 완전히 바뀌지 않으셨다. 그러나 나의 아버님은 술만 드시지 않으면 주변에서 호인 중의 호인이라는 말을 들으셨다.

장남인 내가 이렇게 불안한데 두 살 아래의 여동생은 오죽했겠는가! 여동생은 이런 집안의 분위기 때문에 심장이 습관적으로 약해져서 결국은 심장 이식까지 받게 되었다. 집에 있으면 언제 어떤 일이 생길지 모른다는 불안감 때문에 여동생은 나의 친구 또래와 빨리 결혼을 해버렸다고 나중에서야 고백을 했다.

내 아내는 가난했지만 불행을 모르고 살았고, 나는 중학교 시기만 빼고는 비교적 살기에는 충분했지만 항상 긴장감과 불안감을 가지고 살았다. 나중에 생각해보니 내 아내는 어떤 불행의 여건 가운데에서도 행복에 익숙해져 있었고, 반대로 나는 어떤 행복의 상황에서도 그 행복을 누리기보다 불안과 초조에 더 익숙해져 있었던 것을 깨달았다.

'내 자신을 나의 의지로 통제하지 않으면 어느 순간 조상적 죄의 본능이 튀어나올지 모른다. 남다른 기도와 의지로 나의 감정을 다스려야 부끄러움 당하지 않고 행복한 인생을 살 것이다.'는 긴장감이 새 인생길에 스며있다.

도초도에서 목포로

아내에게 있어서 가장 행복했던 시절은 도초섬에서의 초등학교, 중학교 시절 인 것 같다. 그래서 아내가 남긴 글 가운데 그때 그 시절의 글들에서 가장 행복한 기억들이 출현하는 것 같다. 아내는 서울에서 동창회 모임이 있으면 만사 제쳐두고 참석하곤 했는데 그 동창 모임에 다녀올 때면, 항상 새로운 활력을 얻어 오곤 했다.

도초도에서 중학교를 마친 후 아내는 목포여고에 진학을 했다. 부모님은 여자가 무슨 공부를 하냐며 말렸는데 사실은 납부금과 전셋집 뒷바라지 등의 부담 때문이었다. 그래서 아내는 고등학교를 수석으로 들어가지 않으면 학교를 포기해야 할 수도 있다는 생각에 열심히 공부해서 결국 목표를 이루었다. 고등학교 3학년을 졸업한 후 의대나 약대를 가고자 했지만, 그 당시에 간호사가 되면 서독에 가서 바로 돈을 벌 수 있다는 말에 광주의 4년제 간호대학에 진학을 하기로 한 것이다.

섬 아가씨가 고등학교까지 간 것도 대단한데 대학까지 간다는 말에 부모님은 엄두도 내지 못하고 있었으나 다행히 아내의 오빠께서 그 뒷바라지를 해 주셨다. 내가 결혼할 당시만 해도 아내의 오빠께서는 도초도에서 용달차를 가지고 달걀 장사를 하셨는데 아내가 대학 다닐 때는 배에서 소금 짐을 하역하는 일을 해서 받은 품삯으로 아내의 학업을 뒷바라지 했다고 들었다.

지금도 그 오빠의 은혜를 잊지 못한다. 오빠는 지게 짐을 지면서 여동생인 아내의 학비를 뒷바라지 해주고, 아내는 병원의 간호사로 있으면서 두 동생의 대학 학비를 조달해주는 식으로 아내의 집안 가족들은 자신들이 원하는 만큼 공부를 할 수 있었으니 우리 집안보다 더 높은 교육열을 가진 형제들이다.

처남은 나중에 서울로 올라가서 역시 여러 장사를 하면서 자녀들을 잘 키워내셨고, 동생들도 교육자로서 사업가로서 성공적인 삶을 살고 계신다. 이 모두가 다음 세대의 교육을 위해서라면 자신의 전부인 몸 하나로 헌신하고 희생하겠다는 처가집안의 정신에서 온 것이다.

한집살이

결혼 후 아내는 나의 부모님과 한집살이를 하게 되었는데, 운명을 이기고 하나님의 섭리로 함께 만나서 결혼까지 하게 된 과정을 서로 알기에 감격과 기쁨도 있었겠지만 아버님의 성품 때문에 많이 힘들어 했다. 나는 어린 시절부터 오랫동안 보아온 모습이지만 아내에게는 '세상에 이런 집안도 있어', '겉보기에는 명문의 집안 같은데 속으로는 갈등의 집안이네'라는 생각을 했을 것이다. 그런데도 오직 나 하나만을 믿고 묵묵히 견딘 것이 지금 생각하면 그저 한없이 미안하고 고마울 뿐이다.

내가 중학교 교사로 근무하는 동안 하루도 빠지지 않고 점심 도시락을 싸서 챙겨주었고, 아침이 되면 내 구두부터 닦아주며, 화장실의 물을 내릴 때, 물의 양이 너무 많다며 변기 물통 안에 벽돌을 몇 개씩 넣을 정도로 아껴 썼으며, 속내의까지도 손바느질로 꿰매서 입을 정도였다. 결혼 7주년이 되던 해 월간 중앙지에 게재한 글 외에 아내의 성품을 보여줄 만한 글 두 편을 소개 한다.

아내의 십자가 반지

신혼 초였을 때니까 지금으로부터 7년 전쯤의 일이던가. 서울 광화문 근처의 기독교 서점에 책을 구하러 올라갔다. 그런데 일을 다 마치고 서점을 나오려는데 아내 생각이 났다. 신혼 기분에 무엇인가 선물이라도 해주고 싶은 마음이었다. 마침 십자가 모양이 새겨진 금빛 반지가 눈에 띄었다. 혹시 값이 비싸면 어떻게 할까라는 조바심 나는 마음으로 물으니 하나에 300원이라 한다. 내 눈에는 그럴듯한 반지였지만 아마도 장난감 모조반지로 판매하는 것이었나 보다. 아무튼, 십자가 모양이 아름답게 보였고 값도 싼 김에, 반지를 사서 주머니에 넣었다.

바쁜 와중에 집에 돌아온 나는 다른 선물을 따로 준비한 것이 없었다. 결국 그 반지를 아내에게 주었다. 장난감 모조반지를 장난기 삼아서 귀한 선물처럼 내 놓았던 것 이다.

그러나 웬걸, 아내는 너무도 감격하는 모습으로 감지덕지 기뻐하면서 반지를 손가락에 꼈다. 그리고는 "어떻게 이렇게도 꼭 맞는 것을 골랐"느니, "십자가 디자인이 맘에 든다"니 하면서 반지 낀 손가락을 쭈뼛쭈뼛 세워보기까지 하였다.

다행히 아내는 반지의 가격에 대해서는 묻지를 않았다. 나도 아내가 예상 밖으로 너무 기뻐하는 모습에 당황해서 사실은 얼마짜리 반지라고 고백할 수가 없었고 아내가 느끼는 행복을 빼앗고 싶지 않았다. 그 후로 나의 아내는 다른 좋은 반지는 장롱에다 집어넣고 꼭 이 십자가 반지만 끼고 다녔다. 어떤 날 인가는 친구들이 "반지의 십자가 모양이 예쁘다면 어디서 구했느냐"고 물을 때 "내 남편이 서울 가서 사다 준 것이다"라고 으스대기까지 했다 한다.

그러나 아내가 기뻐할수록, 나는 마음이 찔리는 것 같았다. 이제 반지의 정체를 밝히면 반지보다 나에 대해 얼마나 실망할까 하는 생각에, 씁쓸한 웃음과 부담이 한데 어우러졌다.

그러던 어느 날 내 딴은 적당한 분위기를 조성한 후 마치 큰 죄라도 고백하는 죄인 된 마음으로 아내의 눈치를 살피며 더듬더듬 300원짜리 반지의 구입 경위를 말해 주었다. 정말 어떤 벌(?)이라도 달게 받을 생각을 가지고... 그러나 아내는 조금도 내색하지 않았다. "얼마짜리면 무엇해요. 마음이 문제지요." 아직도 그 말이 귀에 쟁쟁하다.

그 후 7여년이 지나는 동안 이 반지는, 색깔도 변하지 않고, 깨지지도 않았으며, 오히려 십자가 모양을 빛내면서 여전히 아내의 손가락을 아름답게 꾸며주고 있다.

마침내 큰마음을 먹고 이번 아내의 생일 때는 품질보증표가 확실히 붙은 진짜 반지를 선물하게 되었다. 그런데도 아내는 진짜 반지는 장롱 속에 넣어놓고 여전히 빛바랜 십자가 반지를 끼고 있다.

금빛모조반지는 우리 부부사이에 평화의 사도로서의 역할도 해

낸다. 가끔은 서로 다투다가도 그 반지를 보면 잊혔던 추억과 아내에 대한 미안함과 고마움의 마음이 되살아나게 된다.

이제는 내 눈에도 그 십자가 반지가 어떤 진짜 보석반지보다 아름답고 귀하게 느껴진다. 금강석 보석반지보다 귀한 것은 마음의 주고받음 인가 보다.

-1988년 7월 광주 중앙교회 〈월간중앙〉에 게재한 내용임-

아내가 원하는 것

아내가 내게 진정 원하는 것은 무엇일까? 나는 항상 큼직한 것을 아내에게 주어야 한다고 생각했던 것이다. 뭉칫돈은 못 줘도, 10년 넘은 냉장고나 삐걱거리는 싱크대를 바꿔 준다든지, 아니면 예기치 못한 멋진 선물을 주는 것 말이다.

"여보, 당신이 내게 원하는 것이 무엇이며 우리 가정을 변화시키는 것이 뭘까 말해 봐" 어느 날, 진지하게 들으며 대화를 시작했다. 아내의 원하는 것이 너무 거창하게 나오면 어쩌지! 다소 긴장하는 마음으로 대화를 시작했다. 변화를 위해 아내가 원하는 것은 단순했다.

* 내가 틀렸다 할지라도, 우선은 내편이 되어 주세요.

* 소변 후 화장실 변기 뚜껑을 내려놓아 내가 편하게 사용했으면 해요.

* 식사 후 바로 나가지 말고 식탁에서 대화를 해 주세요.

* 일이 있더라도 일단은 함께 잠자리에 든 후 나가세요.

* 잠자리 이불은 내가 펼 테니 당신은 아침에 개어만 주세요.

* 옷장 문을 꼭 닫아주고 전기 불 좀 그때그때 꺼 주세요.

* 하루 한번쯤 전화를 해 주세요.

* 쓰레기 분리수거를 도와주세요.

* 혼자 앞서 가지 말고 함께 걸어주세요. 특히 곁에 함께 앉아 주세요.

큼지막한 일을 도모하다가 하나도 해주지 못하고 세월만 보내버린 자신이 부끄러워 진 나이다. 아내는 사소한 관계 속에서 만족을 느꼈던 것인데 나는 아내가 원하는 작은 일을 너무 소홀히 해 왔던 것이다. 작은 일들을 소중히 여겨 많은 점수를 따서 아내가 지닌 사랑의 탱크를 자꾸자꾸 채워 넣는 비결을 이제부터라도 배워야지!

- 2003년 5월 가정의 달, 우리빛교회 칼럼에 실은 내용임-

'버터 플라이'

어느 날 아들이 광주대학 근처의 송원수영장에서 수영을 배우는 중에 아내와 함께 그곳에 가게 되었다. 그런데 수영장에서 물속에 잠수했다가 다시 수면 위로 나오고 다시 들어가기를 반복하는 수

영종목인 접형(버터 플라이)을 멋들어지게 하는 남성을 보고 아내가 "와! 멋있다!" 라고 감탄하는 모습을 순간 보았다.

이때부터 나도 아내에게 감격의 사나이가 되고 싶은 열망이 생기면서 수영을 시작하게 되었다. 대개의 수영은 자유형, 배형, 평형, 접형의 순서로 배우게 되는 데 내가 자유형을 한두 달 정도 배울 때이다. 운동신경에 자신이 없는 내가 그래도 아내에게 언젠가 멋진 접영을 보여주겠다는 각오로 열심히 수영장을 다니고 있었다. 그런데 어느 날 수영코치가 말했다

"선생님 혹시 신체장애가 있으십니까?"

"왜 그런 말씀을 하시는지요?"

"선생님께서는 1번 라인에서 출발하시면 대게 5번 6번 라인에 도착해 버립니다. 선생님 신체의 양쪽 균형이 맞지 않다는 증거입니다."

그러나 이 말이 나로 하여금 수영을 중도에서 그만두지 못하게 하는 자극제가 되게 하였다. 나는 드디어 1여 년 후에 멋진 접영을 아내에게 보여주는 나폴레옹이 된 것이다. 거지라도 집에서는 나폴레옹처럼 보이고 싶은 것이 남성의 심리이다. 그 이후로 나는 수영을 20여 년간 지속하게 되었고 한때는 조오련을 본 따서 현해탄을 건널 수도 있을 것 같은 충동과 자신감이 생겼다. 또 수영 대회는 나가지 않았지만 내 또래는 물론이고 내 주변의 젊은 청년들과의 수

영장 인에서 친신시합에서도 넉넉히 이기는 경험을 얻게 되었다.

나는 마침내 수영 안전 요원 시험에 응시하여 자격을 따기도 했다. 수영 안전 요원의 자격을 공부하면서 물에 자신이 있었지만 물이 얼마나 무서운가를 먼저 배웠다. 사람이 물에 빠지면 서두르지 않고 가급적 뒤에서 머리카락을 잡고 구조해야 서로가 안전하다는 교육도 받았다. 그리고 나는 승용차 트렁크 안에 항상 오리발을 갖고 다녔다. 나의 취미 운동인 수영을 즐기기 위함 때문이기도 했지만 혹시라도 물에서 위기가 발생하면 오리발을 끼고 다른 생명을 구해줄 수단으로 삼고자 생각했기 때문이다.

실제로 장애인들을 데리고 고흥의 바닷가에 물놀이를 하러 갔다가 나보다 수영을 더 잘하는 적절한 수영안전요원이 없기에 바닷물 속에서 8시간 정도를 먹고 배설까지 하면서 신체장애를 가진 장애인을 놓치지 않고 보호하고 구조해 본 경험이 있었다.

이러던 중 2006년에 교회 청년들과 섬진강에 물놀이를 갔다, 우리 교회 조혁이라는 전도사의 집 근처의 섬진강에서 모두 즐겁게 물놀이를 하게 되었는데, 나는 혹시라도 위급 상황이 생기면 내가 가장 먼저 뛰어들어 들어갈 것이라는 예측을 했기에 오리발을 착용하고 강물 속에 들어갔다.

얼마 동안 모두 물놀이를 즐기고 있는데, 저쪽에서 “사람이 빠졌다”라는 소리가 들려왔다. 급히 그쪽으로 수영을 해서 가까이 가보니 세상에, 내 아들이 물속에 빠졌다가 나왔다가를 반복하면서 손을 휘젓고 있는 것이었다. 나도 모르게 반사적으로 물속에서 허우적거리는 아들을 앞에서 잡고 말았다. 사람이 물에 빠지면 서두르지 않고 가급적이면 뒤에서 머리카락을 잡고 구조해야 서로가 안전하다는 교육 내용도 소용없는 순간이었다. 냉철한 이성적 판단보다 자식의 위급함 앞에 앞뒤 가릴 것 없는 감정이 앞섰던 것이다. 내 아들은 앞에서 잡는 나를 온 팔과 발로 꽉 껴안아 버렸다. 나와 아들은 꼼짝할 수 없이 한 몸으로 뒤엉켜 휘몰아치는 깊은 강물속으로 빨려 들어갔다. 사방에 물거품만 보였다. 죽을 힘을 다해 오리발로 물갈퀴질을 해서 겨우 수면 밖으로 올라왔지만 더 이상 수영으로 안전한 곳까지 갈 힘이 없었다.

"사람이 빠졌다"는 사람들의 외침 소리가 들리는 순간 다시 아들과 나는 물속으로 빠져 들어갔다. 아들은 여전히 나의 온몸을 붙잡고 더 필사적으로 나에게 엉겨 붙었다. 물속에 있던 짧은 순간 "이렇게 해서 사람이 죽는구나!"라는 생각이 들었다. 두 번째로 물속에 빠졌지만 역시 사력을 다해 오리발 물갈퀴 질을 해서 다시 물 밖으로 잠시 고개를 내밀었는데 어디선가 "튜브를 던져줘라!" 하고 외치는 소리가 들렸다. 그리고 우리는 다시 물속으로 깊이 빠져들어 갔다. 물속은 온통 회오리 거품뿐이었다.

그때 순간적으로 "사람이 물에 빠지면 세 번은 물 밖으로 나올 수 있지만 네 번째는 힘이 빠져 죽는다"라고 안전교육 때 들은 소리가 떠오르면서 이번이 마지막이라는 생각을 갖고 다시 물 밖으로 솟아오르기 위해 혼신을 다한 물갈퀴 질을 했다.

물 밖으로 잠깐 나오는 그 순간, 내 눈앞에서 고무 튜브 한 개가 손에 잡혔다. 안전한 곳까지 수영해서 가는 동안 주변의 많은 사람들이 우리를 지켜보고 있었다. 일단 물 밖으로 나오고 나서 나는 함께 간 교회 청년들에게 염려를 주지 않으려고 태연한 척 몸을 가누었다.

그날 이후 나는 꼬박 10일간을 자리에서 일어나지 못하고 아내가 매일 놔주는 영양제 링거를 맞으면서 그저 깊은 잠과 휴식에 들어가야 했다. 아내는 그런 나에게 "젖 먹던 힘까지 다 쏟았기에 마지막 순간 물밖으로 나올수 있었다." 고 말했다. 나는 "다른 사람을 살리기 위해 갖고 다니던 수영오리발이 결국은 우리를 살리게 되었다"라고 말하면서 서로를 위로했다. 다른 사람을 위해 산다는 것이 결국 나를 위한 일이 된 것이다.

3장

◆

학문·교육의 장(場)으로

남이 아닌 내 자신으로 살아가라

학문

나의 어머님께서는 처음부터 아내의 달란트가 '공부'인 것을 아셨다. 큰딸이 5살, 막내인 아들이 4살이 되어 어느 정도 유아기를 벗어났다고 생각했을 때 나의 아내에게 석사학위 공부를 하겠냐고 물으셨다. 아내의 대답은 당연히 "예"였지만 아버님의 허락을 받는다는 것은 상상조차 할 수 없었다. 당시만 해도 아버님은 "여자는 공부할 필요가 없다."는 사고방식을 철저하게 가지신 분이셨다.

결국 어머님이 내리신 결단은 아버님 모르게 아내를 대학원 석사과정에 입학 시키는 것이었다. 석사과정 수업이 있을 때는 어머님이 이런 저런 이유와 핑계를 대며 감싸주셨다. 만약에 집안에서부터 아내가 책가방을 가지고 나가다가 아버님께 들킬만한 분위기이면 아내가 먼저 집 밖으로 나가 기다리고, 얼마 후 어머님이 아버님 몰래 책가방을 가지고 나가 아내에게 전해주곤 하시면서 대학원 석사과정을 공부했다.

그렇게도 하고 싶은 공부였기에 이런 불안과 긴장 속에서도 성취감을 가지고 학위를 마친 아내였다. 아내의 석사학위 논문 제목은 '어머니의 성격과 문제 행동과의 관계'라는 논문이었는데 상당 부분이 아내와 우리 자녀와의 관계에 대한 자전적인 부분이 반영된 연구논문이었다.

아내가 석사학위를 마치고 졸업식을 하던 날 같은 대학에서 나의 남동생은 박사학위를 받게 되었는데, 이를 축하하기 위해 오신 아버님께 어쩔 수 없는 상황인지라 어머님은 아내의 석사학위 취득 사실을 고백하게 되었다. 아버님은 그에 대해 다행히 "그동안 나 몰래 공부하느라고 애썼다. 오늘 식사는 내가 사마"라는 한마디 말씀으로 일축하셔서 우리 가족은 모두 안도와 감격의 순간을 맛보게 되었다.

1989년에 아내가 석사학위를 졸업할 당시 아내에게 나는 "이제는 대학 교수가 되라" 는 꿈을 심어 주었다. 아내는 나의 말이 믿기지 않는다는 표정이었다.

나는 아내뿐만이 아니라 누구에게나 꿈을 심어주는 비전어리'(Visionary), '꿈쟁이'였다. 나는 꿈을 좋아했다. 사람들의 꿈 이야기를 좋아했다. 꿈꾸는 사람 곁에서 꿈을 나누는 것을 좋아했다.

꿈을 성취한 사람들의 삶을 연구하는 것을 좋아했다. 꿈을 성취한 것은 그들의 노력만으로 된 것이 아니라 하나님이 기회를 주셨기 때문에 가능하다는 것을 믿었다. '사람의 준비와 하나님의 섭리가 만나는 곳에 형통이 있다'는 사실을 확신했다. 꿈이 망상이 되게 하지 않으려면 실력을 갖추고 준비를 해야 한다.

아내의 석사학위 취득을 통해 가장 좋아하는 공부를 마음 놓고 지속적으로 할 수 있도록 도와주는 것이 남편 된 나의 의무라고 생각했다. 광주, 전남 대학의 간호학과 중에서 아내의 전공인 정신간호학 전공의 자리가 있을 만한 곳을 알아보니 목포과학대학 간호과뿐이었다. 그러나 교수 채용계획이나 자리가 확실히 있다는 것도 아니고 단지 가능성뿐이었다.

주변에 몇몇 분이 인사권자와 연결을 시켜주겠다고 했지만 거절하고 내가 직접 그분을 만나겠다고 했다. 그분을 만났는데 당연히 예측한 대로 교수 채용 계획이 없다는 대답만 돌아왔다. 그 후에 인사권자 되시는 분을 서른 번 가까이 만나 뵈었다. 오직 나와 아내의 실력, 노력, 성실을 증명하여 교수임용을 받고 싶었다. 이러한 생각은 나의 어머님으로부터 배운 것이다. 어머님께서는 항상 하시는 말씀이 "인사권자는 따로 있지만 인사는 본인이 한다."라는 말씀을 하셨다.

어머님께서는 아버님의 인사일로 내무부 담당자를 찾아가실 때는 비가 오는 날 아침 일찍 7시부터 8시 사이를 택하여 방문하셨다. 가급적 우산도 안 쓰고 젖은 옷 그대로 찾아가서 자신의 성실과 진심을 보이면서라도 인사권자의 마음을 움직이는 모습을 실제로 보면서 성장했다.

때로는 나의 방문이 너무도 부담되고 귀찮다고 하면서 내 가방을 던져 버리기 까지 하신 인사권자였지만 이미 대학에 근무하고 있는 나와 함께 '위기의 대학이 살아갈 길','미래 지향적인 학과 만들기', '대학 홍보와 신입생 모집 방안' 등 대학 운영의 현실적인 문제에 대한 진솔한 견해를 나누었다. 이러한 나의 모습을 그동안 곁에서 지켜보던 인사권자 되시는 분의 사모님께서 어느 날 나에게 차를 대접해 주시면서 따스하게 말씀하셨다.

"박 교수님! 그동안 옆에서 보니 학과 살리기와 학생 모집에 자신이 있는 것처럼 보입니다. 앞으로 대불대학교를 설립할 예정인데 그 열심으로 내 아들과 함께 대학을 함께 운영해 주시겠습니까? 그리고 아내가 이번 학기부터 대학에 근무하도록 남편을 설득시켜 보겠습니다."

아내는 석사학위를 졸업한 이듬해, 아직 박사학위에 들어가지도 않은 상황에서 1990년부터 마침내 목포과학대학 간호과의 전임 교수로 발령을 받았다.

이때 아내가 내게 건넨 말을 "여보! 나에게 날개를 달아줘서 고마워요."라는 말이었다. 그 후, 1998년에 아내는 가톨릭 대학교의 박사학위 과정에 들어갔다. 아내의 박사 학위 입학은 우리 가족의 기도 제목이기도 했었다. 내가 먼저 합격 소식을 전해 듣고 딸아이에게 기쁜 소식을 알려 주려고 갔는데, 마침 수업중이어서 쪽지에 내용을 적어 맨 뒷자리에 앉은 딸아이 친구에게 전달해 준 기억이 난다. 그날 밤 우리 가족은 이미 박사학위를 받은 것처럼 파티를 열었다.

아내는 2001년 '해결 중심 집단 상담이 비행 청소년의 타액 코티졸 및 사회 심리적 변인에 미치는 효과'라는 논문으로 박사학위를 받게 되었다.

특이한 것은 아내의 석사학위 논문이나 박사학위 논문 제목 모두가 '문제 행동', '비행 청소년'이었고 나의 목회 상담 상담학 논문 제목도 '비행 청소년을 대상으로 하는 상담'에 관한 논문이었는데 이것은 모두 장애인 아들을 키우면서 비행 청소년을 돌보게 된 우리 가족의 스토리를 객관적, 학문적으로 쓴 논문이었다. 정확히 말하자면 장애인 아들을 키우고 있는 부모의 문제와 아들이 한때 비행 청소년이 되어서 겪어야 했던 과정이 박사학위 논문의 바탕이 되었다.

우리 부부는 학위 논문이나 관련 소논문이 나올 때마다 '이 논문은 장애를 가진 아들로 인함'이라는 고백을 서슴지 않았다. 우리 가족의 아픔이 영광이 된 것이다.

만남과 논문

아내가 박사학위 논문을 쓰기 직전에 내 아들은 법적으로 '보호관찰 대상자'였다. 나는 아들과 한 달에 한번 씩 보호관찰소로 방문하여 신고를 해야 하는 상황이었다. 이사를 가도, 학교를 옮겨도, 여행을 다녀와도 보호자인 아버지로서 당연히 성실하게 신고를 했다. 당시에 광주 보호관찰 소장님께서 어느 날 나를 부르시더니 이제 아들 문제로 방문할 것이 아니라 그 부모들을 대상으로 '부모교육'을 해달라고 하였다.

또한 비행청소년을 대상으로 '수강명령교육'을 해달라는 것이다. 수강명령이라는 것은 각종 비행을 저지른 청소년들을 대상으로 1주에 약 12명씩 12주에 걸쳐 강제적으로 의무교육을 시키는 것을 말한다. 당시에 이러한 수강교육을 시키는 곳은 전남대학교 산하의 '상담 전문단체'와 '광주 Y.M.C.A' 뿐이었는데 개인에게 수강명령교육을 의뢰하는 것은 우리 부부에게 처음이라고 했다. 수강명령 대상자에 내 아들도 포함이 되어 있었다.

우리 부부는 이들을 대상으로 프로그램을 만들어 교육을 하던 중, 우리 프로그램의 교육을 받는 비행 청소년 그룹과 다른 그룹들의 정서적 변화의 차이를 과학적으로 증명해보고 그 과정과 결과를 박사학위 논문으로 만들어 보자는데 의견이 일치되었다.

인간의 정서적 변화를 측정할 수 있는 코티졸은 사람의 '타액

(침)', '혈액', '소변'인데 보호관찰 소장님께서 혈액은 의료행위이고, 소변은 정서적 문제가 있기에, 타액으로 연구하는 것은 허락해 주시겠다고 했다.

우리 프로그램 수강 팀과 다른 팀의 타액을 아침 식사 이전에 정한 장소에서 만나서 용기에 받아 즉시 냉동기구에 넣고 24시간 내에 서울대학 임상실로 보낸 후, 대상자들의 심리적 상태를 설문으로 작성하는 어려움이 있었다. 하지만 나는 이러한 모든 과정에 기쁨으로 참여해 주었다.

이 모든 과정을 진행하는 데, 거의 2년 이상이 걸렸지만 단 한 번의 불평 없이 서로 척척 호흡이 맞는 우리 부부였다. 아내를 도와주는 이러한 일련의 과정이청년 시절에 아내에게 대했던 나의 '모질었던 행동'(?)에 대한 면죄부라도 받는 기회라고 생각했다.

아내의 논문은 그 해의 우수 논문으로 언론에 소개되었다. 결국은 장애인인 내 아들의 문제 행동이 논문의 시작과 끝을 장식해 주었음은 사실이다. 당시 아내는 박사학위 논문의 맨 앞에 '감사의 글'을 다음과 같이 적었다.

"멀리서 마음으로 지켜 봐주신 친정 부모님께 삼가 이 논문을 드립니다. 제가 뛰어야 할 시간과 공간마다 먼저 가서 자리를 펴준 남편에게 고마움을 표시하며 자신의 일보다 엄마의 일을 중히 여기며 등 뒤를 밀어준 아들과 딸에게 이제야 원래의 엄마의 모습을 보여주게 되었습니다. 끝으로 이 논문의 진행 과정을 통해 대상자 중 한명을 우리의 한 가족으로 만나게 해 주어서 한 지붕 아래 거하게 된 새 아들과 이 일을 이루신 하나님께 감사합니다." 라고 적었다.

아내는 그 대학에서 전임강사, 조교수, 부교수를 거쳐 정교수에 이르기까지 물고기가 물을 만난 듯 열심히 제자를 양성하고 연구에 임하였다.

또한 나와 함께 팀이 되어 정부에서 시행하는 각종 프로그램에 공동으로 참여하여 '새터민 교육', '청소년 1388 활동', '외국인 근로자 상담교육', '비행 청소년 대상으로 하는 수강 명령 교육' 등에 함께 참여했다. 여기서 만났던 사람들이 나중에 내가 개척교회를 시작할 때 개척 멤버가 된 것이다.

아내와 부부의 연을 맺게 된 것도 감사한데, 함께 각종 사회활동, 공동연구 활동, 비행청소년 자원봉사활동, 탈북 가족대상 교육활동까지 하게 된 것을 통해 우리 부부는 정신적, 학문적, 사회적으로도 동지가 된 것이다.

체벌

1981년 추석날의 교통사고로 인한 대 수술과 재활치료의 환란 이후에 찾아온 전 가족의 한마음과 교회의 출석은 나에게 너무나 큰 보상이요, 넘치는 은혜였다. 그리고 거미줄 같은 얼굴 한쪽의 상처를 갖고서도 이듬해에 결혼의 축복까지 얻었으니 말이다. 결혼당시 나의 직업은 중학교 교사였는데, 군대 제대 후 '중등 국어과 교사 자격증' 하나면 국,공립 중등학교는 순위 고사를 보면 되었고, 사립 중등학교는 대학의 지도교수님이 학교 명단을 주시면서 고르라고 부탁할 정도였다. 나는 광주의 진흥 중학교에서 교편을 잡기 시작했다.

얼굴의 상처가 선명해서 특히 교사로서 학생들의 반응에 대한 논의가 임용 면접 때 있었지만 다행히 면접 담당 선생님들이 마음을 열어주신 덕분에 교사의 자리에 설 수 있었다.

얼굴에 상처가 생기면 약 5년이 지나고서야 첫 번째 성형수술을 할 수 있었기 때문에 사고 난지 불과 4개월 후 밖에 안 된 즈음이라 얼굴의 상처가 선명했음에도 불구하고 스스럼없이 대해 준 학생들과 선생님들께 지금도 고마운 마음이 든다. 그 대신 내가 맡은 반을 우수 반으로 만들어 보고 싶은 욕심도 생겼다.

교감 선생님께서는 한 달에 한 번씩 지옥의 연구수업을 시키셨다. 나의 연구수업의 강평 시간에 '천부적인 말솜씨'를 타고난 교사라는 말은 자주 들었으나 '모범교사'라는 말은 없었다. 오랜 시간이 흐른 후 대학에서 'E- 런닝'이라는 프로그램을 통해 내 강의를 교육공학적으로 분석해 보니 내 수업이 감동은 있었지만 학습

목표가 미약하다는 것을 깨달았다. 자칫 이성보다 감성 중심 수업의 방향으로 진행해 버리는 나의 수업 패턴이 중학교 교사 때나 대학의 교수 때나 동일한 것을 보면서 역시 나에게 붙여진 '감성 덩어리', '에너지 맨'이라는 말이 맞는 말인 것 같다. 또한 나의 약점은 정말 안 바뀌는 것일까 고민을 많이 했다. 그 후로 나는 매 수업마다 칠판 왼쪽 위에 '학습목표'를 먼저 적어 놓고 그것을 의식하면서 수업하는 훈련을 아직도 계속 중이다. 이는 감동과 학습목표를 함께 이루어 균형을 이루는 학습법을 갖기 위해서이다.

아무튼 연구수업, 환경정리. 학력고사 등등에 있어 신입 교사로서 최선을 다하고 있는 것처럼 보여지는 결과가 줄줄이 나왔다. 그런데 우리 반에 '경철'이라는 학생이 있었다. 내가 담임으로 맡은 반은 2학년이었는데 이 학생은 3학년에 올라가지 못하고 문제가 있어서 우리 반에 주저앉은 것이다. 처음에 딱 보니 문제아의 반항적인 포스가 완연했다. 역시 결석은 수시로 하고 시험을 볼 때마다 본인의 이름만 쓰고 나가버렸다.

이 학생 한 명으로 인해 우리 학급의 평균 점수가 깎여 버리면 신입교사로서 나의 멋진 계획인 '우수반' 목표를 이루기에 거침돌이 되는 상태였다. 차라리 시험 시간에 결석해 버리면 좋은데 중요한 시험은 꼭 나와서 치르는 학생이었다. 상담을 통해 타일러도 안 되고, 부탁을 해도 안 되었다. 이때 신입 교사인 나에게 그 학생을 지도했던 어느 선생님이 “그 학생은 체벌을 해야 말을 듣는다”라고 전해 주었다.

그날 수업이 다 끝나고 경철이와 나만 교실에 남았다. 처음에는 대화로 시작했다가 도저히 안 되겠다는 상황에 이르자 나는 그 학생에게 체벌을 가하기 시작했다. 그 학생이 입을 악물고 끝까지 버티는 바람에 누가 이기나 보자는 식의 체벌이 더 심해진 것이 사실이다. 경철이가 버틸수록강도는 더 커졌는데, 결국은 내가 지쳐서 멈춰버리고 말았다.

그런데 다음 날 아침에 수업 시작 전 교감 선생님의 진행으로 교사회의 시간이 있었는데 평상시와 달리 교장 선생님이 오랜만에 나타나셨다.

“어제 학교수업이 끝나고 어느 교사가 학생에게 체벌을 해서 교육청에 진정서가 들어갔다.”는 말씀이었다. 듣는 순간 “바로 나를 두고 말하는 구나” 싶었다. 신입교사로서 최선을 다하려 한 것이 이런 일로 인해 부끄럽게 마무리한단 말인가? 생각하며 어찌할 바를 몰랐다. 그런데 바로 이어서 교장 선생님은 “우리학교에 박배식 선생님처럼 온유와 사랑으로 지도해도 얼마든지 좋은 반이 되지 않겠습니까?”라고 마무리 말씀을 해주셨다. 나에겐 이 사건이 정말 엄청난 충격이었다.

‘교장선생님이 아시고도 모르는 척 하시는 지혜를 쓰시는 것일까?' '교육청에 체벌한 교사의 이름이 익명의 민원으로 들어간 것이 사실일까?'라는 진위 파악이 문제가 아니라, '나의 이중성'에 대한 실망이 더 컸다.

교육자로서의 내가 이런 사람이란 말인가? 이것이 나의 본래 모습이라는 말인가? 내가 진정 교사로서 자격이 있단 말인가? 정말 우수 반을 만드는 것이 교육목표가 되어야 하는? 등에 대한 깊은 고민과 자기성찰이 쌓이게 된 것이다.

결국 이러한 질문은 교육 경력 40여 년째인 지금에 와서도 자신에게 묻는 똑같은 질문이 되었다. 이런 일련의 과정을 통해 내가 통감하는 것은 내 자신에 대한 철저한 절망이다. 그리고 '교육자는 행복을 성적순으로 택할 것이 아니라 학생들이 좋아하는 소질과 능력을 찾아서 건강한 세계인으로 살도록 도와주는 역할을 하는 자'라는 생각을 갖게 되었다. 여전히 쉽게 변화되지는 않았지만 이 일을 생각할 때마다 '경철'이라는 제자 앞에 진심으로 사과를 구하며 진정한 교육자로서의 자세를 다짐하곤 한다.

청출어람

중학교 교사로 재직하던 1982년 2학기에 내 인생의 꿈을 변화시킬만한 일이 생겼다. 어느 날 집에 돌아와 보니 광신대학교에서 '강의 의뢰서'가 와 있었다. 광신대학은 내가 다니는 교회가 소속

된 교단 신학교이다. 강좌 내용은 '수사학'과 '기독교 문학'이었다. 대학에서 강의를 하려면 석사학위 정도는 있어야 하는 것으로 아는데, 나는 학위가 없었기에 처음에는 반가웠지만 나에 대한 이력이 잘못 파악되었을 것이라는 생각이 들었다.

대학에 연락을 해서 나는 자격이 없음을 알려주었더니 내가 출석하는 광주 중앙교회 담임목사이신 변한규 목사께서 추천한 것이니 그냥 배정된 강의를 맡아주기만 하면 된다는 것이었다. 담임목사님께 감사의 말씀을 전해 드리고 중학교 교장선생님께도 마침내 대학 강의 출강 허락을 받았다.

처음 맡은 대학 강의인지라 중학교 신입교사 때보다 더 열심과 성의로 강의를 준비했다. 강의 한 시간을 준비하기 위해 거의 아침이 밝을 무렵까지 연구를 하고 나서 대학 강의를 시작한 것이다. 내가 준비한 만큼 수강생들의 반응도 좋았다. 맡은 과목이 나하고 적성에 맞으니 대학 강의를 즐길 수가 있었다. 무엇보다 '준비된 말과 강의가 성공을 일으켰다'고 생각한다.

나는 어느 순간 대학 강사가 아니라 대학의 정식 교수가 되고 싶은 꿈을 꾸기 시작했다. 1982년에 시작된 광신대학교 강의는 2013년까지 31여 년간 이어졌으니 사실은 광신대학교가 교육자로서의 친정집과 같았다.

그런데 내가 동신대학교에서의 학장이라는 보직을 받으면서부터는 타 대학에 출강하는 것을 쉬는 것이 학교에 대한 예의 같았다. 어찌 되었든 31여 년 동안 신학생 제자들을 교육으로 섬길 수 있었던 기회와 경험은 너무나도 소중하고 귀한 기회였다. 나중에 내가 광신대학교에 학생으로 입학하여 신학공부를 시작하면서 이전의 나의 제자들은 모두 목회 선배가 되셨으니 이 또한 즐거운 일이 아닌가!

대학의 첫 번째 강의 때 만난 학생들의 대표 중 한 분이 서울 에덴교회 소강석 목사이시다. 오랜 시간이 흐른 후 딸의 결혼 예식에 소강석 목사께서 주례를 해 주셨는데, 그 당시 신학대학 강의와 딸의 결혼식 주례에 대한 감회를 교회 칼럼에 실은 내용이다.

친정집 같은 광신대학에서의 시절

광주신학대학에서 강의를 시작한 것은 1982년이니까, 내 나이 26세 때부터이다. 당시, 나는 진흥 중학교 교사로 재직 중이었는데, 어느 날 광신대학으로부터 대학 강의를 청탁한다는 연락이 왔다.

--- (중략)----

나 같은 이력에 '대학 강의'라니 하는 생각과 추천하신 분께 실망시키지 않겠다는 의지를 가지고 참으로 열심히 준비했다. 강의

준비가 끝나면 대개 새벽 2~3시였고 때로는 아침 해가 뜰 때도 있었다. 어떤 피곤함도 다음날 대학 강단에 서는 감동과 기쁨에 비하면 별 것이 아니었다. 그때 만난 사랑하는 제자 중 한 학생이 지금의 소강석 목사이다. 당시, 소강석 전도사에 대한 에피소드이다.

그분이 비가 오는 어느 날, 나의 집에 방문했다. 다짜고짜 무릎을 꿇더니만, 태풍 때문에 무너져버린 교회 담벼락과 지붕을 보수해야 한다며 도와 달라는 것이었다. 시간 강사 명단 중에서 도움을 줄 만한 사람이 나 밖에 없더라는 것이다. 젊은 나이에 전도사로 시무하는 교회를 사랑하는 그 뜻이 어찌나 귀하게 보였는지 결국 가계수표를 가불해서 끊어주었다.

"언젠가는 몇 배로 갚겠다"고 하면서 사명의 길을 떠난 소강석 전도사였다.

세월이 30여 년 흘러 딸이 결혼예식을 하게 되었는데 이제 소강석 목사가 되어 결혼 주례를 맡게 되었다. 그런데 결혼 주례하는 날 자신이 담임 목사로 시무하는 에덴 교회 장로님들을 아마 10명 이상 모시고 왔다. 전남 진도에서 70세 고희 잔치를 하기로 한 어느 노(老)장로님도 순종하여 참석해 주셨는데, 알고 보니 그 장로님들이 그냥 오신 것이 아니었다.

"제가 광주신학교 재학 중인 전도사 시절에 자신을 도와준 은사의 딸이 결혼 예식을 하게 되었는데 이제 축의금으로 갚을 때가 되었으니 적극적으로 순종해 주시기 바란다."라는 소강석 담임목사의 선포에 순종하고자 참석해 주신 에덴교회 장로님들이셨다. 결국 30년 전에 드린 나의 작은 헌신이 때가 되매 수 십, 수백 배로 열매가 되어 되돌아온 셈이 되었다.

그 당시의 광주신학생들을 모두가 사명의식이 분명했던 것 같다. 내가 확실하게 느낀 것은 그때 신학생들은 개인적으로 하나님의 부르심에 대한 소명의식이 분명했다. 한번은 내가 어느 외래 강사를 신학교 강의에 추천해주었는데 1학기도 못 채우고 그만 두었다. 그 이유는 일반 대학에 비해 신학생 수준이 낮아서 강의를 못하겠다는 것이다.

그런데 나중에 내가 전남 여수의 소라면에 있는 어느 나환자촌 교회에 봉사 활동을 갔는데 바로 그 수준 이하라고 칭함 받은 전도사가 나환자들과 한방에 뒹굴며, 한 몸이 되어 사역하는 모습을 보았다. 나를 통해서만 이룰 수 있는 사명감을 붙든 신학생 한명, 한명을 하나님이 보내실만한 그 자리에 세우시고 영광을 받으심을 확신하게 되었다. 그리고 세월이 한참 흐른 지금에 와서 일반 대학은 그때보다 모든 면에서 수준이 낮아졌지만 광신대학교 수준은 일반 대학보다 훨씬 더 높아진 것이 사실이다.

지금은 성적으로 신학생을 뽑지만 생각건대 그때는 사명감으로 뽑았던 것이 옳았구나 싶다. 어쩌면 성적 좋은 지금보다, 사명감만큼은 충만했던 그때의 사역자들이 더 목회에 성공하는 경우를 자주 보곤 하기 때문이다.

당시의 신학교 교장은 정규오 목사님이셨다. 내가 처음 출간한 '한국 기독교 문학'이라는 책을 드렸는데, 어느 날 정 목사님으로부터 호출이 왔다. 책 내용 중 김재준 박사 (당시 우리 교단과 생각을 달리하던 한신대 교수)의 글을'기독교 문학적 입장'에서 몇 줄 인용했는데 어느새 그 부분까지 면밀히 살펴보고 이미 신학교 교수 회의를 통해 '문제없음'으로 결정했으니 그리 알고 더욱 열심히 학생들을 가르치라는 말씀이었다.

나 같이 부족한 사람이 쓴 졸저(拙著) 하나에 나타난 사상적 배경과 인용한 각주의 저자까지 철저히 검증하고 나서 신학교 강단에 세워야 한다는 그분의 귀하신 의지로 해석했는데, 얼마나 '칼빈주의 보수신학의 정통'을 지키시기 위해 노력하셨는지 엿보이는 일화이다.

"꽃집에 가면 꽃을 안사고 나와도 향기는 몸에 묻는다. 라는 말이 있는 데 광신대학교에서 31년간 강의를 하다 보니 어느새 광신의 향기가 나에게 묻어와서 신학을 공부하게 되었고 또 목사로서의 옷을 입게 되어 오늘의 우리빛 교회가 세워지게 되었다.

나의 청년시절에 광주신학교 강의가 동기유발이 되어 결국 나는 석사학위와 박사학위 과정에 들어가게 되었으니, 실로 나의 학문과 신학, 오늘의 내가 있기까지의'영원한 나의 친정집'과 같은 광신대학의 발전을 기원하면서 언젠가 다시 돌아갈 날을 기대한다.

- 위 글은 광신학보에 게재한 내용임-

문학평론가로

중학교 교사로서 대학 강의의 멋과 맛을 본 나로서는 마침내 1983년에 대학원 석사과정에 입학하면서 새로운 길을 가게 되었다. 중학교 교직을 그만 두고 대학원에 입학하고자 결심했는데, 일단 신학대학원에 가고 싶었다.

이때 서울 충정로에 있는 아세아연합신학대학원의 강당에서 나의 친구 양승곤 형제의 결혼식이 있어서 참석을 했다가 우연히 학교 게시판을 보게 되었는데 곧 신입생 전형이 시작되는 것이었다. 그 당시는 개인 정보 시스템이 발달 되지 않아서인지 동시에 두 군데의 대학원을 다닐 수가 있었다. 아세아연합신학대학원이 오전에 시험인데, 같은 날 오후에 국민대학교 대학원의 시험과 면접이 일치했다.

결국 오전에 아세아연합신학대학원에 가서 입시 전형을 마치고 오후에 국민대학교 대학원에 면접을 하러 갔다. 면접을 하시던 분이 김성기 대학원장이셨는데 나에게 "대학원에서 무엇을 전공으로 하겠느냐"고 물으셨다. 나는 한동안 답변을 못했다.

그냥 신학대학원 입시 전형의 날짜하고 같은 날이어서 이왕 서울에 올라오는 김에 두 군데의 대학원을 다녀보자는 욕심을 부려 응시해 본 것인데 전공을 구체적으로 택하라고 하니 갑자기 할 말이 없어진 것이다.

"교수님! 저는 시, 소설, 수필, 모두 자신이 없습니다. 그런데 소설을 읽기는 좋아 합니다. 수필은 조금 써봅니다만"이라고 대답을 했다. 내 말을 들으신 김성기 교수님께서 "그러면 자네는 '소설 평론'과 '수필'을 전공으로 해 보게나"라고 말씀하셨다.

이것이야 말로 하늘이 나에게 숨겨두다가 때가 되매 드러낸 은사라고 생각한다. 마침내 대학원 석사과정에 들어가서 소설 평론을 연구하면서 수필도 습작으로 써 보기 시작했다. 시험을 보거나 글짓기 대회에 나가 내 의식의 흐름을 따라 마음껏 써 내려가면서 시간 가는 줄 몰랐다.

대학원에서 소논문 발표를 하기 시작했는데 처음 연구하게 된 대상이 1920년대 소설가인 춘원 이광수와 김동인에 대한 작가론이었다. 그때 당시 신사동 신혼인 여동생 집에서 공부를 했는데 어찌나 재미가 있던지 날이 새는지도 모르고 연구를 했다.

마침내 연구하는 소설가나 작품의 주인공들이 내 앞에서 살아있는 듯한 느낌이 들 정도였다. 춘원 이광수의 〈유정〉을 연구하면서 책에는 나오지 않는 주인공의 최후는 어떻게 되었을까? 깊게 생각하면 내 앞에서 춘원 이광수가 그 다음의 이야기를 해주는 듯한 느낌을 받았고, 김동인의 〈감자〉를 연구하다 복녀의 비극적 삶에 대해 마음 아파하면, 실제로 김동인이라는 작가가 내 마음의 눈물을 닦아 주는 듯한 느낌을 받고는 했다.

참으로 '행복은 성적순이 아니라 내가 좋아하는 것을 찾아 할 때'라는 것을 실감했다. 여름에 공부할 때는 엉덩이가 짓물러 지는 줄도 몰랐고, 겨울에 창문을 열어놓고 공부해도 추운 줄을 몰랐다. 이러한 경험을 굳이 표현한다면 이광수와 김동인, 염상섭 등 당시 소설가들의 '혼'이 직접 나타나 당시의 환경적, 개인적, 심리적 상황 등을 보여주면 나는 그저 글로 받아쓰는 것 같았다고 말하고 싶다. 마침내 '문학 평론'과 '수필'이 나를 위해 존재하는 장르처럼 여겨졌다. 상상력을 동원시켜 작품과 작가를 분석하고 연구하는 일이 너무도 재미있었다. 공부가 쉽다는 말이 나에게도 적용된다는 생각에 신기했다.

내 안에 있는 국문학적 평론기질을 하늘이 이미 아시고 그동안 원하는 중학교, 고등학교, 의과대학의 연이은 낙방을 통해 나를 가장 선한 길로 인도해주신 것이라 확신한다. 아마 세밀하지 못하고 덤벙대며 지나치게 창의적이고 융통성이 많은 나의 기질에 의사가 되었다면 환자들이 많이 희생당했을 것이다. 참으로 나보다 나를 더 잘 아시는 하나님이시다.

'재미있는 일을 하라. 그것이 당신의 천성이다.'라는 말은 진리였다. 그래서 나의 석사과정 성적부터는 올 'A'학점이었다. 대학원의 동문들은 나를 학자로 인정해 주지만 대학 동문들은 'F 학점의 주인공'으로 기억하기에 내가 국문학과 교수가 되었다는 것을 기적으로 생각할지도 모른다.

지도교수님 또한 나에게 격려와 인정을 아끼지 않으시고 서울의 다른 대학교 강의까지 연결시켜 주셨을 뿐 아니라 대학원 박사과정에 진학하여 계속 학문의 세계로 나아가라고 말씀해 주셨다.

세상에 나 같은 '좌절 콤플랙스' 학생이 학문의 세계로 나아갈 수 있다니!

내 안에 감춰진 보화를 때가 되어 찾은 것이다. 드디어 나는 1997년에 국제PEN본부의 〈펜과 문학〉지에 추천을 받아 '손창섭의 소설 연구'를 발표하면서 한국문단에 '문학평론가'로 데뷔하기에 이르렀다.

한 주일에 8시간의 대학 강의를 하루 만에 감당하기 위해 고속버스를 시내버스처럼 타고 다녀야 했고, 광주에 오면 광신대학 강의를 해야 하는 나의 모습은 시쳇말로 '보따리 장사시절'이었지만 내가 좋아하는 일을 하고 있기에 가장 행복하고 즐거운 시기였다.

대학원의 석사학위 졸업식 날이 되었는데 광주에서 어머님이 올라오셨다. 나는 어머님과 기념사진을 찍으려고 미리 카메라를 준비해 갔다. 그런데 엄청나게 추운 졸업식 날의 날씨 때문에 카메라의 배터리가 얼어 버렸다. 포즈는 열심히 잡았지만 기념사진은 한 장도 찍지를 못했다. 무엇보다 아들의 대학원 졸업을 축하해 주시기 위해 먼 길을 올라오신 어머니께 죄송한 마음에 순간적으로

"어미님! 이 다음에 박사학위 졸업 때 꼭 사진을 찍어 드리겠습니다!" 라고 말했다. 그 후 세월이 흐르면서 어머님 앞에서 순간적으로 외쳤던 그 말이 스쳐 지나가면서 "때가 되면 어머님과의 약속을 지켜드려야지!" 라고 다짐하곤 했다.

어떤 한순간에 작정한 작은 결심은 내가 한 것이지만, 그것을 자라나게 하시고 열매 맺게 하신 이는 하나님이시다.

첫 발간

대학원 석사학위로 쓴 논문을 '성서교재 간행사'에서 3명이 합본으로 책을 발간하자고 제의가 왔다. 저자들 모두가 신학대학에서 강의를 하고 있기 때문에 기독교 문학의 전공 텍스트로 발간하면 의의가 있을 것이라는 생각이었다.

1986년에 내 생애 처음으로 저서를 출간하게 되었는데, 책의 제목은『한국근대소설의 기독교 수용』이었다. 당시에 정규오 목사님으로부터 칼빈주의 보수교단과 신학적 견해가 다른 교단의 대표자를 긍정적으로 인용했다는 질타를 받으면서도 대학 강의 교재로 오랫동안 사용할 수 있었던 것에 감사하게 생각한다.

이 책을 발간한 것이 인연이 되어 우리 저자들은 강의하는 대학을 중심으로 '기독교비평문학회'를 조직하게 되었고 강의와 논문

발표를 교류하게 되었다. 또한 성경번역사에 대한 관심을 갖게 되면서 나는 '초기 한글성경 번역사'에 대해, 기진오 교수는 '현대 한글 번역사' 에 중점을 두고 연구 논문을 발표하면서 나중에 '공동번역 성경' 번역과정에 국어국문학계의 참여자로 활동하기에 이른 것이다.

첫 번째 저서의 발간이 기반이 되어 후일에 『언어 발달과 지도』(2004년), 『현대사회와 스피치』(2004년), 『정보화시대의 생활 작문』(2005년), 『문학과 인생』(2005년), 『한국문학의 이해와 감상』(2007년), 『발표와 토론』(2010년), 『읽기와 쓰기』(2012년), 『문학의 이해』(2014년), 『논리적 말하기』공저(2014년), 『창의적 글쓰기』공저(2014년), 『전래동화로 배우는 한국어』(2015년), 『동양문학의 이해』(2018년) 등의 주요 저서들을 출판하게 되었다.

사돈

어느 날 광신대학교 강사실에서 '세계적인 석학'이라고 인정하는 총신대학교 교수 서철원 박사(총신대학교 부총장, 신학연구원장)를 만나게 되었다. 이 분은 내가 출석하는 광주 중앙교회의 후원으로 네덜란드 암스텔르담의 '화란 자유대학'에서 수학하고, 박사학위를 취득한 분으로 유학 중에 두 아들을 얻고 귀국 후 대학에서 활동 중이셨다.

네덜란드 대학의 학창 시절에 동양인으로서 무시를 받았지만, 탁월한 언어 능력으로 자기 능력을 증명했고, 역시 세계적인 신학자인 발티안 지도교수(베인호프, 베르까우어, 헨드릭슨 벌코프)로부터 '바르트에게 삼위일체가 없음'을 학문적으로 밝혀 박사학위를 취득했다. 서철원 박사는 정통 신학을 이루기 위해서 히브리어, 헬라어, 라틴어 등 고전어에 능통하며, 현대 신학을 변호하기 위해서 독일어에도 능통하셨다.

그 당시나 지금이나 여전히 세계적인 학자로 학계가 인정하는 서철원 박사가 나의 저서를 보시고 "우리나라에도 기독교 문학이 있습니까?"라는 질문을 하셨다. 그 분과의 이어지는 학문적 대화의 분위기는 물론 내가 항상 배우는 입장이었지만, 한국기독교 문학의 한계와 서구문학의 양상에 대해 토론의 장을 자주 마련할 수 있었다. 그리고 언젠가는 본인은 다시 네덜란드에 들어가서 교수 생활을 하실 것 같다는 말씀도 해주셨던 기억이 난다.

그 후, 강사실에서 자주 담화를 나누게 되었는데 1983년 봄의 어느 날, 서박사님은"나의 둘째 아들이 운동을 하다가 사고를 당했는데 회복을 위해 기도해 달라"는 기도를 부탁하셨다. 아들을 향한 아버지의 간절함이 마음에 와 닿아서 얼굴도 모르는 그분의 아들을 위해 기도하기 시작했다. 그 아들에 대한 중보기도는 신학교에서뿐만 아니라 내가 출석하는 중앙교회에서도 전 성도에게 기도 제목이 되어 '아들의 회복을 위한 기도회'가 선포되어져서 참석하기도 했다. 그리고 얼마 후 서박사님께서 아들의 사고로 인해 네덜란드 대학교수로 가는 길을 내려놓고 한국에 머무르기로 했는데, 이는 아들의 일을 통해 하나님의 응답으로 받아들이셨기 때문이라는 뒷말을 듣기도 했다.

오랜 세월이 흐른 후 바로 그 아들이 나의 사위가 될 줄이야! 이것이야 말로 섭리가 아니겠는가! 그때 그 가정과 그 아들을 위해 기도한 것이 결국은 나의 딸과 내 가정을 위한 것이 된 것이다. 내가 누군가를 위해 기도할 때, 때가 되면 나에게 축복으로 갚아져 내린다는 확신이 들었다.

그 당시에 기도했던 그 아들은 네덜란드에서 출생한 후, 아버지를 따라 미국과 남아프리카 공화국에 잠시 거주한 후 한국에서 대학을 졸업하고 목사 안수를 받고 나서 다시 아버지가 학위공부를 했던 암스테르담의 자유대학으로 유학을 가게 되었다. 거기서 아버지의 학문의 대(代)를 이어 박사학위를 공부하는 과정 중에 나의 딸을 만나게 된 것이다. 그분도 박사과정 유학중에 두 자녀를 낳으셨는데 나의 사위와 딸도 박사과정 유학중에 두 자녀를 두게 되었으니, 학문적·인품적으로도 역시 사돈되시는 서철원 박사의 길을 따르기를 간구하는 바이다.

우유감사

서울의 대학원 석사과정을 두 군데나 다녀야 하는 과정이었기에 중학교 교사직을 사임하고 대학원에 다니면서도 가정의 가장 역할도 해야 하는데, 대학 강사 생활만을 나 홀로 즐기기에는 수입이 문제였다. 내가 성장하는 동안에는 어머니께서 워낙 생활력이 강하셔서 가정의 경제력을 이끄셨기에, 아버지로부터는 우리 삼 형제가 등록금을 받아 본 적이 없었다. 이것은 말단 공무원으로 시작하신 아버지의 박봉과 청렴성, 그리고 가정을 어머님께 맡겨버린 성품 때문이라고 생각된다.

이러한 아버님을 보면서 자란 나는 가장이 되면 결코 아내나 처갓집 신세를 지지 않고 반드시 가정을 책임져야 한다는 신념이 있었다. 장남인 나는 나의 가정뿐 아니라 바로 뒤따라오는 두 동생의 교육과 결혼에 대한 책임감도 함께 갖고자하는 것을 조금도 주저하지 않았다. 이것은 유년시절, 농약상이었을 때의 마음가짐과 같았다.

나는 '현실에 뿌리박은 신앙'의 가치관을 매우 중요하게 생각했다. 성경에서 요한 3서 2절의 사랑하는 자여 내 영혼이 잘 됨 같이 내가 범사에 잘되고 강건하기를 내가 간구하노라는 말씀같이 영적인 것과 자연인으로서의 삶이 균형을 이루는 것이 나의 신앙 목표이기도 했다.

신학도 좋고 믿음도 좋지만, 중학교 교사도 사임했고 대학원에 재학하면서도 가장의 역할도 다해야 했기에 이때 시작한 것이 1982년의 매일유업의 우유 대리점 사업이었다. 어머님께서는 당시에 서너 명의 판매원들과 함께 부업 수준의 우유 장사를 하고 계셨는데 이제부터 내가 본격적으로 사업에 뛰어든 것이다.

그때는 우리 국민들에게 우유라는 것이 고급식품의 수준이었다. 지금처럼 매일 배달되는 살균 우유가 아니라 장기 보관하는 '테트라 팩'이라 불리는 멸균 우유만 판매되었는데, 이 또한 생산량이 제한적이었다. 우유 시장 자체가 아직 형성되지 않았기에 '우유 사업에 성공하면 무슨 사업을 하든지 다 잘 한다.'라는 말이 있던 때이기도 하다.

광주의 매일유업 공장장이신 정상길 상무이사님의 소개와 추천으로 매일유업 김복용 회장님과 면담을 통해 남광주 매일우유 대리점을 개업하게 되었다. 학교 선생이라는 직업에서 하루아침에 우유 판매직으로 옮겨졌지만 '성실'이라는 이름 하나로 열심히 사업을 확장해 나갔다.

당시에 4주 동안이나 장기 보관하는 테트라 팩 우유시장이 점차로 유효기간이 짧은 살균우유 시장으로 변화하기 시작했다. 테트라 팩은 상점에서 팔지만 살균 우유는 가정배달을 통해 이루어지는 차이점이 있었다. 그 당시 사람들은 지금의 지붕 모양처럼 생긴 살균 팩의 우유를 마시는 방법도 생소했다. 그래서 T.V 의 '서주우유' 홍보 장면에서 "이렇게 해서 이렇게 마셔요!." 라고 우유팩의 상단 부분을 개봉하는 방법을 홍보하기도 했다.

이러다 보니 살균우유의 초창기 승부는 '가정판촉 세일'이었다. 그때 내가 매일 유업 본사로부터 받은 지역은 지금의 남광주역 일대와 화순 전 지역이었는데, 우리끼리는 '흑싸리 껍질 구역'이라고 표현할 정도로 상업 지역이 없었다. 그런데 살균 팩 우유는 상가가 아니라 가정을 공략하면 되었고 나는 언젠가는 살균우유시대가 온다고 확신을 했다. 따라서 상가로는 낙후된 지역이라 할지라도 가정 판촉 세일에 '올인'하였다.

우유 사업은 새벽 3시에 깨어서 공장으로 부터 운반된 신선한 살균우유를 대리점의 대형 냉장고에 보관하고, 이어서 역시 새벽 시간에 판매원들에게 분배 해준 후, 아침 출근 이전 시간까지 가정에 배달을 끝내야 하는 직종이다. 그리고 그 시간 안에 소진하지 못한 우유는 신선도 유지와 유효기간을 지키기 위해 상가를 자주 돌며 제품의 회전을 시켜 줘야 재고가 남지 않는다. 재고가 남으면 식중독 문제가 있기에 미련 없이 쓰레기통에 버려야 하는 것이 우유장사이다. 재고관리를 못하게 되면 앞으로 벌고 뒤로 손해 보는 장사가 우유사업이다. 그래서 우유장사는 시간을 다투는 사업이기에 성실과 열심, 그리고 판매원 관리가 생명인 것이다. 그리고 우유사업은 일보다 관계를 중요하게 생각하는 나의 적성에는 맞았다.

새벽부터 일어나 대리점에 찬송가를 틀어 놓은 후 공장에서의 우유 입고에 이어, 판매원 분배의 완료가 끝나면 오전 8시 쯤 되었다. 오전 중에 물품 재고 확인을 한 뒤 오후에는 가정판촉에 나섰다. 무조건 '막고 품기'식의 판촉이기에 아파트이거나 주택이거나 빠진 집은 하나도 없이 체크하며 방문을 하다 보면 때로는 초인종을 누르다 보니 나의 제자가 의아한 모습으로 나오기도 하고, 선배, 후배들도 마찬가지였다.

다른 우유 대리점은 애초에 본사로 부터 받은 구역이 좋은 상가지역인지라 판매원에게도 지역 할당제로 운영했지만 나는 애초부터 작은 구역이었기에 판매원들에게 개인 할당 구역을 없애고 전체적으로 자유 구역제를 선택해서 운영했다. 자유로운 경쟁은 서로 다툼은 있었지만 시장 점유율을 올리게 되었고 판매원 개개인의 수입이 늘어나는 효과가 있었다. 지역 할당제만 유지하던 본사에서도 나의 판매 전략을 이해하고 시장 개척의 새로운 '롤 -모델'로 삼으면서 전체 시스템에 변화를 주기 시작하자 매일 유업 전체의 수입과 점유율이 올라가기도 했다.

판매원들을 친가족처럼 대했다. 모두 함께 제품을 하역하고 창고와 냉장고에 입고시키며, 함께 배달을 한 후 돌아와 함께 식사하고, 또 서로 '품앗이 우유 판촉 세일'도 해주는 공동체가 되었다. 모두가 경제적으로 넉넉하지 못한 아줌마와 아저씨들이 모여서

'돈, 십원 보고 십리 간다!'라는 정신으로 장사에 임했다. 그 당시에 나의 아내도 '우유 판촉 세일'의 현장에 함께 나가 거의 매일, 여자 판매원들을 격려하고 위로했다.

본사의 매일 유업 공장직원들이 판촉 행사에 참여할 때에는 한꺼번에 50명의 아침 식사도 나와 내 아내 단 둘이서 거뜬히 준비한 것이 어디 한두 번이었던가! 그야말로 내 아내와는 부부끼리의 '조강지처' 시절이요. 나의 사랑하는 판매원들과도 사업적 '조강지처'의 시절이었다. 매일유업 사업을 그만 둔 지 30여년이 지난 후 우리들은 '사람찾기' 시스탬을 통해 '그때 그 시절'의 사람들을 다시 만나게 되었는데 여전히 가장 허심탄회한 대화를 나눈 분들이시기도 하다.

우유판매사업을 하는 중에 어느 한겨울에 눈이 많이 와서 화순으로 가는 70번 버스가 너릿재를 넘지 못하고 지원동에서 멈춰 버리자, 화순 판매점과의 배달 신용을 지키기 위해 두꺼운 비료 비닐 포대에 우유 제품을 싣고 단단히 묶은 후 끌고 밀고 하면서 배달한 적이 있다. 눈길에 미끄러지지 않으려고 신발에 새끼줄을 감아 신고 아무도 가지 않는 빙판의 화순 너릿재를 홀로 자빠지고 넘으면서도 배달의 약속을 지켰다는 흐뭇함에 내 자신을 향해 기뻐하던 그 시절이었다. 한마디로 '사선(死線)을 넘고 지킨 신용'이었다. 성실이라는 이름을 걸고 얻은 작은 이익이 나에게는 어느 큰 돈보다 소중했다.

그래서 그때나 지금이나 '성실이 재능을 이긴다.'라는 말을 자주 전하곤 한다.또 나는 '성실의 사람'을 '재능의 사람'보다 좋아하고 함께 일하기를 기뻐하며, 좋은 자리에 적극적으로 추천하는 기준점이 되기도 한다.

우유 사업을 하면서 무엇보다 내 가족들이 먹고 살 수 있을 뿐 아니라, 나의 바로 아래 여동생을 서울로 시집보내고, 또 그 아래 남동생의 대학 재수, 대학입학과 일본유학, 그리고 졸업 후 석, 박사과정까지 마음껏 교육시킬 수 있다는 보람은 모든 것을 이겨내는 힘의 근원이 되었다. 또한 이렇게 일하면서 신앙생활과 대학 강사 생활과 대학원 석사학위 공부를 모두 감당 할 수 있었다는 사실에 그저 감사할 뿐이다.

판매사원의 자녀들을 위한 장학금도 마음껏 지원해 줄 수 있었으니 이보다 좋을 수가 있단 말인가! 우유 사업을 접고 나서 20여 년이 지난 후 내가 개척교회를 시작했을 때 '문춘길'이라는 당시의 여자 판매 사원이 '그 사람을 찾습니다'의 프로그램을 통해 어느 날 나에게 찾아왔다.

나는 기억도 못하고 있는데 자신의 딸들과 아들에게 장학금을 주었던 일과 자신이 자전거를 타지 못해서 우유 배달에 어려움을 겪고 있을 때 나의 자전거 뒷자리에 그분을 태우고서 이리저리 우유배달을 하던 그때의 상황을 기억하고 있었다. 그리고 지금의 '성공 시대'를 살아가고 있는 인생사를 고백할 때 너무나 고맙고 감동이 되었다. 그 분은 우리 교회에서 남편 되신 분이 소천하실 때 까지 충성스럽게 봉사 헌신해 주시면서 우유 장사 시절에 나에게 진 빚을 갚았다고 말씀해 주셨다.

다른 우유 회사의 판매원들에게도 나의 '가족적인 분위기'의 운영에 대한 소문이 나서 그들이 오랜 기간 동안 개척해서 일구어 놓은 가정과 상가의 거래처를 한꺼번에 안고 나의 대리점에 오는 경우도 여러 번 있었다. 그야말로 호박이 넝쿨째 굴러 들어오는 식이었다. 후일의 어느 날 매일유업 본사에서 '그때 그 이야기'를 '사보'(私報)에 소개하겠다며 취재가 왔는데 그때 게재한 글이다.

맨 뒤에서 호령하는 야전사령관이 아니라, 선두에서 병사들과 함께 동거 동락하는 징기즈칸의 리더쉽

박배식(매일유업 남광주 대리점 영업소장)

한국유업계 최초로 당사에서 최고의 우유라는 자부심으로 삼각형 테트라 팩 우유가 국내에 소개했을 당시 박소장은 남광주 대리점을 시작하면서 매일유업과 인연을 맺게 되었다. 그때의 시장은 우유에 대한 인식 자체가 전혀 되어 있지 않은 상태였다. 따라서 판매보다 우유가 무엇인가? 어떻게 마시는가? 에 대한 생각을 먼저 심어주는 것이 급선무였다.

이를 위해 당시의 정상길 호남공장장의 적극적인 정책과 지원에 힘입어 광주시내 한복판인 충장로 거리를 걸어 다니면서 테트라 팩에 빨대를 끼우고 우유를 쭉쭉 빨아대는'폼'을 잡으며 우유를 마시는 흥미감을 홍보하기도 하고 거리나 학교 앞에서 각종 시음행사를 하면 이를 신기하게 바라보던 사람들이 많았던 기억이 새롭다고 말하는 박소장이다.

우유판매가 어려웠던 점은 당시의 판매지역 규제 제도 때문이었다. 당시에 박소장이 할당 받은 지역은 한마디로 상가지역이 거의 전무하다시피 하였다. 테트라 팩이 겨냥한 시장은 상가중심이었기에, 박소장에게 배정된 구역인 외지고 좁은 변두리 지역의 시장 여건은 사업 의욕을 상실케 했다.

장교로 제대하고 중학교 교사로 재직 후 사직을 하고 사업의 첫발을 사업전문가들도 부담을 갖는다는 우유 사업부터 시작해야 하는가에 대한 고민도 심각했다고 한다. 그러나 시간이 지남에 따라 회사 측의 적극적인 테트라 팩 우유의 홍보가 점차 시민들에게 먹혀들어가기 시작했다. 점차 시장이 변하여 마침내 테트라 팩 우유가 시장에서 인기를 얻게 됨에 따라 새벽부터 현금을 갖고 줄을 서는 전설 같은 한 시절을 접하기도 했다.

제품 차가 도착하면 미리 대기 하던 사람들이 손수 우유를 하역해 주기도 하며, 어떤 경우에는 공급이 모자라 제비뽑기로 제품을 나눠줘야 했던 시기도 있었다. 그때가 대리점 사장이 목에 힘을 주고 제품을 팔던 시기였다고 한다.

그러던 중 서울을 중심으로 판매되던 '서주우유'와 '서울우유'가 살균우유인 시유를 가지고 지방까지 등장하기 시작하였다. 다른 유업체가 시유광고에 한참 승부를 걸 때, 매일우유는 아직도 테트라팩의 전성기를 누렸다. 살균 시유가 생산되었지만 신선도와 유통기한 때문에 보관과 운송의 문제 발생으로 기존 대리점이나 판매원에겐 찬밥신세였던 것이다.

그런 상황에서 박 소장은 앞으로의 유제품 시장의 판도는 테트라 팩이 아닌 시유판매라는 확신을 갖고 상가 구역을 좁게 할당해준 회사 측을 탓하지 말고 판매사원들에게 '자유경쟁 시스템'을 적용하여 가정 판촉을 전 지역에 걸쳐 마음껏 하게 하면서 아낌없는 투자를 결심했다고 한다.

이를 위해서 지역 내 전세대의 가구 현황을 여러 경로를 거쳐 파악하고 판촉카드를 작성하니 2만여 세대 10만 주민 정도였다. 그는 각 가정개척을 목표로 골목길을 샅샅이 누비면서 그야말로'막고 품기 식'의 세일을 시작했다.

그의 말에 의하면 "맨 뒤에 호령하는 야전군 사령관이 아니라,

맨 선두에 서서 병사들과 함께 동거 동락하는 징기즈칸의 리더 쉽"을 발휘해야 기업이 산다는 것이다. 그는 2만여 세대의 아파트와 주택을 거의 한 가정도 빠지지 않고 2회 이상 방문하면서 때로는 개에게 물리기도 하고, 도둑으로 오해받기도 하며, 또한 겨울철의 새벽 판매와 배달 때는 오토바이 운행으로 빙판에 미끄러지면서 위험한 일도 여러 번 겪었다고 한다.

박 소장의 예상은 들어맞았다. 얼마 후 테트라 팩 시장은 한순간 무너지기 시작했고, 이것에만 의존했던 상당수의 대리점은 혼선을 가져왔다. 그러나 가정판촉으로 무장된 그의 우유시장은 당시 전국에서 '살균 시유 대표 대리점'이라는 이름과 함께 흔들리지 않았다. 당시 대리점마다 냉대 받는 살균 시유를 오히려 황금시장으로 내다본 확신과 열성 때문이었으리라 여겨진다.

그 후 박 소장은 현재도 매일유업 생산 제품 중 가장 외면 받는 생크림 시장 확보에 새로운 판촉의 장을 열었다. 당시의 생크림은 시판목적 보다는 초창기 실험단계 수준이었다. 박 소장은 이러한 생크림이지만 일단 판촉 해보겠노라고 스스로 회사에 제의를 했다. 돈이 되는 이익보다 선발주자가 되어 미리 시장을 미리 확보하고자 한 뜻에서 였다. 결국 그는 호남공장에서 생산되는 생크림을 완전 독점 판매하기에 이르러 또 한 번'특판 보급소'라는 별명을 얻게 되었다.

이를 계기로 유제품의 초기 생산과정에서 일어날 수 있는 문제를 해결하느라 공장을 여러 번 방문하여 품질관리 과상을 직접 만나서 생크림에 대한 이론 공부 외에 직접 실험에 참여하면서 제품의 질적 향상에 최선을 다했던 기억이 새롭다고 회상하는 박 소장이다.

당시 생크림 시장 확보에 노력한데 힘입어 지금의 휘핑크림은 그에게 있어 상당한 수입원이 되고 있다. 비인기 품목에 대한 그의 판매 전략은 그 후에도 요구르트, 더블 휘프, 비피더스 우유, 바이오거트, 씨리얼 믹스로 이어진다. 인기품목에만 치우치면 언젠가는 다른 제품과 경쟁력에서 문제가 생긴다는 것이 그의 지론이다.

시장이 안정되었다고 생각한 순간 새로운 아이디어로 도전하여 신제품을 내놓아야 최후 승리를 할 수 있다는 것이 회사에 주문하는 박소장의 메시지이다.

그래서인지 그는 광주, 전남매일 우유 대리점장 중 나이는 가장 젊지만 판촉연륜은 노장이 되었다. 판매사원에 대한 그의 철학은 서로 간의 신뢰이다. 돈은 아무 때나 벌 수 있지만 인간관계는 한 번 깨지면 회복이 어렵다는 것이란다. 자신의 자산은 설득력과 투명성이라고 말하는 박 소장이다. 특히 맨 바닥에서 온갖 풍상을 겪는 판매직이야말로 '영업의 꽃'이라고 표현하며 '그분들에게 신뢰감을 잃으면 모든 것을 잃는다.'는 것이 박 소장의 분명한 사업철학이란다.

신뢰에 바탕을 둔 그의 사업 정신을 증명이라도 하듯이 현재 30여 명 되는 판매사원의 80%는 모두 장기근무자이다. 형편에 의해 판매를 그만둔 사원들 간의 관계를 현직 판매사원보다 더 비중 있게 여긴다는 그의 말이다. 현재 박소장은 평소의 꿈인 대학교수 자리로 돌아갔기에, 현재 남광주 대리점의 총괄적인 운영은 그의 형제 같은 친구인 정석체 부장이 맡고 있다. 매일유업 직원 중에서는 호남 공장장 정상길 상무이사의 격의 없고, 폭넓은 친화력과 신제품 시장의 예지력을 좋아한다고 한다. 어려울 때 함께 격려하며 도움을 주고받았던 기억을 생각하면 매일유업에 대한 주인의식이 생긴다고 말하는 박 소장이다.

- 위 글은 1992년 '매일유업 사보'에 개재된 내용임-

우유에서 햄으로

나는 매일 우유 사업이 안정되면서 같은 유제품 회사인 롯데 햄 회사의 '살로우만 소시지'에 대한 관심이 생겨났다. 일단 동일한 우유 제품이 아니어서 본사에 상도의(商道義)가 어긋나는 것이 아니었고 전남, 제주권 전체 지역을 할당 받을 수 있다는 것 때문이었다. 이미 광주의 롯데 제과 지점장을 통해 그룹 회장 신격호 사장의 면담을 요망했더니 그룹으로 부터 신격호 회장의 여동생과 협의를 하라는 연락이 와서 즉시 서울로 올라가 면담을 했다.

어렵다고 하는 우유 사업에서 얻은 노하우를 가지고 사업계획을 설명해 드렸더니 마침내 회사는 나를 선택해 주었다. '롯데'라는 그룹이 매일유업과 다른 점은 지점장 교육이 많았던 점이다. 수시로 서울의 본사에서 경영 전략과 운영 시스템에 대한 교육을 주기적으로 시행했는데 나같이 경제에 대한 문외한이 시장경제가 무엇인지 배울 수 있는 좋은 기회가 되었다.

당시나 지금이나 햄과 소시지는 롯데 햄과 백설 햄의 경쟁 체제이다. 이제 막 살로우만 소시지를 고객들에게 홍보하는 분위기에서 사업을 시작했는데 홍보만큼은 본사에서 책임지고 잘해 주었던 것 같다. 원래 광주에 직영지점이 있었는데 내가 인수를 받은 상황이었기에 판매 직원들도 함께 인수 받았다. 사업은 기존의 시스템을 이어가면 큰 무리가 없었기에 잘 되었다고 생각한다.

그런데 본사의 직영 지점에서 근무했던 판매직이 개인이 운영하는 지점으로 오게 되니, 서로 뜻이 통하지 않았다. 무엇보다 본사 지점에 있을 때 매우 잘못된 근성들이 있었는데, 적당히 놀면서 일을 해도 회사에서 봉급은 나온다는 심보들이었다. 점차 내가 원하는 판매 직원들로 바꿔기 시작하면서 사업의 체질도 변화를 가져왔다.

이제 매일우유와 롯데 햄의 사업이 함께 안정되면서 내가 원하는 사업의 최고점에 이르렀다. 그러나 나의 인생 목표는 사업은 아니었다. 사업의 목표는 돈을 모으는 것이지만 나는 그 부분에서 약했다. 일을 벌이기를 좋아하면서 실속을 채우지 못하는 역기능이 있었다. 말하자면 외형의 매출은 높일 수 있었고 판매원들의 이익은 안정되었지만 정작 그에 걸맞는 이익은 적었다. 다른 대리점들은 나보다 매출이 적으면서 이익은 더 많이 챙겼는데, 관계 중심으로 나가는 나는 그런 부분에 매우 약했다.

나는 직접적으로 돈을 버는 것이 아니라 간접적으로 보상을 받아 수입이 생기는 기질이다. 예를 들어 남에게 도움이나 가르침을 준다든지 또는 가치가 별로 없는 밭이나 논을 자신이 어려운 형편이니 매수해 달라고 사정을 하면 인간적인 측면에서 안타깝게 여겨 사두었는데 얼마 후 땅값이 오른다든지 하는 식의 간접적인 방법으로 수입을 얻는 것이 나의 기질인 것 같다.

그러나 나에게 주어진 무슨 일이든 성공하지 못하면 다른 일에도 마찬가지 일 것이라 생각하고 눈앞의 일에 최선을 다하다 보니 때가 되어 열매가 맺히기 시작한 것이다. 나에게는 일과 관계의 조화를 통해 적절한 이익을 창출할 줄 아는 전략적 기술이 늘 스스로 점검 되어야 할 부분이다.

사업장에서 학교로

나는 사업을 하면서도 대학원 석사과정 공부와 신학대학교 강의만큼은 철저하게 준비를 했다. 직전까지 작업복 차림으로 사업을 하다가, 다시 양복으로 갈아입고 강의를 나가는 내 자신의 모습을 보면서 나의 정체성은 역시 대학 선생임을 확인하곤 했다. 대학 시간강사 보수와 사업을 해서 얻는 수입은 서로 비교가 되지 않겠지만 내가 편하게 느껴지고 보람을 느끼는 쪽이 하늘이 준 적성일 것이다.

이런 과정에 동신 전문대학에서 국어과 교수를 채용한다는 말을 들었다. 이사장님을 소개받고서는 이력서를 가지고 무작정 대학을 방문했다. 그야말로 '물건을 팔기 전에 자신을 팔라'는 말을 믿었다. 신학대학에서 강의했던 경험을 바탕으로 자신감과 나의 성실과 기획능력에 대한 순기능적인 부분에 대해 설명을 드렸지만 반응이 별로였다.

몇 번의 방문과정 중 어느 날인가 "저를 채용해주신다면 주인의식을 가지고 최선을 다 하겠습니다."라고 인사를 했는데 바로 그 순간 "내가 원하는 것이 바로 그 주인의식이라는 말이야"라고 응답해 주셨다. 그러나 채용 응답은 없었다. 그리고 여전히 사업에 몰두하다가 어느 날 시간을 내서 아내가 사는 신안 도초섬에 장인, 장모님을 뵈러 갔다. 하룻밤을 지났는데 동네 방송을 통해 연락이 왔다.

"고동실 씨의 사위분께 광주에서 전화 왔습니다."라는 스피커 소리가 동네 확성기를 통해 메아리 쳤다. 전화를 받아보니 곧 바로 대학 교수 채용 면접 계획이 있다는 연락이 온 것이다. 나 혼자서 급히 광주로 올라와서 이사장님을 만나 뵙게 되었는데 그분의 말씀이 "이력서는 잘 보았네. 그런데 전문대학에 근무하는 것보다 내년이면 개학하는 나주 동신대학에서 근무하는 것은 어떤가?" 라고 물으셨다. 나는 "아직 박사학위도 없고 일반대학 교수의 경험도 부족하기에 우선 전문대학에서 열심히 근무 하겠습니다. 때가 되면 나주의 동신대학으로 보내주십시오."라고 대답했다.

결국 나는 1988년 2학기부터 꿈에 그리던 대학의 전임교수가 되었다. 교수 임용과 동시에 나의 사업처는 당시에 나와 함께 일하던 친구이며 형제가 된 정석체 부장에게 모두 넘겼다. 엊그제까지 우유사업의 확장을 위해 냉장고를 30대나 주문하여 새로운 사업계획을 구상하다가 하루아침에 대학의 정식 교수가 되어 온종일 학교의 연구실에서 책을 봐야 하는 나의 모습을 보면서 "이것이 나의 본래 모습이야"라는 확신이 자주 들었다. 동신전문대학은 후일에 동강대학교로 바뀌었다,

'Peace Maker'

내가 동신전문대학(동강대학교의 전신)에서 근무를 시작한 1988년부터 1994년 사이에 한국의 정치사는 민주화 과정의 격변기였

다. 진두환 대통령의 재임 말기에 노태우 대통령의 6·29 선언으로 전국의 대학 총학생회가 민주화 투쟁의 깃발 아래 궐기하였다.

이런 과정 중에 1987년 5월 3일 조선대학교 이철규 익사 사건이 발생했다. 그가 밤늦게 후배 생일을 축하해 주기 위해 택시를 타고 무등산장 쪽으로 가던 중에 청옥동 수원지에서 경찰의 심문을 받았는데, 일주일 후 변사체로 발견된 것이다. 당시 그는 조선대학교의 교지 편집위원장으로 교지(校誌)인 민주조선에 〈미제 침략사 100년사〉를 게재해 '국보법 위반' 혐의로 광주 진남지역 공안합수부에 지명수배 중이었다. 현상금 300만원에 1계급 특진이 걸려 있어서 그의 죽음에 많은 논란이 일었다.

경찰은 당시 택시강도 혐의자를 잡기 위해 일상적인 검문을 했을 뿐 이철규인지는 몰랐으며 검문 도중 이철규가 도망가는 바람에 놓쳤다고 발표했으나 전국의 대학 총학생회는 이철규의 사망원인을 무리하게 고문하다 발생한 사건이라 규정하였다. 그리고 이 사건에 대한 진상규명을 요구하는 시위가 잇따랐다.

이 사건은 같은 해 8월 15일 전남 여수 거문도 유림 해수욕장에서 변사체로 발견된 중앙대 안성캠퍼스 총 학생회장 변사 사건, 1991년 한진 중공업 노조위원장 추락사와 함께 한국의 모든 대학이 민주화를 부르짖는 시위로 장기간의 긴장된 분위기가 지속되었다.

이러한 시기에 내가 근무하는 대학에서도 학생들의 시위 함성이 연일 이어지고, 정부와 대학의 변화를 촉구하는 원색적인 구호를 적은 플래카드와 깃발이 사방에 나부끼었다. 한순간에 운동권 학생들이 대학의 주인이 되어버린 듯한 세상이 되었다.

어제의 사랑하는 제자가 오늘의 운동권 학생으로 변해 "교수님! 사랑해요!"라는 언어가 "어용교수 퇴진하라!"로 변해 전국 대학이 변환기를 맞이하게 되었다. 평소 가깝게 지내던 제자들이 자신과 이념이 다른 교수들을 어용교수로 몰아 대자보에 싣는 일이 생기게 되었고 이로 인해 우리대학의 여러 동료 교수님들도 어려움을 겪게 되었다.

민주화의 과정에서 대학마다 '교수평의회'라는 것이 결성되어 총·학장 직선제, 학교재정 감사. 교육부에 감사 청원권 등을 주도하며 그 위력이 대단했다. 대학 총학생회에서는 자신들의 기준에 맞지 않으면 교수연구실과 심지어 총·학장실 점거도 늘상 있었다. 이러한 격변기의 시기에 우리 대학도 교수 평의회가 결성되어 학장 직선제가 실시되었고, 전 교수가 평의회원이었지만 대학의 운영과 정책 방향, 신념에 대해서는 찬·반이 엇갈리는 혼돈의 시기였다.

그런데 교수 평의회 회장과 부회장을 전체 교수회에서 투표로 각각 선출했는데 개혁과 보수의 양극에서 대표성을 가진 교수님 두 분이 선출되었다. 이대로 가다보면 대학의 방향 결정에 대해 두 편이 서로 갈려서, 서로 극과 극을 달릴 것이라고 예견하며 염려를 하게 되었다. 이러한 분위기 가운데 이어서 총무를 선출하게 되었는데 '갑론을박' 끝에 서로 의견을 조율하여 결국은 전체 투표로 정하지 않고 내가 박수로 선출되어 버린 일이 한순간에 일어나버렸다.

내가 감당할 직책이 아니라고 고사(固辭)할 순간적 여유도 없었다. 말하자면 개혁과 보수의 양극에서 균형을 잡아야 하는 역할자를 서로 요구한 셈이다.

그런데 개혁의 깃발이 장악하는 격변의 시기에 중간자의 입장에서서 대학의 설립자 되시는 분께 충언을 드린다고 할지언정 어찌 쉽게 받아들여지겠는가! 학교의 대표인 학장 선출의 방법, 봉급책정 문제 등등에 있어 건마다 이견이 생겼다. 어제의 제자가 오늘의 운동권 학생이 되어 완장을 차고 대들 때 느끼는 혼돈과 충격이 학생들뿐만 아니라 교수들의 세계에서도 재연되었다. 나는 학교의 운영권자가 가장 고뇌 하는 모습을 비교적 가까이서 지켜보게 되었다.

이 일은 "나의 사상적 기반이 무엇인가?"에 대해 객관적으로 고민해 보는계기가 되었다. 한마디로 나의 타고난 기질은 'Peace Maker'가 편하다. 그러나 이러한 내가 나도 싫은 때가 있다. '어느 한쪽 편에 확실하게 서서 강하고 담대한 리더십을 갖든지' 아니면 '이런들 어떠하리. 저런들 어떠하리'식의 경지에 이르는 리더십이 부러울 때가 바로 이 시기였다.

화해자의 리더십은 자칫 칼라가 불분명하다. 양비론(兩非論)자가 되기 쉽다. 상대방의 생각과 감정을 한 순간에 알아채는 감각은 천부적이지만 나의 신념을 끝까지 밀고 나가 관철시키기 보다는 결국 유화적이 되어 화평을 이루는 것이 나에게는 편했다. 그래서 끝까지 싸우는 승부사의 기질이 없다. 따라서 긴장에 약하다보니 신체적으로 과민해 진다. 그래서 '과민성 대장 증후군'은 평생 나의 친구이기도하다. 그래서 나는 늘 기도할 수밖에 없다.

"화평이 필요한 곳에 나를 보내 주시고 나의 약함이 강함 되게 하옵소서!"

성 프란체스코

내가 가장 좋아하는 기도는 성(聖), 프란체스코의 "주여 다툼이 있는 곳에 나를 평화의 도구로 사용하여 주옵소서"이다. 나는 중학생 때부터 프란체스코를 사모했다. 나는 중학생 때 〈성(聖) 프란체스코의 잔 꽃송이〉라는 책을 몇 번이고 읽으면서 그의 삶을 본받고자 다짐했었다. 지금도 50여 년 동안 나의 서재에 보관되어 있는 이 책의 16장에는 "새들에게의 설교"가 기록되어 있는데 성 프란체스코가 설교를 할 때 새들이 부리를 벌리고 고개를 늘어뜨리고서 날개를 벌린 채 공손한 몸짓으로 기쁨을 나타냈다고 한다. 이런 모습의 삶을 살고 싶었고, 이런 모습의 삶이 행복하게 보여서 아직도 애송하고 있는 시이다.

'나의 자매 새들이여, 너희는 창조주 하느님에게 한없는 은총을 입고 있다. / 너희는 어느 곳에 있든지 항상 주 하느님을 찬송하도록 하라. / 하느님은 너희들의 희망대로 어디나 날아갈 수 있는 자유를 주시고, /샘과 물을 너희의 마실 것으로 주신다. / 하느님은 너희에게 산과 골짜기를 집으로 주시고 /하느님은 너희의 어린것에게 옷을 입혀 주신다. / 그러므로 나의 자매여, / 하느님께 마음으로 감사의 은혜를 져 버리지 말고 / 항상 주 하느님을 찬송하도록 하라.'

그의 삶을 살고자 했던 나는 마침내 2018년에야 이탈리아의 아시스에 있는 그의 고향과 교회를 순례자로 가게 되었다. 프란체스코의 발자취를 따라 교회와 거리와 그의 흔적을 더듬어 걷고 묵상하며 그를 닮기를 소원했다. 나라와 언어는 다르지만 나와 같은 순례자를 보면서 영성이 같기에 형제로 여겨졌다. 프란체스코가 묻힌 교회안의 묘 곁에서 긴 시간 동안 무릎을 꿇고 "당신의 영성이 내게 임하길 원합니다."라고 기도했다.

프란체스코의 아버지는 부유한 상인으로 그의 아들을 큰 상인으로 만들려고 상업을 하라고 했었다. 그 어느 하루 이른 봄 잔디가 파랗게 돋아나는 날에 청년 프란체스코는 아시스 성 밑에 앉아 태양의 볕을 쬐려는데누더기를 입은 거지가 앉아 이를 잡고 있었다. 프란체스코는 불쌍한 마음에서 자기의 비단 옷을 벗어 그 거지에게 입히고, 자신은 거지가 입던 옷으로 바꿔 입고 집에 돌아왔다. 이것을 본 아버지는 너무 노해서 호되게 꾸지람했으나 아들은 아랑곳하지 않았다. 그는 아버지로부터 기대되는 모든 것들을 포기하였다.

'이제부터 나는 아버지의 아들이 아니고 나의 아버지는 오직 하늘에 계신 하느님 아버지 한 분입니다'하고 고백한 후 아시스 성 밑에 와서 숱한 거지들을 모아놓고 거지 대장이 되었다. '여기의 우리는 거지가 아니고 하느님의 사랑하는 자녀들입니다.'고 선언하였다. 그는 1209년에 "너희 전대에 금이나 은이나 동을 가지지 말라"(마태10:9)고 한 성경의 말씀에서 크게 감명을 받고 그는 전적으로 사도적인 청빈생활에 자신을 내어 맡기기로 결심하게 된다. 누더기 옷을 입고 맨발로 다니면서 복음서의 교훈대로 지팡이나 전대를 가지지 않은 채 회개를 외치기 시작하였다. 그의 생활은 무소유와 절대적 사랑의 봉사였다.

이 책의 19장에는 프란시스코의 눈병과 그 병을 통하여 아프다는 것 역시 하느님의 은혜라는 사실을 깨닫게 되는 경과가 기록되어 있다. 이 시기에 그는 담벼락으로 에워싸인 수도원의 좁은 안마당에서 그 유명한 '태양의 찬가'의 가사를 쓴다. '온 천하 만물 우러러 다 주를 찬양하여라 할렐루야 할렐루야'라는 찬송가 가사가 여기에서 나온다. 고난의 때에 창조주 하나님을 찬미하는 이 찬송은 기쁨에 넘치는 찬송이다.

프란체스코는 차츰 나이 들어가면서 영양부족으로 병이 나면 '오 사랑하는 형제, 병이여'하고 병을 포옹한다. 그는 대부분의 시간을 명상과 기도, 그리고 하느님의 위대하신 활동에 대한 찬양 등에 사용하였다.

프란체스코에게는 젊어서 사랑하던 클라라는 아름다운 여인이 있었는데 여자수도승단의 원장으로 평생을 지냈다. 프란체스코가 한번은 그곳에 방문을 했다. 둘이는 옛 정이 새로웠다. 클라라는 반갑게 정성껏 대접하였다. 프란체스코 자신도 깊은 행복을 느꼈다. 그러나 그는 정을 이기기 위하여 대접받는 밥과 반찬에 재를 흠뻑 뿌린 후에 숟가락을 들어 밥을 먹었다고 한다.

내가 중학생 때 읽었던 바로 이 부분이 나중에 청년 시절 나의 아내 될 여인으로부터의 정을 이기기 위해 모질게 했던 모티브가 아닌지 늘상 생각하곤 한다.

프란체스코는 그가 죽은 다음에 자신의 생각을 따르는 종파가 만들어 질 줄은 몰랐었고 그런 것을 기대하지도 않았다. 사랑을 나눠먹고 살면 그만이라 생각했다. 그는 엄격한 금욕적인 생활로 인해 건강을 해치게 되어 44세의 나이로 그에게 주어진 삶을 마감한다. 여기에 역시 내가 애송하는 그 유명한 프란체스코의 평화를 위한 기도를 적어본다.

성 프란체스코의 기도문

나를 당신 평화의 도구로 써 주소서. 미움이 있는 곳에 사랑을 다툼이 있는 곳에 용서를 분열이 있는 곳에 일치를 오류가 있는 곳에 진리를 의혹이 있는 곳에 믿음을 절망이 있는 곳에 희망을 어둠이 있는 곳에 광명을 슬픔이 있는 곳에 기쁨을 심게 하소서

주여! 위로를 구하기보다는 위로하고 이해를 구하기보다는 이해하며 사랑을 구하기보다는 사랑하게 해 주소서. 자기를 줌으로써 받고 자기를 잊음으로써 찾으며 용서함으로써 용서받고 자기를 버리고 죽음으로써 영생으로 부활하리니

물론 나는 프란체스코와는 감히 비교조차 할 수 없는 사람이다. 그러나 중학생 때 프란체스코처럼 살고 싶다고 결심을 한 것은 하늘이 나에게 주신 마음이었다고 생각한다. 이후에 나에게 펼쳐질 삶의 스토리가 프란체스코같이 살기는커녕, 이생의 자랑과 안목의 정욕을 따라 살 수 밖에 없는 부끄러운 삶인 것을 아시고 하늘로부터 억만 분의 일이나마 그분의 영성을 나에게 가져보라고 보여주신 것이라고 생각한다.

그래서 세상을 이기고, 운명을 이기고, 병을 통하여 아프다는 것 역시 하늘의 은혜라는 사실로 해석하라고 받아들인다. 그래서 나보다 연약한 자들의 아픔을 함께 나누며 살아달라고 부탁하시며,

또한 프란체스코의 연인 클라라와 같은 나의 아내를 멀리서 그리워하며 살다 보면, 머지않아 천국에 이르게 될 것이라는 하늘의 메시지로 받아들인다. 나아가 프란체스코처럼 생명의 기한조차 하늘에 맡기고 나에게 주어진 삶에 최선을 다하라 하시는 그 분의 음성을 들으며 무한 감사할 뿐이다.

그래서 사람들이 나를 'Peace Maker'로 인정해 주는 것이 좋고 그렇게 사는 것이 편하다. 나는 대인 관계에 있어 판단하기보다 결국은 이해하려는 의도로 대하다 보니 나중에 생각하면 손해 볼 때가 자주 있었으나 오히려 전화위복이 되는 경우도 있었다. 동강대학에서도 'Peace Maker' 역할로 최선을 다하고자 했는데, 이 시기에 다른 대학에서는 교수직을 그만 두거나 제명된 학생들이 많았지만 우리대학은 재단과, 교수, 학생, 모두 소통과 이해 속에 단 한명도 어려움을 겪지 않은 것에 대해 다행으로 여기며, 학생, 교직원, 그리고 재단 측이 위기를 지혜롭게 넘겨줌에 감사한 생각을 갖는다.

동강대학에서 근무하던 1991년 2학기의 어느 날 이장우 이사장님이 나를 불렀다. "이제 나주의 동신대학교 국어국문학과로 가서 근무하면 좋겠다. 이곳은 이미 후임도 정해 놓았으니 그 대학에 가서 열심히 일하기를 바란다."라고 말씀해 주셨다. 참으로 부족한 나를 잊지 않고 다시 새로운 꿈을 꾸게 하신 그분이시다.

나는 그 당시에 김선운 소설가를 중심으로 동강 이장우 이사장님의 전기(傳記) 자서전 편찬 위원회에서 활동하게 되었는데 나중에 자서전의 제목을 〈고난에 꽃피듯 고난을 이기고〉라고 정하자고 논의하기도 했다. 그런데 그분의 자서전인 제목인 '고난에 꽃피듯 고난을 이기고'는 어찌 보면 나에게 전개될 삶의 여정을 함축한 예견의 말이기도 했다.

한국어교육학과

1994년 1학기부터 동신대학교 국문학과에 소속하여 근무하게 되었다. 동신대학교는 대학의 연구실 앞에까지 장끼와 까투리 등 꿩 가족이 수시로 날아들고 때로는 산속의 노루가 가까이 내려와 거닐기도 하는 매우 아름다운 자연적 환경을 가지고 있다. 봄에는 캠퍼스를 평온하게 둘러싸고 있는 산기슭에 펼쳐지는 철쭉군락에 꽃분홍 물결이 일기 시작하면 때 맞춰 철쭉꽃 축제가 열리고, 이전 봄날의 점심시간에는 캠퍼스 뒷산에 잠깐 올라가서 짙은 춘란(春蘭)의 향기에 마음껏 취해 보는 것 또한 즐거운 일이었다. 대학에 출근할 때마다 교문에 들어서는 순간 동신대학교 교,직원과 학생들, 그리고 이 대학에서 내가 가장 행복한 사람이 되게 해주시라고 오늘까지 기도한다.

이 같은 자연 환경에서 믿음을 같이하는 교수들이 모여 '동신기독교수회'를 조직하여 정기적으로 예배를 드리며 나라와 민족,

내학을 위해 기도하고 교내에 있는 기독교 학생회 단체를 후원하는 일도 자연스럽게 이루어 졌다.

논문과 저서를 발간할 수 있는 기회도 얻게 되었다. 여러 저서들이 그때부터 집필되었다. 내가 국문학과에 근무하는 초창기인 2013년경 까지만 해도 신입생의 경쟁률이 4대 1에서, 3대 1 정도까지 유지해 왔다. 학과에 지원한 학생들의 학부모로부터 내 아들, 딸을 꼭 합격시켜 달라는 말을 자주 듣던 그때, 그 시절이었다.

그런데 2015년경부터 대학에 신입생 부족의 상황이 전개되기 시작했다. 대학은 취업현장과 산업체가 원하는 학과의 신설 체제로 전환되기 시작했다. 예를 들어 법학과는 경찰 행정학과로, 행정학과는 소방행정학과로, 경제, 경영학과는 관광경영학과나 호텔 경영학과 등으로 변신을 시도하며 취업과 연계되는 학과로 전환하였다.

국문학과가 '굶는 학과'라고까지 일컫게 되는 시대적 상황에서 내가 택한 것은 '외국인을 대상으로 하는 한국어 교육'에 관한 학과로의 전환이었다. 새로 설립되는 학과 명칭은 '한국어학과'로 정했다. 나의 생각에 반대하는 학과 교수는 한 분도 안 계셨고, 교수님들이 나의 견해에 동의해 주셨기에 나의 책임 또한 더 무거워졌다. 학과를 안정적으로 세우기 위해서는 먼저 광주, 전남 지역의 고등학교를 방문하여 홍보하는 것이 1차적이었고, 나아가 외국인 유학생들을 대상으로 학생 모집에 나서야만 했다.

고등학교에 방문하여 한국어학과를 소개하면 '한국학을 연구하는 학과', '국사학과'와 관련 지어 생각하는 교사들과 고교 3학년 입시생들도 있었지만, 학과의 비전과 미래를 설명해 주면 대부분 이해하였다.

학과의 동료교수들은 이 지역 연고가 없으셨기에 나는 동창, 동문, 선후배, 친인척들을 총동원시켜서 빈칸을 채워가는 식으로 광주·전남권의 고등학교를 거의 방문하여 홍보하는 일에 전념했는데, 한국어학과의 설립이 당시 교육부의 유학생 적극 유치 정책과 맞아 떨어졌다.

우리 학과를 졸업하면 부여하는 '한국어 교원 2급 자격증'의 인기가 점차로 상승 기류를 타기 시작하면서 드디어 성적이 좋은 한국의 고등학생들이 입학하는 추세로 발전했다. 학과의 이름도 '국제 한국어학과'로 변경하였더니 더욱 효과적이었다.

이제는 한국인 학생을 넘어 외국인 유학생의 유치가 목표였다. 때마침 우리대학의 이웃에 위치한 2년제 고구려 대학이라는 곳에 중국의 동북성 '치치하얼 유학생'들이 재학 중이라는 것을 알고 편입으로 연결을 시도한 것이 맞아 떨어졌다. 그 대학의 유학생들 전원이 우리 대학에 편입해 준 것이다.

당시의 '치치하얼 유학생'들은 졸업하고 나서 중국으로 돌아갔는데, 때마침 우리대학의 국제교류처에서 직원이 필요했다. 중국에 있던 박서영이라는 제자를 우리대학과 연결시켜 직원으로 근무하게 했다.

우리대학은 전 교직원을 대상으로 '암보험'을 학교 측에서 가입해 주고 있다. 그런데 그 제자가 근무 중에 '골수성 백혈병'이 발견된 것이다. 즉시 한국의 암치료 전문 병원과 연결시켜 2여년에 걸려 완치 치료를 받았다. 박서영 제자는 "중국에 있었으면 병원 입원을 위한 배경과 돈이 있어야 하는데, 마침 때를 맞추어 취업시켜 주시고 학교 측에서 가입해 준 보험의 혜택과 즉각적인 병원치료가 가능했기에 살아나게 되었다." 라고 말했다.

이 제자는 병을 치료하고 나서 당시 중국에 있던 친척들을 나에게 연결해 주었다. 그 친척들의 소개와 연결로 중국의 여러 고등학교와 대학을 우리학과의 소속교수님들과 함께 방문하여 외국인 유학생들을 유치하는 데 큰 기반이 되었다.

나중에 그 제자의 결혼식 주례를 해 주었는데 남편은 광신대학교에서 근무하게 되었고, 그 제자는 전남대학교에 진학하여 박사학위를 받은 후 중국의 위해대학 전임교수로 근무 중이다. 그 제자의 가족들도 한국으로 나와서 식당을 경영하게 되었고 전 가족이 내가 개척한 교회의 성도로 등록해 주어서 지금까지 가족처럼 지내고 있다.

그동안 나는 '학과가 존재해야 내가 산다'는 신념으로 학과 설립 직후부터 유학생들을 유치하기 위해 중국을 방문했는데, 한때는 내가 있는 곳이 중국 땅인지, 한국 땅인지 구분이 안 될 정도로 열정을 다했다고 자부한다. 무엇보다 당시에 '한류바람'의 덕분에 외국에서 한국의 대학에 유학하는 '붐'이 일어날 즈음이니 이 또한 잘 맞아 떨어진 것이다.

그런데 왜 나는 그렇게도 학교와 학과를 위해 다른 사람은 피와 땀을 바친다고 할 때, "나의 영혼을 바친다."라는 각오로 임했을까? 그것은 매우 간단하게 말할 수 있는데. 나에게 '선공후사(先公後私)'의 정신이 있었기 때문이다. 아마 이러한 정신은 평생을 모범 공무원으로 살아오신 아버님으로부터 배워온 것이기도 하다. 아버님은 어머님께서 병원에서 신장을 떼어내는 큰 수술의 기간에도 공무원으로서의 자리를 비우지 않으신 것을 보았다. 당시에는 아버님의 모습이 섭섭했지만 어느 순간 나에게도 아버님의 '선공후사(先公後私)' 정신이었다고 본다.

또 한 가지 이유로는 그 당시 나는 장애인과 비행 청소년들의 가족을 중심으로 목회사역을 하고 있었는데, 혹시라도 대학교수로서 소속된 학과를 제대로 세우지 못하면 사적인 일도 감당할 수 없을 것이라는 생각이 들었기 때문이다.

나는 이러한 긴장감으로 중국인지 한국인지 구분을 못할 정도로 열심히 국내외를 드나들면서 학교와 학과를 홍보할 수 있었다.

당시의 오경영 교수께서 기획처장으로 계셨는데 "우리대학은 스스로 노력하는 자를 외면하지 않으니 최선을 다하면 결과가 나타날 것이다."라는 말이 격려가 되었다. 학교에서는 나에게 '국제교류부장'이라는 보직을 주었고 이 당시에 중국어과 김희성 교수님과 함께 중국을 누비면서 수십 개의 고등학교 전문대학, 대학교와 M.O.U 체결을 시도했다

결과적으로 2005년부터 시작된 '대학! 고난의 행군'이라는 위기는 나와 우리학과에 멋진 기회가 되었다. 가장 어려운 시기에 가장 많은 외국 유학생들이 우리학과에 와서 한국어를 배우게 되었으니 학과 정원 충원률이 1,000% 정도에 달한 적도 여러 번 있었다. 이러한 일련의 과정을 지켜본 대학 본부 측에서 어느 날 나를 부르더니 그동안 공식적으로 들어간 출장비 외에 개인적인 경비가 얼마나 들어갔는지 산출해서 받아가라는 여유를 보여 주었다. '여자는 사랑하는 사람에게 모든 것을 걸고 남자는 자신을 인정해 주는 사람에게 생명을 건다'라는 말이 내 직장의 경우에도 적용되어서 다행이고 행복하다.

모든 대학의 학과가 신입생 모집에 어려움을 겪고 있다고 할 때 우리대학의 '한국어학과'가 잘 나간다는 소문에 주변 대학에서도 '국제한국어학과'를 설립하기 시작했다. 어느 ㅇㅇ대학교에서는 와 줄 수 있느냐고 묻기도 했다. 나는 "동신대학교

에서 할 일을 다 해야 한다."며 사양했고 그 대신 나의 좋은 후배교수를 전임으로 연결시켜 주었는데 지금에 와서는 그 후배인 손 교수가 '청출어람'의 정신으로 광주에서 최고가는 한국어학과 대학원 운영으로 그 대학을 발전시켜 놓은 것이 사실이다.

우리학과의 미래적 추세를 살펴보니 한국어 교원의 수요는 많은데 공급이 부족할 것으로 판단되어서 때맞추어 '일반대학원 석사과정'에 이어 '박사과정'을 개설하게 되었고, 여기서 졸업하고 학위를 받은 제자들이 다시 후학들을 가르치는 선순환이 이루어질 것을 예측했는데 다행히 그대로 이루어졌다. 또한 일반 대학원의 석, 박사 과정 설치 후에 교육부의 초, 중등교사 승진 정책에 '한국어 석사' 학위가 중요한 비중을 차지한다는 정보를 얻게 되어 '사회개발 대학원'도 개설하여 지금까지 효과적으로 운영 중인 것에 대해 매우 만족한다.

이어서 '한국어 교원 2급 자격증'을 취득하기 위해 '온라인 수업'을 받고 나서 마지막 1학기는 반드시 대학에서 '한국어 교육 실습'을 받아야 졸업하는 제도가 있다는 것을 알고 있었다. 나도 이러한 그룹의 출신인지라 그 전반적인 흐름을 알고 있었기에 광주, 전남, 북, 제주권 지역을 대상으로 '한국어 교육 실습반'을 만들어 운영하기에 이르렀다. 이 과정은 교육부 감사가 너무 엄격하기에 다른 대학에서 설립을 기피하기도 했지만 우리대학에서는 흔쾌히

'시간제 수업'의 형태로 승인을 해주었다. 그런데 일반인 대상 학생들이 너무 많이 몰리는 바람에 고교 성적순으로 1년에 300명 정도만 합격을 시키고 있는데, 아쉽게도 탈락자들의 섭섭함이 적지 않게 들려올 정도가 되었다.

결국은 한국어과에 관련된 학부, 유학생, 대학원 석, 박사 과정, 시간제 운영반 모두가 대학 위기의 때에 '마이더스의 손'이 된 것이다. 나는 "나보다 더 좋은 방안을 내놓으시든지 아니면 나를 따라 달라."는 신념으로 일했다. 이로 인해 때로는 '학과 중심'으로 나가다 보니 사람을 놓친 것이 아닌가라는 생각과 호불호(好不好)가 분명한 나의 감정으로 인해 상처 입은 사람들에게 죄송한 마음을 갖는다.

어느 날 나의 동료 교수님들께 농담 삼아 "학과 교수님들! 제가 그동안 학과를 위한다는 생각으로 열심히 일을 한다고 했지만 이러한 과정에서 혹시라도 마음이 상하시거나 힘든 일은 있으셨는지요?" 라고 물었다. 이러한 말을 한 것은 모든 학과의 교수님들께서 당연히 이해해 주실 것이라는 대답을 기대하면서 던져 본 말이었다.

그 순간 교수님들이 "어쩌면 이제서야 그런 말을 하실 수가 있습니까? 박 교수님의 열심 때문에 우리가 얼마나 힘들었는지 아십니까?" 라고 말씀하시면서 눈물까지 글썽이는 것을 보았다. 이 순간 나의 '메시아 콤플랙스' 때문에 저분들이 받은 상처가 얼마나 컸을까 하는 생각과 함께 그 말 속에서 나의 본모습을 찾아낼 수 있었고, 미안하고도 고마운 마음이 서렸다.

이러한 과정 중에 전공 분야인 '한국어교육연구학회'를 조직하여 학회장으로 일할 수 있었다. 한국어교육학 관련학회가 모두 중앙지역 중심으로 설립되어 있기에 우리 대학의 박사과정 재학생들이 논문발표나 게재를 하는 데 있어서 분명히 차별을 당하는 상황을 여러 번 느끼고 나서 지방대학 중심으로는 처음으로 '한국어교육연구학회'를 설립해 본 것이었다.

"비행기가 이륙하는 데 연료를 가장 많이 소비한다는데 우리도 지방학회이지만 시작단계에서 모든 학회회원이 최선의 힘을 다해 보자."라는 선언으로 학회를 창립하는 과정에서 예산의 한계로 몇 번이고 중단 위기도 있었지만 이은상 시인의 "고지가 바로 저긴데 에서 말 수는 없다."라는 싯구를 인용하고, 다시 도전하면서 지속적인 발전을 거듭한 결과 전국 규모의 학회로 발전하기에 이르렀고, 일본의 대표적인 한국어 전문 연구학회와 M.O.U를 체결하는 과정에서 '일본 한국어교육 전국학회'에 한국학회와 대학의 대표로 교류를 하면서 학문적으로 한국어 교육의 지평을 열게 되었다.

만약 내가 국어국문학과의 전공학회에 계속 머물렀다면 전국 규모의 학술대회를 이끈다든지, 학회장으로 활동하거나 국제학술대회에 대표성을 가지고 참석하고, 발표하고 논문을 게재하고 교류하는 상황까지 전개되지는 않았을 것이라생각한다.

결과적으로 국어국문학과의 위기가 한국어교육학과의 설립에 이르게 되었고 이러다 보니 나는 물고기가 물을 만난 듯 나의 열정과 인간관계에 최선을 다해 적극성과 기쁨으로 일 할 수 있는 기회를 얻게 된 것이다. 그래서 지금도 가장 어렵다는 인문학 계열 대학의 학장으로서 소속대학 교수님들께 “학과 명칭이 학과를 살리는 것이 아니라 학과 구성원이 학과를 살린다.”라는 말을 확신과 경험을 갖고 외칠 수 있다.

대학에서는 국제교류협력부장, 문화관광대학장, 사회문화대학장 등의 보직을 경험하면서 대학당국과 일반 교수님들과의 간격을 좁히며 서로 이해를 도모하는 데 최선의 목표를 두는 ‘섬김의 리더십’을 다하고자 했던 것에 자족한다. 재직 중 부총리겸, 교육부 장관의 표창을 받기도 하고 대학의 운영에 대한 감각을 배우게 된 것 또한 행운이었는데, 이 모든 것이 합력하여 나의 퇴직 후에 다시 새로운 길을 나아갈 수 있기를 기대해 본다는 것이 혹시 나의 욕심이나 야망이 아니라 위로부터 주는 꿈이요, 거룩한 환상이기를 기대해 본다.

사회적으로는 ‘청소년 1388 지원단’을 2003년에 결성해서 2029년 현재까지 대표로 재임하면서 많은 비행청소년을 만나게 되었으며, 그로 인해 나의 아들딸을 얻는 기쁨을 갖게 되었다. 나는 교수나 목사, 박사라는 이름보다 '청소년 1388의 대표'라는 명함이 가장 소중하고도 의미 있는 직책이라고 생각한다.

'위기를 기회로 삼아라.'는 말이 실제로 적용되기까지 후원과 지지를 아끼지 않은 우리학과 소속 교수님들과 대학 당국에 진심으로 고마운 마음을 전하며, 후임들이 학과를 더욱 발전시키기를 기대하는 마음 또한 전하는 바이다. 내가 벌써 어언 35여 년간 공직과 교직 생활을 마감하고 교수정년이 되어 퇴임하기에 이른 것이다. 언제든지 임할 나의 퇴임사를 이제부터는 준비해도 적절한 시기가 되었다고 생각한다.

"그동안 여러분들과 함께 일할 수 있어서 행복했습니다. 저의 욕심으로 인해 마음 상한 일들이 있으시다면 모두 용납해주시기 바랍니다. 여러 교·직원들의 사랑에 보답하는 마음으로 4년 전에 천국에 먼저 가신 제 아내의 자서전인 '마음이 가난한 자'라는 책 한권과, 저의 고백록인 '밥배식의 25시' 한 권씩을 증정해 올리오니 뒷문과 앞문 양쪽으로 나가시면서 갖고 가신 다면 더 영광이 되겠습니다. 저의 책은 자서전이 아니라 나의 부끄러움과 약함을 쓴 고백록임을 알려드립니다. 하나님의 돌보심이 우리 대학과 교직원 모든 분들에게 충만하시기를 기도하겠습니다."라는 퇴임사를 지금부터 준비해 본다.

휘발유, 대나무, 와이셔츠, 그리고 아버지!

나의 아버님은 1929년 고흥에서 출생하셨다. 이후에 광주에서 중, 고교 생활을 하신 후, 전남대학교 수의학과를 졸업하셨다. 대학을 가기 어려웠던 1950년 전후시대에 아버님의 5형제분들은 가족회의를 통해 "우리집안에도 대학생 한명을 만들어내자."는 결의와 지원으로 어렵게 가게 된 대학이었다. 어머님으로서는 결혼 전에 아버님께 베푸신 형제분들의 마음을 아시기에 그분들의 살림이 어려운 때에 광주의 집에 오시면 눈치껏 이불과 놋그릇이라도 전당포에 맡기시고 돈을 마련해서 전해 드리는 모습을 유년시절에 여러 번 보아왔다.

아버님은 중매로 어머님과 결혼하시고 군대 의무 장교로 복무하신 후 곧바로 공직 생활을 시작하셨다. 아버님께서 군대 생활을 하신 것은 내 나이가 한 살부터 세 살 때인데, 세 살 때 어머님과 함께 아버님의 부대에 면회를 가서 길을 잃어버린 일이 나로서는 가장 오래된 기억이다. 아버님이 나무로 된 유모차에 나를 태우고 시내를 돌아다니신 것도 기억이 나는데 그 사진을 보기만 해도 아버님의 사랑에 고마운 마음이 든다. 아버님은 '수의분야 연구직'으로 출발해서 40여년 공직생활을 마칠 때까지 전문직 연구관의 자리에 계셨다. 요즘 식으로 말하면 9급 말단 공직으로 시작해서 서기관으로 퇴임을 하셨으니 공무원의 세계를 다 거치신 것이다.

아버님의 별명이 집안에서는 '휘발유'였는데 이 한 마디가 아버님의 성품을 잘 말해 준다. 또한 직장에서는 '대나무', '와이셔츠'라고 불리셨다. 대나무 같은 올곧음과 푸른 대나무의 기개 같은 리더십, 그리고 주변의 어떤 인사 청탁도 받지 않고, 또한 중요 인사 문제를 결정한 후에, 최소한의 마음만을 주고받는 의미에서 '와이셔츠' 외의 선물을 주면 호통을 치시기 때문이었다.

초등학교 때 학교에서 학부모 특강 순서가 있을 때면 '건강과 위생'의 제목으로 곧잘 강의를 해 주셨는데. 이럴 때 마다 나의 사기는 올라갔을 것이다. 고등학교 3학년 때 대학입시를 준비하느라 늦게까지 야간 수업을 할 때 가끔 도너츠와 우유를 학급에 가지고 오신 것 또한 나에게 격려가 되었다.

아버님께서는 철저히 유교적이고 조상을 숭배하는 집안에서 태어나셔서 제사를 매우 중요하게 여기셨다. 그러다 보니 내가 교회에 나가게 되면서 갈등을 일으키게 되었고, 아버님께 지혜롭고 공손하게 대하기보다 반항과 정죄의식을 가지고 대한 것이 죄송하고 후회가 된다. 그런 가운데서도 아버님 인생의 후반부에서는 모든 가족과 함께 교회에 나가시고 우리 박씨 가문을 하나님께 인도하는 주춧돌이 되어 주셨음에 항상 감사를 드린다.

책 쌓이는 집

내가 중학교에 다닐 때 아버님은 매월 정기적으로 책을 사 오셨다. 아버님께서 공직에 계시면서 월부로 책을 판매하러 오는 사람들이 있으면 거의 구매해 주신 것이 확실하다. 따라서 우리 집은 항상 각종 새로운 서적과 잡지와 월간지 등이 매월마다 쌓여 갔다. 아버님이 책을 좋아하신 탓에 이사를 갈 때 마다 꼭 서재가 먼저 있어야만 했다. 따라서 나는 작은 도서관을 방불케 하는 집안의 서재에 쌓인 책을 자연스럽게 접하게 되었고 새로운 책이 도착하는 날을 손꼽아 기대하게 되었다.

나는 그런 아버님 덕분에 중학교 1학년 때 춘원 이광수 전집 20권을 전부 읽었다. '삼중당'이라는 출판사에서 발행했던 깨알같은 글자의 세로 서적인데 50여년이 지난 지금도 나의 대학 연구실에 잘 보관되어 있다. 이제는 그 책이 희귀본이 되었다고 한다.

나의 연구실에 소장되어 있는 세익스피어 전집, 한국 중·단편 문학전집, 세계의 고전문학 전집 등을 지금도 가끔 열어보면 중학생 당시의 손때가 느껴지고 그때 밑줄 그은 부분을 다시금 음미해 보기도 한다.

홍명희가 쓴 『임꺽정』을 읽으면서는 민족문화의 소중함과 토속언어 표현의 다양성을 이해하였으며, 약자에 대한 연민과 바르지 못한 세상에 대한 의협심을 불태웠고, 김구의 『백범일지』 마지막 부분에 나오는 '나의 소원' 을 읽으면서 우리 민족의 철학은 무엇인가? 에 대한 고민을 하기도 했다. 중학생 때의 이러한 고민은 대학 교수로서 지금도 학생들과 토론하는 주제이기도 하다. 특히『백범일지』에 나오는 내용 중 "유서 대신 책으로 대신한다."라는 문장을 기억하는 데, 지금 나의 심정 역시 "유서대신 고백록으로 대신 한다"라고도 말할 수 있다. 감수성이 예민한 중학생 시절에 나에게 가장 감명을 준 것은 춘원 이광수의 작품이었다.『흙』의 주인공인 농촌 계몽주의자 '허 숭'의 삶을 살고자 다짐하면서 살여울 농촌 마을의 '유순'이라는 순박한 여인상을 흠모하기도 했다.

또한『유정』에 등장하는 '최석'과 '정임'이 러시아의 바이칼 호수에서 교장과 제자이기에 사랑하지만 '정'을 누르고 먼 길을 떠나는 장면을 읽고 언젠가는 그 바이칼 호수를 찾으리라 마음먹기도 했다. 그리고 1994년 서울대학교 구인환 교수님, 국민대학교 장백일 대학원 지도교수님과 유현목 영화감독을 모시고 실제로 그 바이칼 호수를 찾아가서 소설의 배경을 이룬 호수를 보면서 중학생 소년 시절의 꿈을 이루기도 했다.

집안에서 흥미있는 독서에 집중하고 있을 때는 시간 가는 줄도 모르고 정신없이 빠져들기에 "하던 일 좀 그만하고 빨리 와서 식사 좀 해 주세요!"라는 소리를 여러 번 듣는 것은 그때나 지금이나 마찬가지이다. 아버님이 구입하신 책의 종류가 고전이나 명작이 아니고 내가 생각하기에 월부 책을 판매하시는 분의 '이익중심'으로 보내어 졌다고 생각되면 직접 출판사에 연락을 해서 내가 원하는 수준의 책으로 교환을 요구하는 일도 빈번했다. 그럴 때면 출판사 사장님이 "요즘 중학생들은 삼류소설을 즐겨 읽는데 이런 고전을 읽는 수준이구나!" 라고 하면서 어떤 분은 나를 추겨 세우기도 했다.

내가 후일에 국문학도가 되고 국문학과 교수가 된 것도 바로 이 시기의 영향을 받았음은 부인할 수 없는 사실이다. 나의 아버님이 주신 유산 중 가장 귀한 것이 있다면 내가 마음껏 책을 읽을 수 있도록 '서재가 있는 집'을 만들어 주신 것이다. 그 서재는 이제 나의 아들딸을 거쳐 손자와 손녀에게도 전해질 것이다.

아버지의 멋

아버님은 책을 좋아하실 뿐 아니라 노래를 잘 부르셨다. 내가 초등학교 다니던 어느 날은 어머님이 나와 함께 시내에 위치한 동방극장에 가자고 하셨다. 가서 보니 아버님께서 극장 무대에 나오셔서 청중들 앞에서 노래를 부르고 계셨다. 아버님의 직장 동료들께서도 응원을 나오셨는데 그날 아버님은 노래대회 입상 상품을 안고 집에 오셨다.

아버님이 즐겨 부르시는 노래는 첫 번째가 '베사메 무쵸' 두 번째가 '내 고향 남쪽 바다.' 세 번째가 '흑인들의 영가' 등 이었다.

아버님은 주변 사람이 박수만 쳐주면 묘지에서도 휘파람을 불며 노래를 부르실 수 있는 성품이시다.

나도 노래하기를 좋아해서 대학 선교회에 다니는 기간 중에 독창과 성가대 지휘를 했었고, 교회에서는 한결같게 성가대에서 찬양을 했다. 광신대학교 변욱 교수의 지휘로 헨델의 메시아 전곡을 연습하여 광주 전남 및 전국 합창제에 출연한 것 또한 행복의 시간이었다.

여동생은 초등학교 때부터 호남 예술제 성악부에 출전하기 시작하여 대학에서 성악을 전공 후 신춘음악회 동아콩클대회 등에 출전하여 수상을 받기도 했는데, 출전 때마다 내가 함께 무대 뒤에까지 가서 등을 두들겨 주곤 했다. 나의 어머님께서는 2019년 현재 88세 이신데도 항상 음악을 들으시고 찬양을 부르실 때마다 주변에서 여전히 주옥같은 목소리라고 말씀해 주신다.

음악을 좋아하는 나의 온 가족은 중앙교회가 주최하는 가족 찬양대회에 몇 번의 예선 심사 통과는 물론 최종우승을 차지하기도 했다. 우승보다 귀한 것은 내가 유년 시절 때 부러워하며 기도했던 "우리 모든 가족이 찬양하는 때를 주옵소서."의 기도에 대한 응답이었다.

나 또한 대학에 다니면서 몇몇 음악과목을 부전공으로 택하였을 정도로 우리가족은 음악을 좋아했다. 이 모든 것이 부모님의 기질을 이어받은 것인데, 나의 아들 또한 잠자면서도 음악을 틀어놓아야 제대로 잠을 자고 제대로 다룰 줄도 모르면서 중고 플루트와 트렘펫을 사가지고 전문적인 레슨을 한번도 받은 적 없이 마구잡이로 불어대더니 어느 한순간 악기를 터득하고 그럴듯한 소리를 내곤했다. 나의 손자 손녀들 집안도 음악과 찬양이 넘치는 가운데 삶의 여유를 누릴 것이라 생각한다.

아버님은 주어진 삶을 멋있게 사신 분이시라고 말하고 싶다. 무엇보다 글씨가 명필이셨다. 아버님의 글씨를 보면 누구든지 '살아 움직인다.', '강력한 힘이 있다.' 라고 말해 주는데, 지금도 어머님에게는 아버님이 외국 여행 중에 써주신 필체의 종이를 식탁의 유리판 아래 끼워 놓고 가끔씩 생각에 잠겨 바라보신다.

아버님은 옷을 세탁소에서 맡겨서 다림질 하지 않으셨다. 그때의 아버님이나 지금의 나도 닮은꼴인데 그 이유는 아마 세탁소의 다림질보다 우리 부자(父子)가 더 실력이 있다고 생각하기 때문이다. 자기 관리적인 측면에서라도 멋 부리기를 즐겨하는 우리 부자는 멋쟁이란 첫째, '그날의 상황에 맞는 옷을 선택하는 것' 둘째, '몸을 청결하게 할 것' 셋째, '속옷을 가장 멋있게 입는 것'이라고 함께 정의하기도 했다. 사치는 부리지 말고 자기 관리적인 차원에서 몸과 외모도 잘 관리하는 나의 노후가 되기를 소망한다. 형식이 내용을 지배한다는 말을 적용하고 싶다.

나는 양복을 입으면 왼쪽 상의 주머니에 '행커치프'로 멋을 부리는 때가 자주 있다. 그런데 아버님께서 양복을 입고 찍으신 사진을 보면서 거의 모두가 역시 '행커치프'가 꽂혀 있는 것을 발견하게 되었다. 나도 모르게 옷 입는 것조차 아버님의 멋을 닮아 가는가 보다. 아버님의 좋은 점은 모두 본받아 후손들에게 전해주고, 역기능적인 것은 확실히 발견하여 몸부림치는 노력으로 변화를 받아 나의 대(代)에서 멈추게 해달라는 기도는 지금도 계속한다. 그런데 나의 생애 중 아버님이 가장 멋지게 보일 때가 있었다. 다음의 글은 우리빛 교회 푸른 초장에 실은 글이다.

내게 주신 아버님의 최고의 유산

나의 아버님은 공무원이셨다. 말단직으로 시작해서 서기관으로 퇴임하셨으니 공무원 생활에 성공하신 것이다. 아버님의 공무원 신조는 한마디로'청렴결백'이셨다고 생각한다. 40여 년 간의 공직생활을 하시면서 아버님이 얻으신 별명은'대나무'였다. 아버님의 성품이 대나무의 강직함, 올곧음의 특성에서 붙여진 것 같다.

아버님은 공무원으로서 고위직까지 오르셨지만 사실 집안 살림에는 별로 마음을 쓰지 않으셨다. 내가 중학교 때부터 대학 졸업까지 등록금을 아버님에게서 받은 적은 한 번도 없었다. 집안 살림은 어머님이 도맡아서 하셨기 때문이지만 아버님은 가정사의 돈 문제에 대해서는 초월에 가까울 정도로 관심이 없으셨다.

아버님의 정년퇴임 때 축하하러 오신 주변 분들이 한결같이 "아버님 직위에서 퇴임의 자리까지 오게 된 것은 워낙 청렴하셨기 때문이기도 하다", "아버님 봉급날은 우리 모든 직원의 잔칫날일 정도로 대접을 잘 하셨다."라는 말씀들을 해주셨다.

그런데 이런 아버님이 정년퇴임을 한, 두 달 앞두고 있었던 어느 날의 일이다. 우리 집에'산수화 그림 병풍'한 점이 들어왔다. 평상시에 우리가족들과도 오랫동안 알고 지내는 'k'씨라는 분이 보낸 선물이었다. 아버님이 퇴임을 앞두고 마지막 인사권자의 자리에서 임명해 주신 것에 대한 보답의 선물이었다. 그분이 아버님께 고마운 마음을 유명 작가의 산수화 병풍으로 선물한 것이다.

아버님이 계시지 않을 때 집에 갖다 놓은 그 병풍을 펼쳐보니 내가 보아도 너무 좋아 보였다. 작가의 이름만 대도 아마 상당한 가치가 되는 작품이었을 것이다. 아버님께서도 그 산수화 병풍을 펼쳐 보시고 감동해 하셨던 모습이 눈에 선하다. 내 마음에는 "아! 이것이 지금까지 아버님의 공직 생활 중에 처음이자 마지막 선물이구나. 아버님께서 좋아하시는 모습을 보니 이런 선물을 받으시기에 거리낌이 없으신가 보다"라고 생각을 했다.

그런데 아버님이 그 병풍을 한 일주일 정도 집에 놔두셨을까? 어느 날 아버님이 나를 부르셨다. "이 병풍을 'k'씨 집에 전달해 주라"는 것이었다. 나는 아버님께 병풍을 그대로 집에 놔두고 보면 좋겠다는 뜻의 말씀을 살짝 드렸던 것 같다. 그러나"지금 당장 그 집에 갖다 주라"는 불호령이 떨어졌다. 택시에도 실을 수 없는 그 병풍을 양동시장의 리어카 꾼을 불러서 싣고 서 결국 'k'씨 집에 찾아가 돌려주었다.

이 일을 가끔 회상해 본다. 아버님은 선물을 받으시고 나서 그 일주일 동안 얼마나 많은 생각을 하셨을까? 아버님도 사람이시기에 한 번쯤은 선물을 받고 싶은 유혹이 어찌 없으셨겠는가? 그러나 마침내 가장 아버님다운 결단을 내리신 것이다.

이제 어느덧 나도 교직 생활을 35여 년 접어들게 되면서 퇴임을 생각하는 시기이다. 나의 지나온 길을 아버님의 청렴하신 삶에 비춰 볼 자신이 있을까 생각해 보면 부끄러움이 앞선다. 그래도 오늘의 내가 있기까지 지켜준 힘은 그때 보여주신 아버님의 멋진 결단이었다. 그때 아버님이 내게 보여주신 가장 멋진 모습이야말로 이 아들에게 가장 큰 유산이요, 선물이었다.

- 2015년 6월 우리빛 교회 푸른 초장에 게재한 내용임-

불량 식품

사촌형제들과 친척들은 아버님을 무서워했다. 큰집 사촌형제들이 담배를 피우거나 또는 음주로 인해 조금이라도 생활 태도가 잘못된 듯 보이면 즉시 우리 집으로 한두 달 간 와서 교육을 받고 돌아가곤 했다. 아비님은 그 사촌형님들에게 별 말씀도 안하시고 상황을 판단하신 후, 잘못된 언행이 보인다 싶으시면, 가끔, '흠~~' 하고 긴 소리를 내실 뿐이었지만, 우리들은 그 소리에 오금이 저리고 꼼짝을 못할 정도였다. 그럼에도 그 사촌 형들이 우리 집에서 한, 두 달 동안 살다가 다시 집으로 돌아가면 사람이 완전히 변했다는 소식을 주고받는 것은 우리 친척들이 모두가 아는 사실이다.

고등학교 때 학교에서 집으로 오는 길에 동생들과 요즘 말하는 불량 식품을 사 먹었다. 배탈과 심한 설사와 구토가 이어져 기독병원에 입원까지 해야 했는데, 나를 진찰한 의사가 무엇을 먹었냐고 물었을 때, 절대로 바른대로 말할 수가 없었다. 우리 형제들이 불량 식품을 먹었다는 사실이 아버님께 알려지는 순간의 그 다음에 그려질 그림이 그려지지 않기 때문이다. 병원에서는 대장염으로 병명을 내놓았지만 나는 병명과 관계없는 듯 엉뚱한 대답을 하고서 불량식품을 사먹은 표정을 숨기면서 밤중이 되어 병상에서 잠이 들었다.

그런데 누군가 나의 손을 만지기에 눈을 살짝만 떠보니 내 얼굴 바로 위에 아버님이 얼굴이 가까이 보였다. 더 놀라운 것은 그 아버님의 그 얼굴에서 따뜻한 눈물방울이 떨어져 나의 뺨을 적시고 있는 것이었다. 나에겐 엄청난 놀라움이었다, "아! 나의 아버님에게 아들의 아픔에 대한 사랑의 눈물이 있으신 분이시구나!"라는 생각에서였다.

그 일 이후로 아버님께서 겉으로 화를 내신다 해도 이전처럼 무섭지가 않았다. 반면에 나의 여동생은 아버님의 잦은 감정폭발로 인해 심장이 두근거리는 것이 습관이 되어 병이 되었고 꿈을 꾸면 아버님이 무섭게 나타난다는 것이다. 나의 여동생은 오죽하면 아버님의 장례식 날 하관 예배 순서에 온가족이 아버님의 무덤에 국화꽃을 드리면서 "아버지 천국에서 만나요."라고 말하는 순간 "그 무서운 아버님을 또 천국에서 만나야 하나요?"라고 반문할 정도였다.

나는 여동생의 마음을 충분히 이해한다. '부모로서 자식들에게 가난한 것은 죄가 되지 않지만 부부싸움은 상처를 남긴다.'는 말에 동의한다. 나는 나의 두 자녀에게 어떤 부부의 모습을 보여주었을까 생각하면 그 자리에서 순간순간 회개의 무릎을 꿇고 내 자식이 받은 상처가 있다면 치유하고 회복시켜 주시라는 기도를 드리곤 한다.

아! 나의 아버지!

아버님은 공직생활 말기에 그간의 공을 인정받아 대통령으로부터 녹조 근정훈장을 받으셨다. 그리고 명예롭게 퇴임하신 후 어머님과 외국여행을 다녀오시더니 곧바로 동물 병원을 개원하셨다.

내가 우유 사업을 하면서 모은 돈으로 매입한 도로변의 좋은 위치였다. 아버님의 동물 병원 개원은 소득을 얻는다기보다 일거리를 갖기 위해서였다. 동물병원을 개원하고 나서 동물을 치료하게 되면 한 건에 약 3천 원 정도 받았다. 그런데 손님들이 5천 원짜리로 계산을 하려 하면 가까운 가게에 가서 천 원짜리 잔돈으로 바꿔야 할 터인데, 아버님은 그 일을 못하셨다. 돈을 바꾸러 간다는 것에 대해 부끄러움을 느끼셨고 자존심이 상한다고 생각하신 것이다. 연구직 공무원의 세계에서만 40여 년을 계시다 보니 세상 물정에 대해 잘 모르신다는 말이 이해가 되었다.

아버님은 천성적으로 동물들을 좋아하셨다. 동네의 유기견, 병든 강아지, 고양이 새끼, 상처 입은 새들을 동네 아이들이 아버님의 동물 병원으로 데리고 왔다. 아버님은 이들을 가족처럼, 키우는 동물처럼 돌보시느라 퇴임하고 나서 오히려 마음대로 쉬시지를 못하셨다. 아버님이야 말로 진정한 동물애호가셨다.

동물 병원을 개원하고 나서 아버님께서는 그 어느 때보다 신앙생활에 매진하면서 교회에 헌신하셨다. 특히 나의 딸인 손녀 유나를 지극히 사랑하시어 멀리 다른 집에 가셨다가도 손녀가 보고 싶어서 그곳에서 주무시지 못하고 집으로 달려오시곤 했다. 아버님이 손녀인 유나를 안고 계시는 모습 속에서 노년의 가장 큰 기쁨과 평안이 무엇인지 읽을 수가 있었다.

과연 나도 아버님처럼 다른 사람에게는 엄하고 무서운 사람이지만 손녀, 손자는 애지중지하며 인자한 훈계를 아끼지 않고, 순한 양 같은 모습으로 후손들을 대할 수가 있을까 생각한다. 노년을 어떻게 하면 잘 살 수 있을까? 늘 생각하는데, 바로 '아버님처럼 살면 되는 것이다.'라고 마음먹는다.

이런 세월의 흐름 가운데 아버님의 지병인 간경화 증세가 점점 악화하였다. 평소에 너무도 약주를 좋아하신 탓이라 여겨진다. 병세가 더해지면서 동물 병원은 후배에게 넘기고 집에서 요양을 하시게 된 것이다. 집안에서 나와 손자인 준성이가 씻겨드렸는데 날이 갈수록 힘이 빠지셨지만 말씀하시는 것만은 여전히 강건하셨다. 이 기간 동안에는 한 집에 살았던 준성이에게 격려와 훈계의 말씀을 많이 해주셨다. 내 아들 준성이는 지금도 그때 할아버님께서 말씀해 주신 것을 마음판에 새기고 똑똑히 기억하고 있다.

점점 음식을 못 드시기를 시작하던 어느 날은 아버님이 나를 살짝 부르시더니 "얘야! 막걸리하고 문어 말린 것, 그리고 담배를 좀 사다주겠냐? 네 어머님 모르게 해야 한다."라고 당부도 하셨다. 나는 바로 아버님 말씀에 순종했는데, 막걸리는 입만 축이시고 문어 말린 것은 한 조각만 깨서 물으셨다. 담배는 아버님의 건강에 해로울까 봐 반 토막은 내가 급히 쪽쪽 빨아 태워 버리고 나머지 반 토막만 입에 넣어 드렸더니 상념에 젖으셨다. 그리고 내 손을 꼭 잡

으시더니

"그동안 네 어머니한테 참으로 미안한 것 많았다. 너는 아내한테 잘해야 한다. 어렵겠지만 네 아들 준성이를 잘 키워라. 너에게 복덩이가 될 것이다. 나도 천국에서 응원 하마."라는 말씀을 진솔하게 해 주셨다.

"그리고 네 어머니 모르게 담배하고 막걸리를 잘 감추어 놓아라."고 당부를 하시고서는 병석에서 누워 계시다가도 벌떡 앉으시더니 한국의 가곡 '내 고향 남쪽 바다'에 이어 흑인 영가 '내 고향으로 날 보내주'를 2절까지 흐트러짐 없이 감정을 다하여 멋드리지게 부르시면서 "내가 고향으로 갈 것 같다."라고 말씀하셨다.

내 고향으로 날 보내주/오곡백화가 만발하게 피었고/종달새 높이 떠 지저귀는 곳/이 늙은 흑인의 고향이로다/내 성전 위하여 땀흘려가며/그 누런 곡식을 거둬들였네/내 어릴 때 놀던 내 고향보다/더 정다운 곳 세상에 없도다

내 고향으로 날 보내주/이 몸이 다 늙어 떠나기까지/그 호수가에서 놀게하여 주/거기서 내몸을 마치리로다/미사와 마사는 어디로 갔나/찬란한 동산에 먼저 가셨나/자유와 기쁨이 충만한 곳에/나 어서 가서 쉬 만나리로다

위와 같은 가사의 노래를 2절까지 또렷하게 부르시는 아버님의 얼굴에서 평안과 천국의 소망을 완연하게 느낄 수 있었다. 아버님은 이미 내 영혼의 고향인 천국을 보시고 그 나라로 가고자 소원하신 것이다.

1991년 1월 31일은 우리가족이 출석하는 광주중앙교회에서 어머님이 권사님으로 위임받으시고 나는 장로로 임직을 받은 뜻깊은 날이었다. 같은 교회에서 어머님은 권사요, 아들이 장로가 된다는 것은 우리 가정의 영광이요 또한 온 교회의 기쁨이기도 했다. 그런데 아버님의 병환이 점점 깊어져만 갔다. 하나님이 천국으로 부르실 날이 얼마 남지 않았음을 마음으로 느낄 수 있었다. 어쩌면 그 날이 오늘 아니면 내일일까 싶을 정도로 보였다. 우리 가족은 모두 기도하기 시작했다.

"하나님! 1월 30일은 교회에서 임직예배의 잔치가 있습니다. 이 귀한 예배에 아버님도 함께 참여하여 온 가족과 함께 드리는 마지막 예배로 받으셔도 좋습니다. 2월 10일은 구정이기에 문상객들에게 죄송하네요. 그 중간 정도인 2월 3일 전후에 아버님을 천국으로 인도하셔도 좋습니다."라는 기도였다.

아버님은 1월 30일에 내가 장로가 되고 어머님이 권사가 되시는 교회의 임직예배에 거뜬히 참석하셨다. 그리고 축하하러 오신 우리가족의 친척들과 지인들, 교인들을 모두 만나보시며 일일이 악

수도 하시고 기념사진도 찍으셨다. 행사를 마치고 집으로 오셔서 하시는 말씀이 "내가 그동안 본 것 중에 오늘 가장 귀한 것을 보았으니 이제 원이 없이 기쁘다. 그런데 너희들하고 정이 들려고 하니까 헤어지게 되는 것이 맘이 아프다."라고 말씀하셨다. 그리고 우리가족이 기도했던 2월 3일에 가족들의 품에서 찬송가를 들으시면서 천국으로 입성하셨다. 아버님이 돌아가신 이튿 날 밤에 즉석해서 내가 쓴 시 인데, 가족 묘지에 부모님의 은혜를 기리는 기념비로 만들어 세워 놓았다.

나중 된 자가 먼저 되는
구원의 은혜와 평강을 보이시며
독수리 날개 치는 모습으로
천국 문에 먼저 이르신 아버님.
더디 오는 새벽을 눈물로 밝히시고
낙타의 무릎으로 자녀들의 길 닦으시며
사랑의 숨결과 빛으로
밀알의 삶을 보여주신 어머님,
삶의 순간마다 주님의 인도하심을 깨달으며
영원한 기쁨의 천성을 바라보고
최후 승리의 영광된 그날까지
부모님 믿음 마음에 새겨 십자가 붙드오리라

-1997년 2월 3일 아버님의 소천하신 날, 묘비에 적음-

생전에 못다 한 사랑의 고백

아버님이 돌아가시고 나서 8년 후 묘지 앞에 도로계획이 있어서 부득이 이장을 해야 했다. 다음 글은 산소를 이장할 때의 스토리를 우리빛 교회 〈푸른초장〉란에 게재한 글이다

살아생전에 고백하지 못한 사랑의 고백

저는 아버님과 어머님이 평소에 사시는 동안 서로 간에 '여보 사랑해'라는 말을 들어본 적이 없었습니다. 하기야 그 시절은 어느 부부나 마찬가지였겠지요. 너무도 완고하시고 성품이 급하시며 집에 들어오시는 순간부터 창문을 손으로 훑으시면서 먼지가 있나 없나부터 살피시는 아버님을 모시고 성장했습니다. 식사 중에 자세가 흐트러지면 밥상이 엎어지는 혼쭐이 나기에 왼손으로는 밥상 아래를 누르고 식사를 해야 하는 유년시절이었습니다.

아버님이 퇴근하시는 시간에 '딩동!' 벨이 울리고 문이 열리면서 우리 가족들은 아버님의 기분에 따라 자신들의 감정을 조절하며 살아야 하는 전형적인 역기능 가정의 분위기 속에 살아야 했습니다. 저에게 아버님이라는 이름은두려움 그 자체였습니다. 물론 그런 아버님 때문에 저희 자녀들은 도덕적으로나 윤리적으로, 좌, 우로 치우치지 않는 삶을 살 수 있었음을 감사하게 여깁니다. 그런 아버님께서 병환으로 돌아가시고 나서야 우리가족은 각자가 원래 가

진 감정대로 살기 시작했습니다.

아버님이 돌아가시고 8년째 되는 어느 날입니다. 아버님 산소를 다른 산으로 이장하게 되었습니다. 제가 집안의 장남이라서 묘지 이장을 지켜보고 제 손으로 아버님 유골을 옮겨야 했습니다. 일꾼들이 아버님의 분묘를 파분하기 시작했습니다. 이윽고 유골을 덮고 있는 석관이 나왔습니다.

맨 아래 쪽, 다리 부근과 얼굴 부분, 위쪽의 석관을 들춰내는 순간입니다. "과연 내 아버님이 지금은 어떤 모습일까?"라는 생각이 들었습니다. 아래쪽 석관이 들춰지면서 깨끗하면서 가느다랗게 변해버린 유골의 발목뼈가 보였습니다. 윗쪽의 석관이 들춰지자 얼굴 부분도 백골이 되어있었습니다. 그렇게도 정정하시던 육체는 간 곳 없고 말 없는 유골이 되어 누워계셨습니다. 이제는 영혼으로 존재하시는 아버님과 육체의 아들이 다시 이렇게 만나게 되었습니다.

천국에서나 뵐 줄 알았던 아버님을 이렇게 유골로나마 다시 뵙게 된 것입니다. 아버님께서 돌아가신 후 언젠가는 천국에서 다시 만나 뵐 터 인데, 그때 나의 마음이 어떠할까? 하는 긴장감도 가끔 있었습니다. 그런데 천국에서 성화되신 모습으로 만나는 것이 아니라 지금 이 순간 유골로 변하신 아버님의 모습과 먼저 만나게 되었습니다.

"그런데 그토록 강하고 무서운 모습은 어디로 가 버리고 이렇게 가냘픈 유골이 된 모습이 진정 내 아버님이시란 말인가! 이제는 아무 말씀도 못 하신 체, 아들에게 당신의 백골을 의탁하고서, 이제서라도 아들의 품에 안기신 내 아버님이란 말인가!"

아들의 품에 앙상하고 가냘픈 유골의 모습으로 안기신 아버님의 모습에서 살아생전에 이 아들에게 주시고자 했던 아버님의 사랑을 온통 느껴 볼 수 있었습니다.

저는 일꾼들의 도움을 마다하고 내 손으로 아버님의 유골 조각 한편 한편을 고이 모시며 깨끗한 상자에 옮기는 시간 내내, 영으로 나에게 다가오셔서 사랑으로 만져주시는 아버님의 따스한 손길을 느끼면서 통곡하기 시작했습니다. 내 눈물이 아버님의 유골 위에 떨어지는 순간 아버님과 내가 합해지는 듯한 환상이 있었습니다.

이제라도 진정한 부자간의 사랑이 영혼과 육체가 만나서 합해짐으로 이어지는 것을 느낄 수가 있었습니다. 저는 아버님의 유골을 상자에 담아 안고 다른 산소로 발걸음을 옮겼습니다. 육신으로 계신 생전에 한 번도 안아드린 적이 없었는데 이제 유골이 되어 내 품에 안기신 아버님이셨습니다. 저는 유골이 된 아버님을 안고 걸어가면서 생전에 한 번도 말하지 못한 사랑을 아버님께 고백했습니다.

"아버지 사랑했어요. 그땐 아버님이 원망스러울 때도 있었지만 이제 알고 보니 이 못난 자식을 향한 사랑이었어요. 이제 한 남자로서 저는 아버님을 이해합니다. 아버님이 우리에게 그렇게 하셨던 것이 알고 보니 사랑받지 못한 아버님의 가족사로 인한 상처 때문이었음을 이제야 알게 되었어요. 상처 입은 주변의 가정들을 치유하면서 이제야 아버님을 알게 되었어요. 점차 아버님을 더 많이 알아갈게요!"라는 흐느낌의 고백을 올려드렸습니다. 아버님을 향한 나의 고백은 또 이어졌습니다.

"아버님! 아버님 돌아가신 뒤에 주변분들 만나보니 아버님이야말로 승리자요 숨은 봉사자로 사셨더라고요. 아버님 덕분에 꿈을 가지고 살았다는 분들 많더라고요. 자랑스러웠어요. 당신으로 인해 이 아들이 존재한답니다. 이제야 이 못난 아들이 아버님의 그 크신 사랑을 깨닫고 이렇게 살아생전 못해드린 사랑의 고백을 드린답니다. 사랑해요 아버님! "

폭포수 같이 쏟아지는 눈물의 통곡에 곁에 계신 일꾼들이 "이장할 때 이렇게 슬피 눈물 흘리는 사람은 처음 보았소. 처음 매장할 때는 얼마나 많이 우셨습니까."

이윽고 아버님의 영혼이 나의 몸과 마음을 온통 감싸주고 계심을 느꼈습니다. 지난 날 아버님이 내게 준 아픔과 고통은 한 순간 사라져버리고 치유되고 있음을 느꼈습니다. 이장을 마치고 돌아온 후 나는 두 동생들과 가족들에게 말했습니다. "아버님께서 살아계실 때 우리에게 다해 주시지 못한 사랑이 있다면 천국에서 우리와 후손들을 위해 기도해 주심으로 마음의 빚을 갚고자 하실 거다."

어쩌면 저는 아버님이 돌아가시고 나서야 진정한 화해와 부자 관계가 회복되었는지 모릅니다. 화해와 사랑의 고백은 무덤에 가서라도 해야 함을 깨달았습니다. 그것이 바로 나를 위한 것임을 깨달았습니다. 묘지 이장 이후 나의 꿈에 나타나시는 아버님은 전날의 두려운 모습이 아니라 항상 인자하고 따스한 모습으로 나타나셨습니다..

제 어머님은 아버님이 돌아가시고 나서 3년 동안 아버님이 입으셨던 내복을 입고 다니시는 것을 보았습니다. 그리고 5여 년 동안 거의 매일 산소에 가서 묘지 주변을 가꾸셨음을 온 친척들이 알고 있습니다. 또한 그 후 살아가시면서 어머님이 마음 아픈 일이 있으시면 아버님 산소에 다녀오시면 모두 나아버린다는 말씀을 자주하셨습니다. 그리고 나에게 묘지 관리를 잘 해주라고 몇 번이고 부탁하셨습니다.

그리고 어머님 방에 들어가 보면 어느 봄날 보리밭에서 아버님과 함께 만면에 미소를 머금고 찍은 사진을 가장 잘 보이는 탁자 가운데 자리에 두고 계시더라고요.

'아! 우리 보기엔 아버님과 어머님이 서로의 생전보다 돌아가시고 나서 더 사랑하시는 구나!'라는 생각에 참으로 흐뭇하고 행복했습니다.

-2007년 9월 우리빛 교회 푸른 초장에 게재한 글-

꿈속에서

아버님께서 소천하신 후, 수 년이 흘러 순천대학교에 교수로 재직 중인 남동생이 캐나다에 있는 대학에 1년 간 교환 교수로 가게 되었다. 고등학교 교사로 재직 중인 제수씨도 함께 가게 되었다. 동생네 가족이 캐나다로 출발한 초기에는 몇 번씩 안부 전화를 주고받았는데 시간이 지나면서 '무소식이 희소식'이라는 생각을 가지며 서로 연락이 없었다.

어느 겨울날 저녁 나는 잠을 자다가 깜짝 놀랄 꿈을 꾸게 되었다. 나의 동생이 죽는 꿈이었는데 사람들이 동생의 시신을 넣은 관을 양 옆에서 들고 앞쪽의 문을 향하여 들어가는 것이었다. 앞쪽의 문은 사찰에 들어가는 입구에 세워진 일주문 같은 것이었다. 꿈속에서 느낄 수 있는 것은 그 문을 통과하고 나면 죽음의 공간이었다.

그런데 동생의 관을 메고 가는 사람들이 그 문 앞으로 전진하다 말고, 또 가다가 멈추기를 반복하였다. 나는 꿈속에서도 내 동생의 관이 저 문으로 들어가면 완전히 죽는다는 생각에 "들어가면 안 된다고! 안 된다고!" 소리를 쳤다. 그런데 이상하게도 동생의 관이 전진하는 걸음이 멈추는 순간에 바로 옆에 있는 아름다운 호수 가운데의 정자에서 어떤 사람이 동생을 향하여 기도를 하고 있었다.

그 사람이 기도를 하면 동생의 관이 멈춰지고, 기도가 멈춰지면 관이 죽음의 앞문으로 한 걸음씩 전진하는 것이다. 그런데 그 정자에서 기도하는 사람을 자세히 보니 나의 돌아가신 아버님이셨다. 아버님의 기도로 결국은 동생의 관이 죽음의 앞문을 통과하지 못하는 모습을 본 채 꿈을 깼다.

꿈을 깨고 보니 새벽 2시쯤 되었고 나의 베게는 눈물로 적셔져 있었다. 곁에서 잠자던 아내를 깨우고 당장에 캐나다에 있는 동생네에게 전화를 했더니 제수씨가 받았다.

"제수씨! 저입니다. 승화 아빠에게 별일 없으신지요. 승화아빠가 죽을 뻔한 꿈을 꾸었습니다."

"시숙님! 안 그래도 기도부탁을 하려다가 너무나 위급한 일을 당해 연락조차 할 수 없었습니다. 승화아빠가 이곳 벤쿠버 골프장 부근을 지나가다가 날아오는 골프공에 머리를 정통으로 맞아 사흘이나 의식 불명이었습니다. 그런데 조금 전에 의식이 돌아와서, 이제라도 연락을 드리려고 하던 참이었습니다."

나는 동생네 가족에게 나의 꿈 이야기를 구체적으로 전해 주었다. 그리고 동생에게도 말했다. "아버님이 이 땅에서 가족들에게 진 빚을 천국에서 우리를 위한 중보기도로 갚고 계신단다. 아버님의 기도가 바로 모세가 전쟁 중에 이스라엘 백성을 위한 중보기도였어"

때로 나는 나의 힘으로 사는 것이 아니라 그 누군가의 기도에 힘입어 나는 이 땅을 담대하게 살아가고 있다는 것을 느낄 수 있다. 이 땅에서 나도 모르게 진 빚을 갚을 날이 언젠가 나에게도 올 것이다. 그래서 사람은 이 땅에서는 끝내 자신의 진면목을 보지 못하고 성화의 과정에 이를 뿐이다. 완전한 성화는 천국에 가서만이 이뤄질 것이다.

아! 장모님!

2003년 장인 어르신께서 82세 노환으로 별세하셨다. 내 아내는 친정아버님을 가장 존경하고 사랑했다. 그분은 마음이 어린 아이처럼 깨끗하셨다. 아내와 결혼하여 처가에 갔을 때, "나는 돈 자랑도 배움 자랑도, 인물자랑도 할 것이 없으니 집안 자랑이나 하겠네." 라고 족보를 꺼내놓고 윗대의 조상부터 설명을 해 주신 분이시다. 임진왜란 때 이순신 장군과의 전투에 참여하기 위해 가족들을 이곳 도초도에 숨겨두고 나간 선조들의 이야기, 조선시대 선비들의 귀양지가 되어 이곳에 후손들을 이룬 조상들의 스토리 등이었다. 그리고 그 이후로 처갓집에 갈 때마다 새롭게 추가된 가문의 족보를 일일이 소개해 주셨다. 그런데 노환으로 별세하시고 자녀들이 거주하는 서울쪽의 가족묘지에 안장했다.

장인 어르신 별세 후 장모님께서는 몸이 좋지 않으셨다. 워낙 금슬이 좋으신 분으로 사셨기에 그리움 또한 컸으리라 생각한다. 도초도에 혼자 사시던 장모님을 서울의 처남들이 모시고 갔다. 그런데 서울에 계시면서도 몇 번이고 돌아가실 것 같다는 통보를 받고도 거뜬히 몇 년을 사시다가 2011년에 92세의 연세로 별세하셨다.

2008년 가을에 장모님께서는 서울의 구로병원에 숙환으로 오랫동안 입원을 하시게 되었는데, 처남들로부터 임종 준비를 해달라는 연락을 받고 급히 의복을 갖추고 서울로 올라갔다. 병원 측에서도 임종을 준비하라는 귀뜸을 받았다는 것이다. 병원 입원실에 들어가 보니 아내의 일가친척들이 거의 모였다. 그야말로 장모님의 마지막 모습을 지켜보기 위함이었다. 자연스럽게 내가 예배를 인도했는데 아내의 일가친척들이 모두 모인 자리이니 이런 귀한 시간을 통해 가장 귀한 일을 하고 싶었다.

모든 분들에게 천국구원의 복음을 전하고 싶은 것이다. 그동안 아내에게 해준 것이 없는 나로서는 이 일이야 말로 가장 귀하고 복된 선물을 해줄 수 있는 하늘의 기회라고 생각하고, 그 자리에 계신 모든 분들에게 복음을 전했고, 이어서 구원의 확신을 갖는 각자의 신앙고백까지 들을 수 있었다.

그런데 마지막 기도를 드리려는 순간 목포에 사시는 처형께서 "엄마! 죽으면 안돼요! 지금 죽으시면 안돼요! 아직 엄마하고 해결할 문제가 있어요! 아직 엄마를 용서하지 못했어요!" 라고 절규를 하셨다. 나중에 그 사연을 아내에게 들을 수 있었다.

아내의 부모님께서 6남매를 두셨는데, 어려운 시골의 형편 때문에 첫째 아들 되시는 형님과 둘째 딸인 처형은 초등학교만 겨우 나오셨다. 졸업 후 곧바로 두 분은 바로 아래 동생들의 뒷바라지를 해야 했기에 그것만도 다행이라 생각할 형편이었다고 한다. 다행히 오빠와 언니의 몸을 바치는 헌신으로 동생들은 모두 대학을 졸업하고 그에 걸맞는 사회인이 되었다. 그런데 어린 시절은 도초도에서 동생들을 위해 일하시고, 젊은 청년시절까지도 목포와 서울에서 각각 동생들의 보호자로 계셨던 처형께서는 어머님을 향해 '배움의 한, 삶의 한'을 가지신 것이다.

어린 시절에는 부모님께서 시킨 대로 정신없이 따랐겠지만, 나중에 장성하여 성인이 되고 보니, 그때 더 이상 공부는 못하게 하고 일만 시킨 부모님께 '한'이 되셨다는 것이다. 부모님과 5남매 모두가 항상 그 일에 대해 고맙고도 미안하게 생각한다는 아내의 말이었다.

그런데 가족, 친지들과 마지막이라고 생각했던 서울 구로병원에서의 예배 이후 장모님은 3년을 더 사셨다. 그 3년 기간 중, 처음 1년은 결핵이 발생하게 되었는데, 목포의 처형께서 마침 목포에 소재한 '국립목포결핵병원'에 입원 시키고자 뜻을 정하시고 가족들도 동의했다. 장모님께서 목포 병원에 계시는 1년동 안 처형께서는 하루도 빠지지 않고 장모님을 간병하셨다. 처형께서는 어머님을 향한 한을 푸시기 위해 어머님께 무엇인가를 바란 것이 아니라 마지막 효도를 다하시며 마음의 상처를 씻으신 것이다.

아내가 생전에 살아계실 때, 유년시절의 이야기를 글로 많이 썼는데, 그 중에 장모님에 대한 글이다.

학부모 회의가 있던 날

고미자

아마 초등학교 4학년 이른 봄이었던 걸로 기억된다. 신학기 때는 항상 반 별로 학부모를 모셔다가 학교에서 선생님과 학부모 회의를 하였다.

섬이자 시골학교이어서 그랬을까? 선생님들은 우리 학교에 전근을 오시려고 하지 않았다. 한 달이 지났는데도 우리 반은 담임선생님이 안 계셨다. 담임이 정해질 때까지 다른 반 선생님들이 돌아가며 우리 반 수업을 하시고 담임도 해주셨다.

나는 신학기여서 불안하고 긴장도 되는 데, 담임선생님이 안계시니 학교에 가기도 싫었다. 그러던 중 도초 서초등학교에서 남자 선생님 한분이 전근을 오셨다.

그분은 문**선생님이셨는데 잠깐 우리 담임을 하셨다. 선생님은 눈이 크시며 목소리도 좋으시고, 우리 아버지처럼 인자하셔서 나는 정말 좋았다.

청소가 끝나고 종례시간에 선생님이 말씀하시길, "내일은 학부모 회의가 있으니 부모님을 학교에 나오시라고 말씀드려라." 우리들은 "네, 알았습니다."하고는 허리에 책보를 메고 집으로 돌아갔다.

그 다음 날 아침, 나는 학교에 가려고 집을 나서기 전 "학부모 회의가 있어서 엄마가 학교에 오셔야 된데요."말씀을 드리고 별 기대 없이 학교에 갔다. 어차피 우리 엄마는 바빠서 안 오실 테니까. 오전 수업만 하고 학부모회의 때문에, 우리들은 서둘러 청소를 끝냈다.

집으로 돌아가려고 운동장을 나서려는 데. 머리에 수건을 쓰고 호미를 든 손에 얼굴은 먼지투성이인 우리 엄마가 운동장에 들어서 시는 게 아닌가!

나는 정말로 깜짝 놀랐다. 안 오실 줄 알았던 엄마가 학교에 나타나신 것도 그렇고 먼지투성이인 꾀죄죄한 저 모습도 그렇고, 나는 얼른 다른 친구들의 어머니를 쳐다봤다. 그 어머니들은 깨끗한 한복을 입고, 머리는 쪽을 지어 예쁜 비녀를 꽂고 하얀 색 고무신을 신은 모습이 눈이 부시도록 아름다웠다. 적어도 그때 내 눈에는 그렇게 보였었다.

그런데 우리 엄마는 저 모습이 무어람!! 나는 얼굴이 빨개지며 창피하였다. 나는 그때 쥐구멍이라도 있으면 들어가고 싶었다.

그런데 문 선생님은 우리 엄마에게 다가 가시더니, "아이고, 우리 누님 나오셨습니까."하고 정중하게 예의를 갖추어서 인사를 하셨다.

그런 선생님께 어머니는 "농사철이 시작되어서 바쁜데, 학부모 회의를 한다고 사람을 오라고 하면 어쩐당가? 할 말 있으면 빨리 하게, 나는 일하다 왔으니 다시 가 봐야하네"하시는 게 아닌가!

나는 어안이 벙벙하여 선생님과 엄마를 번갈아 쳐다봤다. 선생님은 어쩔 줄 몰라 하시면서 우리 엄마에게 "바쁘시면 그냥 가셔도 됩니다. 나중에 회의결과를 알려 드릴 테니 염려 마시고 누님 돌아가십시오."하셨다.

"알았네. 그럼 가 봐야겠네. 너도 수업 끝났으면 같이 가자."

엄마는 민망해하는 나에게 그렇게 말씀하시고 앞서서 걸어가셨다.

지난 1월 12일 내 어머니는 이 땅에서의 삶을 마감하셨다. 그땐 몰랐는데 왠지 마음이 춥고 얼어붙은 듯 아프다. 아마 이게 나와 어머니의 마음일까?

어머니는 우리 형제들에게 항상 많은 것을 주셨다. 그러나 우리는 어머니께 "당신이 우리에게 무엇을 해준 것이 있느냐."면서 따지듯이 이야기하였던 때가 더 많았었다. 그때마다 어머니는 아무 말씀도 안하시고 허공이나 먼 발치를 바라보시며, 눈으로 모든 것을 말씀하시듯 하셨다.

6·25전후 세대의 어머니들이 모두 그러했겠지만, 내 어머니는 자신을 위해서 좋은 음식을 드시고 좋은 의복을 입으시는 것을 본 적이 거의 없었다. 어머니는 항상 머리에 수건을 쓰시고, 주무시는 시간 외에는 비가 오나 눈이 오나 일만 하셨다. 나는 그 모습이 얼마나 싫었는지 모른다.

그러나 지나고 보니 우리 형제들도 어머니의 그런 강인한 정신력을 좋은 유산으로 물려받아서 세상을 살아나가는 데 큰 힘이 되었다.

입관예배를 드리던 날, 처음으로 내 어머니는 깨끗한 삼베옷으로 갈아입으시고 얼굴에 화장도 하셨다. 나의 오빠는 "어머님 생전에 화장한 모습 한 번 못 보았는데 이제 돌아가셔서 처음 화장을 하시네요."라면서 우셨다. 관 속에 누워 계신 내 어머니가 저렇게 천사같이 아름다우신 분이셨는지......

그 모습을 보며 우리 형제들은 회한과 죄스러운 울음을 토해 내었다.

내 어머니는 자식들 뒷바라지를 위해 항상 꾀죄죄하고 볼품없는 모습으로 지내실 수밖에 없으셨던 것이다. 항상 일만 하시느라 자식들에게 잔정을 표현하신 적도 거의 없으셨다. 그런 어머니를 우리 형제들은 불평을 하며 정을 주지 않는다고 투정을 부렸다.

입관예배를 인도하는 나의 남편인 목사는 "죽은 모습이 그 사람의 삶의 일기장인데 어머님의 모습에서 천사의 얼굴을 보았다."고 설교하셨다. 그리고 성경의 "그가 찔림은 우리의 허물을 인함이요 그가 상함은 우리의 죄악을 인함이라 그가 징계를 받음으로 우리는 평화를 누리고 그가 채찍에 맞음으로의 우리가 나음을 입었다"라고 설교할 때 우리 형제들은 "어머니 당신은 그렇습니다."라고 고백하는 눈물을 한없이 흘렸었다. 그리고 그간 우리 형제들은 어머니의 삶과 죽으심에 대한 의미를 해석할 수 있었다. 그리고 어머니께 못 다한 효도를 자식에게 갚는다는 말을 실감하였다.

발인예배를 드리고 어머니가 한 줌의 재가 되어 우리 형제들에게 다시 돌아오셨을 때, 나는 어머니의 쓸쓸하고 허전하고 외로운 자식을 향한 짝사랑의 마음이 전해져 옴을 알 수 있었다. 어머니의 자식을 향한 값없는 인내와 찔림과 고통이 있었기에, 오늘의 내가 건재할 수 있음을 고백한다.

주님! 어머님의 이름을 부를 때마다 세상을 이기는 나의 힘이 되게 하소서!

- 고미자 명상집 『마음이 가난한자는』(2016) , 시와사람 출판 -

환상의 팀

대학선교회에서의 활동 후, 광신대학교에서의 오랜 강의와 중앙교회에서의 신앙생활을 통한 하나님의 인도하심이 모두 연합하여 나를 목회의 길로 이끌었다. 여기에 가장 크게 작용을 한 것은 나의 아들 임을 결코 부인할 수 없다.

광주 중앙교회에서 집사를 거쳐 안수집사를 선출하게 되었다. 대형 교회인 중앙교회에서 '교황 선출 방식'으로 안수집사나 장로가 된다는 것은 때로는 선출예정공포 후 몇 개월씩 걸리기도 했고 아예 선출하지 못하는 경우도 있었다. 안수집사에 1위로 선출된 후, 얼마 지나서 장로 선출도 있었는데 나의 진심 어린 사양에도 불구하고 결국은 장로 장립을 받기에 이른 것이다.

나의 청년 시절은 한마디로 '주님의 일이라면 몸과 마음을 다 바쳐서 기쁨으로 헌신하는 시기'였다. 산간벽지와 농, 어촌으로, 미 자립 교회나 낙후된 지역을 찾아 전도하고 봉사하는 팀을 조직하여 나가는 것을 자원하는 마음과 기쁨으로 감당했다. 해외 봉사는 의료팀을 중심으로 조직하여 멕시코 인디오인 미혜 부족, 태국의 치앙마이 산골, 캄보디아의 홍수 입은 부족, 대형 쓰나미로 무너진 필리핀 마을 복구, 방글라데시의 빈민 구호 등에 현지의 선교사의 협조를 얻어 도움의 손길을 구하면 주저 없이 참여했다. 참으로 환상적인 팀들이 조직되었고 좋은 활동들도 많았다. 나는 모든 일마다 중심이 되어 헌신하고 계획하며 팀을 이끄는 것을 사명으로 알고 간호사인 아내와 함께 참여하였다.

"기왕 헌신하려면 생선의 가운데 토막을 드려야지, 꼬리를 드리면 되겠느냐."는 어느 선배의 말이 마음에 와 닿았다. 나에게 주어진 인생의 황금기를 가장 귀한 일에 헌신할 수 있다는 것은 축복이었다. 내가 아무리 이러한 일을 하려고 해도 하늘이 허락을 안 해주면 못하는 것이 아닌가!

사람에게 인정받고 싶어 하는 나의 역기능적 장애를 하나님께 인정받고 싶어 하는 순기능으로 바꾸어 사용하게 되었으니 이 또한 감사하고 기쁜 일이라 생각한다.

4장

◆

사명의 완수

약할 때 강함 되시는 그 분

마음의 사형선고

이런 과정 중에 나의 아들에게 문제가 찾아오기 시작했다. 다음 글은 내가 아들 문제에 대해 여러 교회에서의 간증 설교와 기관에서의 가족 회복 교육 외에 일반인을 대상으로 하는 〈가족치유 마음치유〉 프로그램 내용의 일부이기도 하다.

내가 약할 때, 그때가 강함이니라

"이보다 더 좋을 수 없다."

아내와 결혼하고 나서 첫 딸을 낳았는데 성장하기까지 매 한 대 때리거나 맞을 일 없이 잘 자라 주었습니다. 다음 해에 아들이 태어났습니다. 준성이라고 이름 지었습니다. 열이 잘 오르고 경기를 자주 해서 소아과 병원을 찾는 게 일쑤였습니다.

다섯 살 무렵에는 열이 심하게 올라 한 달 가량 대학병원 소아과에 입원하게 되었습니다. 다섯 살 아들이 자주 부르는 "엄마"라는 소리를 병원에 입원하고 있는 동안 한 마디도 못하는 실어증에 걸렸는데도 불구하고 정확한 병명을 찾지 못한 채 퇴원했습니다. 대학병원에서 식중독 증세라고 판명을 받고 퇴원시켜 집으로 오는 도중 돌고개에 있던 박호식 한방병원에 들렀더니 "아마도 머리 쪽 부분에 약간의 손상을 입은 것 같다." 하시면서 한방처방을 해주셨습니다. 그러고 나서 많은 배변을 하더니 집으로 와서 다시 "엄마"를 불러서 가족이 환호를 했습니다.

딸과 아들은 같은 초등학교에 입학하게 되었는데, 초등학교 1, 2, 3 학년 당시에 아들 준성이는 공부 잘한다고 소문난 딸보다 더 명랑하고 영리한 모습을 보여 주었습니다. 초등학교 3학년 때 IQ 127이 나왔습니다. 특히 기억력 부분에 높은 두각을 보여주었는데 학교에서 집에 오는데 차량으로 30분 걸리는 길거리의 상가의 간판을 거의 외울 뿐 아니라 어쩌다 바뀐 간판의 색깔까지도 척척 구분해 냈습니다.

찬란하게 떠오르는 아침 햇살을 받으며 이런저런 상장과 메달의 주인공들이 된 딸과 아들을 초등학교 앞까지 등교시켜 주고 제가 근무하는 대학으로 핸들을 돌릴 때 나의 마음은 참으로 그 당시 잭 니

콜슨이 주연한 영화인 〈이보다 더 좋을 수 없다〉 라는 제목 자체였습니다.

아들!

그런데 아들이 초등학교 4학년 다닐 때부터 어이없는 문제 행동이 서서히 나타나기 시작했습니다. 어느 날, 수업 시간에 학교에서 뛰쳐나와 광주 시내를 온통 뒤집고 다니더라는 소식을 사방에 남긴 채 가출을 시도한 것입니다. 저희 부부는 그 몇 날 간의 긴긴밤을 하얗게 보내야 했습니다. 지나가는 어린이는 전부 내 아들로 보였습니다. 시간이 갈수록 아들을 찾아야 하는 것도 급했지만 더 고민이 되는 것은 '내 아들이 왜 그럴 수밖에 없었을까.' 문제의 원인을 찾는 것이었습니다.

드디어 대인동 파출소에서 연락이 와서 가보았는데 아들은 그동안 어느 교회의 고아원에 있었다고 했습니다. 왜 그랬냐는 질문에 아들은 자신의 행동에 문제의식을 느끼지 않았습니다. 오히려 경찰관의 모자를 벗겨서 이리저리 던지면서 장난치는 모습에 더 놀랐습니다. 이런 일은 수많은 일들의 작은 예고편에 불과했습니다.

초등학교 4학년에 재학 중인 어느 날, 집에 돌아온 아들의 가방에서 빈 지갑이 14개가 나왔습니다. 그날 아들의 초등학교 체육시간에 생긴 싹쓸이 도난 사건의 주범이 제 아들이었습니다. 이제는 마지막이겠지 하는 문제행동이 꼬리에 꼬리를 물었습니다.

이외에 아들은 2층에서 1층으로 뛰어내리기, 학교 분수대에서 목욕하기, 수업시간에 누나 교실에 들어가서 훼방 놓기, 학교에서 나와 버린 후 광주 시내 곳곳의 배회 등 ……. 문제 행동이 시간 시간마다 일어났습니다.

어느 날 교장선생님이 저희 부부를 학교로 불렀습니다. 졸업을 앞둔 6학년 1학기지만 다른 학교로 전학을 시켜야 한다는 것이었습니다. 저는 교장선생님께 그동안의 오랜 교육 경륜을 통해 이런 아이들은 어떻게 교육을 시켜야 하느냐고 물었습니다.

교장선생님께서는 "이런 아이는 그동안의 교육 경험으로 전무후무할 것이다."라며 어떤 방법도 떠오르지 않는다고 했습니다.

아들은 초등학교를 3번이나 옮겨 다녀야 했지만 여전했습니다. 아무 자전거나 타고 나가면 목적지도 없이 길 끝까지 타고 나가서는 집에 올 때는 자전거를 버리고 온몸이 상처투성이인 채로 돌아오기 일쑤였습니다. 오는 길에 자신보다 나이가 어린 아이의 돈 뺏기, 과자 훔치기 등으로 파출소에서 부르는 경우가 허다했습니다.

파출소에서라도 불러만 주면 찾기라도 할 터인데 많은 경우 우리가 찾으러 나설 때까지 연락이 없었습니다. 여름에는 대형 트럭 뒷바퀴 밑에서 낮잠을 자다가 시동을 걸고 출발하기 직전에 발견된 일, 겨울에는 노인당에서 고아라며 잠자기도 했습니다.

악마와 천사

이런 아들을 향해 저희 부부가 책망하면 그 자리에서 한 시간이고 두 시간이고 대성통곡을 하며 울기 십상이었습니다. 이렇게 저렇게 타일러 보다가도 안 되어서 심하게 매를 때리다 서로 잘못하는 바람에 응급실에 가야 할 지경에 이르기까지 했습니다. 감정 조절이 안 되는 울음의 증상이 얼마나 심했던지 작은 책망에도 너무 자주 울어서 턱뼈가 밖으로 튀어나와 3년에 걸친 교정 치료를 받기도 했습니다.

또 딸아이의 학교 등록금을 몽땅 훔쳐 가지고 나가더니 지하상가의 거지와 노숙자들이 불쌍하다며 나눠 줘 버린 때도 있었고, 아들 주머니에서 다이아몬드 반지, 금반지 등이 여러 개나 들어 있었기도 하였습니다. 아들과 함께 찾아가면 어떤 분들은 장롱 깊숙이 숨겨둔 보석들이 도난당한지도 모르고 계셨습니다. 그러나 아들을 영원한 도둑으로 만들지 않기 위해서는 아들과 함께 찾아가 용서를 빌어야 했습니다. 목욕탕에 가면 "할아버지 등 내미세요. 제가 때를 밀어드리지요."라고 참으로 정성껏 때밀이 봉사를 잘도 했습니다.

사람들은 저의 애타는 속도 모르면서 "마음씨 좋은 아들을 두셨군요."라고 칭찬할 때 저의 갈등은 더욱 커졌습니다. 나의 하나님이시여! 어떤 모습이 제 아들의 진정한 모습입니까? 물었습니다. 매시간, 시간마다 이어지는 불안과 긴장의 과정 속에서 초등학교를 세 번이나 옮기게 되었습니다. 전화벨이 울리면 혹시 무슨 일이 생겼나? 싶어 항상 최악의 상황을 각오하고 수화기를 들어야 했습니다. 아들은 전혀 달라진 것이 없고 때로는 천사의 모습같이 순수한 모습으로 때로는 그야말로 악마 같은 양극의 모습을 달렸습니다.

IQ. 68 !

마침내 아들 문제가 부부문제로까지 파장을 일으켰습니다. 서로간의 양육 방법에 대해 다툼으로 시작하더니, 우리 집안에는 이런 아이가 없다. 당신 집안 유전인자의 탓이라고 싸우기 시작했습니다. 아들의 문제가 있을 때마다 부부간의 갈등은 심해졌습니다. 마침내 양가 집안끼리의 싸움으로 발전했습니다.

지쳐버린 저희를 보고 주변 사람들은 사주팔자소관으로 돌렸습니다. 이런 과정 속에 저는 우리나라에서 잘 알려진 광주의 성 요한 정신과 병원의 전문 의사를 찾아갔습니다. 담당 의사는 아동기의 3~5% 정도에서 발생할 수 있는 주의력 결핍, 과잉행동장애라고 진단했습니다. 중학교에 들어가면 대개는 회복이 가능하다고 말씀해 주시면서 약물치료와 놀이치료를 병행하면 부작용이 없는 경우 점차 좋아질 것이라고 했습니다.

그러면서 약을 복용한지 처음 1주일간은 사람이 이렇게 변할 수가 있을까 할 정도로 달라졌습니다. 학교 숙제를 하는데 그야말로 한

석봉 글씨체 같았습니다. 아침에 일어나서 문안인사, 학교에 등교할 때 인사, 다녀오면 다녀왔다는 인사를 처음 받아본 것 같았습니다.

저는 "아~ 이 모습이 내 아들의 원래 모습이구나! 더 이상 원하지도 않아, 이대로만 가도 살겠다."라는 생각이 들었습니다. 이제 살만한가 싶었습니다. 그런데 그 약을 복용한지 한 달여 만에 부작용이 생겼습니다. 심하게 말을 더듬고 침을 흘리며 순간적으로 팔이 저절로 번쩍 들리는 현상인데 병원에서는 이를 '틱' 현상이라 불렀습니다.

드물게 보인다는 부작용이 '하필 내 아들에게서 인가?' 생각했습니다. 그때부터는 약물치료가 아니라 아들을 병원에 입원시켜 놀이치료를 하기로 했습니다. 그런데 입원한지 얼마 후 병원에서 연락이 왔습니다. 아들이 병원에서 혼자 숨어서 불놀이를 하다가 화재가 발생했다는 것입니다. 결국 강제 퇴원을 시켰습니다.

'최고라는 전문 병원에서 내 아들을 감당 못하면 어디로 가야 하는가?'

병원에서는 집에 가더라도 감금된 상태에서 지내야 할 것 같다는 말을 했습니다.

아파트 창문을 창살로 치고 문은 여섯 개의 열쇠를 만들어 밖에서 열고 들어오도록 설치했습니다. 가정 감옥 같았습니다. 그러나 아들하고 함께 있는다는 것이 다른 어디로 보내는 것보다 좋았습니다. 이때 병원에서 발행한 진단서에는 이런 내용이 적혀 있습니다.

* 병명 : 주의력 결핍 과잉행동장애. 어린이처럼 충동적이며 정서적으로 미숙한 상태로 자기중심적임. 자기조절 통제 능력이 상실됨. IQ 68

제가 깜짝 놀란 것은 지난 몇 년간 IQ가 이렇게 낮아질 수 있을까 하는 의구심이었습니다. 그러나 이 정도의 상황은 앞으로 전개될 일에 비하면 감사할 일이었습니다. 제 아들은 학교에 등교할 때는 독수리 날개 치는 용사처럼 용감하게 교실로 뛰어 들어갑니다. 학교에 들어가는 모습 자체만 보면 하루 동안 어떤 문제도 전혀 일으킬 기미가 보이지 않습니다.

강도 강간 미수

중학교에 입학한 지 얼마 안 되는 때였습니다. 용감하게 교실로 들어간 것을 확인한 어느 날이었습니다. 경찰서에서 전화가 왔습니다. 보호자 출두 지시가 있어 가 보았습니다. 그동안 문제가 있었다고는 하지만 이번 문제는 상상조차 하기 어려운 사건이 발생한 것입니다. 학교에서 뛰쳐나와 미술 학원에 들어가서 흉기를 가지고 새로 부임한 선생님을 위협하며 강도 짓을 했다는 것입니다. 조서를 보니까 새로 오신 선생님과 피아노 연습 방에서 레슨 중 갑자기 행패를 부리며 입을 맞추자고 한 것입니다. 경찰서 조서에는 '강도 강간 미수'라는 죄명이 눈에 띄었습니다.

나중에 사건 현장에 나타나신 학원 원장님이 "평소에는 천사 같은 아이입니다. 새로 부임한 선생님이 준성이를 잘못 조절한 것 같다."라며 법조계에 선처를 호소했지만 마침내 아들은 교도소에 갇히게 되었습니다. 아들이 수갑을 차고 포승줄에 묶여 끌려가 갇히던 그날 밤 저는 온 방을 뒹굴며 몸부림을 칠 수밖에 없었습니다.

이러한 과정 중에 저는 "하나님 제 아내는 너무도 마음이 약합니다. 제 아내는 이러한 사건의 현장이 안 보이게 해 주시옵소서, 제가 다 감당하겠습니다."라는 애절한 기도를 드렸습니다. 온 방을 뒹굴며 절규하는데 아침에 일어나 보니까 입에 피가 넘어와 있었습니다. 이 사건은 판사를 뵙고, 피해자가 합의해 주며, 탄원서를 제출하는 과정을 통해 아들이 초범과 미성년자라는 이유로 3년 보호 처분을 받고 나왔습니다.

의무교육

저에게는 아들이 나왔다는 기쁨보다 앞으로 어떻게 키워야 할 것인가에 대한 염려가 더 컸습니다. 혹시라도 이런 아들을 받아주며 교육할만한 기관이 어디에 있을까 싶어 사방에 수소문 끝에 전국의 여러 '대안학교'를 방문하여 면접을 하였습니다. 그러나 담당 선생님들은 아들과 한두 마디를 한 후 보호자 없이 독립된 생활이 불가능하게 판단된다면서 받아 주지 않았습니다.

또한 장애인 학교를 가보았지만 지체 장애자가 아니기에 거절당하고, 정신지체 쪽의 학교를 가보았지만 아들의 스토리를 듣고서 행여 사고가 생길까 봐 받아들일 수 없다고 했습니다.

"제 아들을 받아줄 만한 데가 이 세상에 한 군데도 없단 말입니까? 어디로 가서 교육을 시켜야 합니까? 울부짖었습니다.

제가 할 수 있는 것은 이제 아침에 아들과 함께 일반 중학교에 등교해서 수업 중에는 교실 뒷문에서 기다리고 있다가 학교가 끝나면 데리고 오는 길밖에 없었습니다. 아들을 보호하는 것이 문제가 아니라 사회를 보호해야 한다는 것이 더 중요했습니다.

아들이 다니는 중학교에서 저의 성의를 보고 복도 뒷문에 고정 의자를 하나 놔 주었습니다. 의무교육 기간인 중학교만 졸업하면 한이 없을 것 같았습니다. 아들만 문제가 생기지 않는다면 얼마든지 감당할 수 있겠다는 생각에 더운 여름이나 추운 겨울에도 복도나 중학교 건물 내에서 견디는 것은 조금도 문제가 아니었습니다.

체육시간에는 함께 밖에 나갔습니다. 아들이 같은 반의 급우들에게 다가가면 친구들이 모두 도망가 버리는 형편이었기에 아들은 대개 혼자 막대기 하나를 들고 이리저리 땅을 뒤집고 나무를 치면서 돌아다니는 모습이 체육시간의 전부였습니다. 아들이 제 눈에 보이지 않는 거리로 너무 멀리 가면 휘~~~ 하는 손바닥 휘파람 소리로 제 자리로 돌아오는 훈련을 시켰습니다.

아들이 수업 중일 때 교문 앞 경비실 부근에서 잠깐 쉬기도 했는데 고등학생의 학부형들은 경비실 앞에서 자주 눈에 띄는 제가 경비 아저씨인 줄 알고 자기 아들의 도시락을 전달해 달라며 부탁하는 사람도 많아졌습니다. 아들이 중학교를 졸업하면서 제가 안 보이자 "심부름 잘 들어주는 그 예쁘장한 경비 아저씨 다른 곳으로 갔냐?" 라는 안부를 묻는 학부형이 많았다고 합니다.

힘든 하루하루였지만 저는 아들이 교실에 들어가고 또 수업 후에 나오면 마치 한국 최고의 대학에 입학했다가 졸업하는 기쁨이 있었습니다.

차라리 죽어서 돌아왔으면.....

저의 직장 생활은 많은 어려움이 있었지만 당시에 다른 교수님들이 기피하는 야간수업을 혼자 도맡아 하면서 오히려 교수평가가 잘 나오게 되었습니다.

그런데 참으로 신기한 일이 있었습니다. 매일매일 아들을 지키면서 50분 수업 시간 중에 제가 화장실에 간다든지 잠깐 밖에서 전화를 사용하는 이유 때문에 5분 정도 뒷자리를 잠깐 비울 때가 있었습니다.

그런데 아들은 바로 그 시간을 어찌 그리 잘 알고 그때마다 문제 행동을 일으키는 것이었습니다. '한 도둑을 열 명이 못 지킨다.'는 형국이었습니다. 아들은 학교에서 일단 뛰쳐나오면 100% 문제 행동을 일으켰는데, 이제 사춘기가 되면서 성적인 문제와 관련된 사고로 발전했습니다. 길가는 여학생의 등 뒤에서 가방을 잡아당기고 머리를 만진다거나 가벼운 터치 하나 한 것이 법적으로는 '성추행' 이라는 죄목이 되어 파출소를 거쳐 경찰서로 가는 일이 여러 번 생겼습니다.

이제는 아들이 안 보이면 일단 경찰에 신고해 놓고 초등학교 부근의 지산파출소와 충장로 파출소에서 미리 기다리면 대개 사건을 저지르고 신고를 당해 끌려오는 경우가 많았습니다. 아들의 범죄는 초등학교 부근과 가족들이 함께 다니는 충장로 부근에서 발생했기 때문입니다.

아들을 찾으러 사방을 헤매는 것보다 아예 파출소에서 기다리는 것이 더 쉬운 길이 되어 버린 정도가 된 것입니다. 아들과 함께 슈퍼나 백화점에서 쇼핑을 하다 보면 눈 깜짝할 사이에 물건이나 남의 지갑을 들고 도주해 버리는 일도 생겼습니다.

광주의 어느 백화점에서 연락이 왔는데 고객의 지갑을 훔친 후 도망간 것입니다. 수표는 백화점 앞 쓰레기통에 버리고 현금은 광주역의 노숙자들에게 한턱을 내버렸습니다. 밤에 들어온 아들의 자백을 듣고 백화점 앞 쓰레기통을 온통 뒤집어 수표를 찾기도 했습니다. 또한 엘리베이터 안에서 저희 집 위층의 여학생을 안아버린 일이 있었는데, 그날 밤 그 여학생 아버지가 등산화를 신고 저희 집에 들어와서 아들을 이리저리 발로 굴리며 차고 때리기도 했습니다. 그래도 경찰에 신고를 안 한 것만으로도 다행스럽게 생각했습니다.

이 모든 일들이 집안에서 학교에서 아들을 보호한다고 하지만 워낙 순식간에 일어난 일이어서 막을 길이 없었습니다. 아파트 반상회에서는 저희 집을 이사 가도록 결의를 했습니다.

그래도 갈 데가 없었습니다. "지구상에 우리 아들 같은 아이 한 명만 봐도 위로를 받을 것 같습니다."라는 고백을 수없이 했습니다. 그래도 일이 생기면 처음에는 아들을 찾아 나섰습니다. 그러나 어차피 찾자마자 또 다른 문제가 생길 것이라는 예측에 "하나님! 차라리 아들이 죽어서 돌아오면 좋겠습니다."라는 기도를 드리기도 했습니다. 그러나 일단 찾은 아들의 얼굴만 보면 다시 희망을 갖고 살고자 하는 것이 아버지의 마음이었습니다.

'어떻게 죽을 것인가'

이런 아들이 또 엄청난 일을 저질렀습니다. 그날도 경찰서에서 연락이 왔습니다. 대낮에 길에서 오토바이를 타고 가는 여자를 흉기로 위협했다는 것입니다. 조서 내용을 보니 역시 '강도 강간 미수'라고 되어 있었습니다. 어찌 같은 사건이 반복되어 일어날 수가 있단 말인가? 저는 그대로 죽고만 싶었습니다. 아니 이제는 아들과 함께 죽어야 사회를 보호할 수 있다는 생각이 들었습니다. 나 한사람 고통을 겪는 것은 견디지만 다른 사람들에게 피해를 주고 사회에 독초로 살 바에는 다른 길이 없다는 생각이 들었습니다.

저는 앞으로 어떻게 살아야 할 것인가라는 생각보다 이제는 어떻게 하면 아들과 함께 죽을 것인가의 방법에 대해 고민해야 했습니다. 저주받은 이 길을 벗어나는 길은 오직 하나! 함께 죽는 길이라 생각했습니다. 교도소에 있는 아들을 관리하는 교도관들에게 연락이 왔습니다. 교도소 안에서 하루 종일 악을 쓰고 울며 난동이 있었나 봅니다.

오랜 경험으로 보면 자신들이 감당할 대상이 아닌 것 같으니 손을 써 보라는 것이었습니다. 아들의 면회를 하러 가면서 감옥 안에 있는 사람들이 그렇게도 부러워 보였습니다. 그들은 죗값을 치르고 나오면 새사람이 될 수 있지만 제 아들은 어떤 죗값을 치른다 해도 나오자마자 다시 범죄를 저지를 수밖에 없을 것이라는 절망감 뿐이었습니다.

두 번째 사건은 변호사를 선임하여 보호처분 판결을 받게 되었습니다. 집에 온 아들의 존재는 괴물과도 같아 보였습니다. 잠자고 먹고 남은 에너지는 오직 동물적 본능에 몸을 던져버리는 아들의 모습이었습니다. 잠자는 방에 들어가서 보면 아들이라는 생각보다 한 마리의 동물이 씩씩거리는 것 같았습니다. 나도 괴롭지만 그도 얼마나 괴로울까 생각이 들었습니다.

사람들은 우리를 부부 교수로, 박사로, 장로로 불렀지만 이중적 삶을 살아가야 하는 자신에게 더 부담과 갈등을 줄 뿐이었습니다. 세상이 부끄러웠습니다. 내가 어떻게 교회 앞에 서고 교단 앞에 설 수 있단 말인가? 죽음의 공포에 사로잡혀 있을 때 한 달 만에 저를 만나 본 사람은 아예 내 모습을 알아보지 못했습니다. 정말 머리가 한순간 하얗게 세어지고 얼굴에 주름이 쭈글거렸습니다.

살아있으나 죽은 자와 방불한 자신이었습니다. 우리 부부는 사망 권세의 문 앞에 섰습니다. 아들을 데리고 목포에서 도초에 가는 배에 올랐습니다. 굳은 마음을 갖고 항해 중인 배의 갑판에 서서 아들의 허리에 깍지 손을 끼었습니다. 순간 나는 죽고 힘 센 아들만 살아나면 그 뒤에 내 아내가 어찌 아들을 보호한단 말인가 하는 생각이 불현듯 들었습니다.

한 번은 역시 무슨 문제가 생긴 후 아들과 아파트 옥상에 올라갔습니다. 아들과 함께 뛰어내리자고 하고 제 다리 한 쪽을 올려놓았습니다. 하나, 둘, 셋을 세는 순간 제 아들이 저의 바짓가랑이를 붙잡고 "아빠 나는 살고 싶어요! 아빠가 없으면 나는 살 수 없어요." 라고 울부짖었습니다.

그래도 위기의 순간에 함께 살자고 나를 붙잡아 준 아들이 고마웠습니다. 그 후로는 함께 죽자는 말을 한 번도 하지 않았습니다.

'단식, 14일째'

저의 아내는 죽음을 자초하기 위한 방법으로 단식을 선택했습니다. 사람들은 아들 문제로 금식 기도를 하는 줄로 이해하고 위로해 주었습니다. 금식의 끝은 소망이지만 아내의 단식의 끝은 죽음을 향해 가는 것이었습니다. 저도 아내의 죽음을 향한 단식을 말리고 싶지 않았습니다. 오히려 서로 빨리 죽는다는 것이 부러웠습니다.

그런데 아내의 단식 14일이 되는 날, 거의 마지막이라는 순간에 아내의 영안이 열려버린 일이 생겼습니다. 하늘 문이 열리면서 예언과 환상, 특히 병을 치료하는 성령의 은사를 선물로 받게 되었습니다. 시간이 지나면서 저와 아내는 집안에서 이 은사를 3여 년간 사용하면서 각종 병에 걸린 사람들을 만났습니다.

어느 날 저 역시 괴로운 마음을 안고 학교에서 집으로 오는 길이었습니다. 기진맥진한 상태에서 광주공항을 지나는 순간이었습니다. 나도 모르게 승용차 액셀러레이터를 최고로 밟아버렸습니다. 저쪽에 다리 난간이 보였습니다. 달리는 승용차에 나를 맡겨버리는 순간이었습니다. 기도인지 억울한 외침인지 모르는 소리가 튀어나왔습니다.

"하나님의 나라에 들어가면 천지를 창조하실 때 지으신 내 아들의 원래의 모습과 영원히 살게 하옵소서." 기도하며 소리를 지를 지경이었습니다. 그런데 그때 하나님의 세미한 음성이 내게 들렸습니다. "네가 나의 일을 대신해줄 수 없겠니?" 그 길로 저의 승용차는 신학교로 바로 가서 입학 수속을 하게 되었습니다. 당시의 신학교 지원서에 저는 이렇게 썼습니다.

"주는 그리스도시요 살아계신 하나님의 아들이시니이다. 주님 오실 시대가 얼마나 임박했으면 저 같은 자라도 고쳐 쓰시겠다고 부르시나이까! 저의 약함을 드리오니 강함으로 사용하옵소서. 죄로 인해 죽을 생명 한번 살려 주시사 남은 생애 동안, 주님의 이름을 존귀케 해 드리기를 원합니다. 아들과 제가 주님의 살아 계심과 부활하심을 만방에 외치게 하옵소서."

수갑을 덮으며

신학대학 입학원서를 내던 날 은혜 충만한 마음으로 저는 아들에게 성경 한 권을 선물했습니다. 성경 표지에 "나의 보석 같은 아들 준성에게, 사함 받은 죄인 아빠가 줌"이라고 썼습니다. 그리고 얼마간의 시간이 흘렀습니다. 어느 날 아들과 무등산을 산책 후 순천에 사는 남동생 집에 가면서 아들과 자주 했던 놀이를 했습니다. 제 아들과 함께 순간적으로 지은 시를 자작곡으로 만들어 서로 연결하며 즐기는 놀이입니다.

그런 놀이를 하는 마음 가운데 비밀한 평안과 소망이 생겼습니다. 그런데 바로 그 다음날 제 아들은 또 엄청난 사건을 저질렀습니다. 첫 번째, 두 번째와 거의 유사한 장소에서 유사한 내용의 사건이었습니다. 어제의 천사가 오늘의 악마로 변할 수가 있는 것이 내 아들의 모습임을 다시금 깨달았습니다. 연속된 세 번의 사건으로 언론이 기사로 삼고자 기자들이 몰려와 저희 가족은 논산 삼천리 수양관으로 피신하기에 이르렀습니다.

담당 검사는 아들을 공주에 있는 법무부 산하의 치료 감호소로 옮겨 정밀 진단을 의뢰하게 되었습니다. 아들은 공주 법무병원에 이송되어 대전의 성모병원에서 정밀 검사를 받게 되었습니다. 검사를 받는 며칠간 아들 손에는 수갑이 채워지고 사복경찰이 허리에 묶인 포승줄을 잡고 여기저기 검사실을 오갔습니다. 주변 사람들은 저와 아들을 번갈아 쳐다보면서 범죄자와 아버지를 연결하는 눈길이었습니다. 그래서 저의 윗옷을 벗어서 아들의 손에 찬 수갑을 감추어 주었습니다. 아들의 죄를 조금이나마 감춰주고 싶은 아버지의 본능 때문이었습니다.

그런데 바로 그 순간 하나님의 음성이 느껴졌습니다. "네 아들의 죄를 너의 옷으로 가리듯 나는 너의 죄를 가리기 위해 내 아들을 십자가에서 대신 못 박히게 했단다. 부끄러움을 개의치 말고 부활의 영광을 바라보아라!"그 자리에서 경찰관에게 양해를 구한 후 손을 묶임 당하고 포승줄에 매여 다시 끌려가는 아들을 껴안고 기도했습니다.

"하나님 이 아들의 모습이 바로 죄인 된 저의 모습입니다. 내가 아들을 불쌍히 여겨 오장 육부가 뒤집어지는 그 마음이 곧 주님이 나의 죄를 향한 마음임을 깨닫습니다. 아들이 내 거울입니다. 저를 용서해 주십시오." 기도했습니다.

화상의 흔적

회개의 기도를 드리는 중, 저는 말로만 듣던 성령 세례를 받았습니다. 하늘로부터 커다란 불덩이가 날아다니는 돗자리 형태가 되더니 나의 입안으로 들어왔습니다.

순간 내 언어는 사라지고 방언 기도가 터지면서 몸을 위, 아래로 움직일 때마다 나의 몸이 땅과 무한한 하늘 위를 순간순간 오르내리는 것 같았습니다. 그때 성경 중의 고린도 전서 1장 8절 말씀이 와닿았습니다.

'힘에 지나도록 심한 고생을 받아 살 소망까지 끊어지고 우리가 마음에 사형선고를 받은 줄 알았으니 이는 우리로 자기를 의뢰하지 말고 오직 죽은 자를 다시 살리시는 하나님만 의뢰하게 하심이라.'는 말씀이었습니다.

저는 이 말씀을 붙들고 고난을 섭리로 바꾸시는 하나님을 믿었습니다. 불 성령을 받은 얼마 후 샤워를 하고 나오는 저의 등을 보고 딸이 놀랐습니다. 큰 화상을 입은 물집의 흔적이 등 뒤를 덮고 있었습니다. 아빠! 어디서 이렇게 화상을 입었냐고 물으면서 화상 약을 발라주었습니다. 그때가 여름이었는데 저는 불을 가까이한 적이 없었습니다. 그리고 등 뒤의 화상으로 인해 저는 전혀 아픔을 느끼지 않았었습니다.

세 번째 사건은 주님과 화평을 이룬 후 생긴 일이어서 심령에 강건한 믿음이 생겼습니다. 슬픔과 비애감이 턱에 차올라 왔지만 판사의 마음을 움직이는 것보다 하나님의 마음을 먼저 움직이고 싶었습니다. 이번 위기를 통해 하나님의 섭리가 나타나기를 원했습니다.

임상보고서

제 아들의 세 번째 사건 속에는 하나님의 섭리가 숨어 있었습니다. 이 사건을 고비로 제 아들을 그토록 괴롭히던 병의 원인이 서서히 밝혀지기 시작한 것입니다. 검사가 의뢰한 공주 치료감호소와 성심병원의 종합정밀 진단에 의하면 MRI 검사라는 것을 통해 이전의 CT 검사 영역에서 발견하지 못한 뇌의 생물학적 상처의 흔적이 발견되었다는 것입니다. 따라서 더 세밀한 검사를 해보라는 것이었습니다. 이때 아들의 임상 보고서는 대략 다음과 같았습니다.

* 병명: 전두엽 증후군, 뇌에서 바이러스 감염 후의 회백질의 변화 발견, 다발성 경화증의 가능성 있음. 다발성 경화증은 발병 후 2~3년 후 사망할 수도 있음, 전두엽 부위의 장애로 충동조절 기능에 문제가 생

겨 여자를 보면 반갑다는 생각에 동성에게 하듯 몸을 만질 수 있음. 시력 0.3. IQ 61. 시선 통제 불능, 언어의 구성 능력 장애, 창조적 문제 해결능력 불가, 양심이나 자제력 상실 …….

등등 외에 계속 나열되는 아들의 진단 설명서를 보면서 이것은 사람이 아니라 동물의 삶을 나열한 것처럼 보였습니다.

처벌에서 치료로

결국 아들은 '처벌의 대상이 아니라 치료의 대상이다.'라는 판사의 판결로 보호자인 저에게 돌아왔습니다. 지속적인 치료가 필요하다는 진단과 함께 아들은 삼성병원을 거쳐 서울대학병원에 약 두 달간 입원하면서 정밀 검사에 들어갔습니다. 그리고 마지막 받은 진단은 '유아시절 뇌염으로 인한 양극성 장애'라는 병명이었습니다.

병의 발생 과정을 역학적으로 추적했을 때 어릴 때 대학병원에서 식중독이라고 판정받았던 병이 사실은 뇌염이었습니다. 한마디로 저희는 그동안 의사의 오진으로 인한 고통을 이날까지 겪어야 했습니다. 참으로 여러 각도에서 앞으로의 길을 모색했지만 가장 중요한 것은 새로운 각도에서 치료가 시작된다는 것이었습니다.

저는 이제야 그 기나긴 터널을 빠져나오는 것 같았습니다. 그러나 그 기나긴 날들이 억울하거나 원망스럽지 않았습니다. 아들의 고난을 통해 '모든 것을 협력하여 선을 이루시는 하나님'이시라는 확실한 고백을 얻었기 때문입니다. 아들은 양극성 2급 장애 판정을 받았습니다. 의사는 원상대로 회복시키는 것은 불가능하고 약물치료, 훈련과 교육을 통해 남은 삶을 살아야 할 것이라고 말했습니다. 이때 저는 성경의 요한복음 2장에서 물을 포도주로 변화시킨 예수님의 이적이 마음에 와닿았습니다.

"하나님! 왜 이 땅에 오셨습니까? 이 땅에 오심은 변화나 개조하시기 위함이 아니요, 물이 포도주 됨 같이 재창조하시기 위함인 줄 믿습니다. 세상의 의학으로는 변화밖에 못 시키지만 하나님의 능력으로는 재창조가 가능한 줄 믿습니다. 다시 빚어주세요. 기적을 보여 주세요."라는 피맺힌 간구를 시작했습니다. 그러나 눈 감고 기도할 때는 소망을 두었지만 막상 눈을 뜨면 가정 감옥이라는 철창 안에 갇혀 살아가는 아들, 동물과 인간의 경계선 지수에 아들의 모습이 보였습니다. 현실과 꿈의 벽이 너무 컸습니다.

보석 아들!

그러던 어느 날 아들이 제가 언젠가 선물한 성경을 가지고 와서 제게 뭐라고~~ 뭐라고~~ 했습니다. 너무 더듬거려서 알아듣기 힘들었지만 분명한 생각이 있는 언어표현이었습니다. 아들은 성경의 맨 앞장을 펴들었습니다. 여전히 '나의 보석 같은 아들에게. 사함 받은 죄인 아버지 줌!!'이라고 적혀 있었습니다. 아들은 그 부분을 가리키며 이렇게 말했습니다.

"아브브브븝빠~~ 이 글 바꾸세요. 나의 보석 같은 아버지가 사함 받은 죄인 아들 준성에게 라고 바꾸세요."

저는 순간 생각했습니다.

'아! 내 아들이 아직 완전히 망가진 것이 아니다! 그 안에 하나님의 영이 살아계신다! 죽을 육체에도 작은 생명이 있구나!' 아들의 겉모습을 보면 밑 빠진 항아리에 물을 붓는 것 같지만 그 안에 역사하시는 하나님의 영을 향해 내가 다시 시작하자라고 결단했습니다. 나아가 그동안 아들에게 했던 노력이 결코 헛된 것은 아니구나라는 생각이 들었습니다. 겉으로 말이나 지식으로는 도무지 나타나지 않더라도 속으로 아들의 영은 분명 성숙해지고 있다는 확신이 생겼습니다.

다시 시작

저는 모든 것을 다시 시작했습니다. 글자를 처음부터 다시 가르치는데 아들의 특성을 살려 젓가락 두드리는 박자 소리에 맞춰 글자 읽는 방법을 개발했습니다. 계산법도 더하기 1부터 다시 가르쳤습니다. 10분 가르치면 온몸에 땀이 났습니다. 점차로 변화가 있었습니다. 아들과의 사전 약속이 있던 어느 날, 총장님과 교육부 오병문 장관님을 갑자기 면담해야 할 상황이 생겼습니다. 저는 비록 장애가 있는 내 아들과의 사전 약속을 존중하는 마음으로 갑자기 생긴 그분들과의 만남을 포기하기도 했습니다.

변화하는 데 너무 시간이 걸렸습니다. 그러나 부모가 꾼 꿈의 높이만큼 자녀는 성장한다는 것을 깨달았습니다. 부모가 변한 것만큼 자녀가 변한다는 것을 알았습니다. 문제 부모 아래 문제아가 있다는 말도 받아들였습니다.

그러던 어느 날 저의 어머님이 말씀하셨습니다. "농성동 홍안과에 준성이를 데리고 가보아라. 아마 시력이 회복되었을 것이다."라고 하셨습니다. 그 안과에 데리고 가서 시력검사를 하기 위해 시력 측정표 앞으로 걸어 나가는 순간 간호사가 묻기도 전에 내 아들이 소리쳤습니다. "다 보입니다!" 0.3의 시력이 거의 완전하게 회복된 것입니다. 이때 하나님께서 저에게 모세의 부모를 생각하게 하셨습니다.

"모세를 그 부모가 계속 키운다는 것은 모세도 죽고, 부모도 죽고 이스라엘도 죽을 일이다. 하나님의 능력을 체험할 수 있는 길은 모세를 갈대 상자에 넣어 부모의 손을 떠나 하나님의 장중에 밀어 드리는 것이다. 갈대 상자 안의 모세가 나일강의 악어 밥이 될까 봐, 밀어 넣지 못함은 하나님의 간섭하심, 역사하심을 막는 길이다."라는 깨달음이 왔습니다.

저는 갈대 상자를 만들어 하나님의 인도하심을 믿고 모세를 믿음으로 나일강에 밀어 넣는, 모세의 어머니 믿음을 주시라고 기도했습니다. 저는 다시 아들을 고등학교에 보내기로 작정했습니다. 전화벨 소리만 들어도 간담이 서늘해지면서 부활신앙으로 전화를 받아야 하는 기억이 있었지만 성령의 지우개로 지워주시라고 기도했습니다.

원예과로

아들을 고등학교에 진학시키려고 하는데, 광주자연과학고등학교 원예과가 마음에 와닿았습니다. 공부하라고 보내는 것이 아니라 즐기라고 보내는 마음이었습니다. 집하고 멀리 떨어진 학교라서 등, 하교 연습을 미리 했습니다.

처음 2주간은 버스에 올라 함께 오르고 내리는 연습을 하다가, 그다음은 아들 혼자 앞 좌석 쪽에 저는 뒷좌석에 따로 아들이 스스로 버스에 오르고 내리는 방법을 연습시켰습니다. 그리고 그다음 과정은 아들을 앞 버스에 태워 보내고, 저는 뒤에서 승용차로 따라가면서 타고 내리는 과정에 대한 연습을 시행착오를 겪으면서 여러 번 했습니다.

드디어 아들이 학교에 다시 입학하게 되었습니다. 첫날 스스로 등하교를 해냈는데, 정말 최고의 대학을 입학하고 졸업한 사람이 부럽지 않았습니다. 아들이 하는 말이 "아빠! 내 짝꿍의 아비지가 나에게 자기 아들 좀 잘 보살펴 달라고 말했어요. 그러면 1주일에 한번 짜장면 사준대요. 짝꿍 집이 짜장면 집인가 봐요."라고 했습니다.

저는 감격했습니다. 내 아들이 남을 도울 수 있는 세상도 오는구나라고 생각했습니다. 그리고 미세한 신경이 마비된 아들이 엎드려 신발 끈을 맬 줄 아는 것을 처음 보고, 온 집안이 축하 잔치를 해 주기도 했습니다. 아무튼 모든 것을 새롭게 터득해 가는 과정이었습니다.

아들 반에 은혜학교에서 올라온 특수반 장애인이 5명 있었는데 대부분의 같은 반 아이들이 이들을 '왕따'시켰습니다. 아들은 이들을 위한 걸레, 미술 도구 등의 준비물을 항상 다섯 개씩 챙겨 다녔습니다. 어쩌다가 점심시간에 가보면 다섯 명의 양을 거느린 '선한 목자의 인도자'가 되어 운동장을 거니는 모습이 보였습니다.

수양아들

제 아내와 저는 아들 준성이의 문제를 해결하는 과정에서 '비행 청소년의 치유 방법'에 대한 프로그램을 개발하기에 이르렀습니다. 법원의 소년지원 판사가 이를 인정해서 '수강명령 교육'을 아예 우리 부부에게 전담시켰습니다.

그 교육 과정에 오는 사람은 대개가 마약, 절도, 성폭행 외의 별

별 죄명을 가진 사람들이었습니다. 저와 아내는 '함께하는 여행'이라는 프로그램을 개발하여 3여 년 동안 200여 명의 비행 청소년 수강명령 교육을 실행하면서 그 청소년들의 보호자를 만나게 되었습니다. 결국은 그 보호자들과 한때의 비행 청소년들을 중심으로 17년간 '우리빛 교회'라는 공동체를 이끌게 되었습니다.

너무도 기쁜 것은 그동안 시행한 이 프로그램이 인정되어 제 아내가 가톨릭대학에서 박사학위를 받게 되었습니다. 아내는 박사학위 논문의 서문에 '이 논문을 나 대신 아들을 끝까지 감당해 준 남편과 세상을 이긴 아들에게 바친다.'라고 적었습니다. 저도 그동안 수고한 어머니에게 준 아들의 선물이라고 생각합니다.

프로그램의 과정에서 저는 특별히 민수라는 한 소년을 집중적으로 돕게 되었는데 어머니는 교통사고로 돌아가시고, 아버지는 어머니의 사고로 인한 보상금 1억을 탕진하더니 역시 인천 야산에서 죽어 결국 고아가 되어 버린 청소년입니다. 한때 태촌파의 칼잡이 똘만이로 강도, 상해 등의 전과가 5범이었습니다. 온몸은 물론이고 심지어 손가락까지 문신으로 덮여 있었습니다.

한순간 이 아이가 제 아들 준성이의 모습으로 보였습니다. 민수는 운전면허시험을 보는데 주민등록 등본이 필요했습니다. 마땅한 주소가 없어 저희 집에 주소를 만들어주는 과정에 인연이 되어 마침내 양아들로 맞아들이게 되었습니다. 제가 이 아이를 돌보고자 데리고 왔는데 사실은 이 아이가 제 아들을 돌보는 격이 되었습니다.

이로 인한 스토리가 2004년 4월 4일 중앙일보에 소개되었습니다. 그리고 당시 문화체육부 장관으로부터 민수를 보호 상담하는 광주 청소년 전문직 상담 센터에 지원금이 나왔습니다. 그것이 종잣돈이 되어 지금의 광주 '청소년 1388'을 운영하게 되었고 현재 제가 대표로 재임 중입니다.

특별히 아들이 한때 수감되었던 교도소와 연결이 되어 전국 교도소를 방문하면서 특히 사형수들을 많이 만나게 되었는데 1,000통 이상의 편지를 주고받으면서 관계를 맺게 되었습니다.

저희 아들을 평생 격리된 곳으로 넣어야 한다고 그렇게 역설했던 최정인 신경정신과 원장님도 의학적으로는 해결할 수 없는 한계의 환자를 보면 저희에게 연락을 해서 문제를 해결해 주시기를 의뢰하기도 합니다. 그래서 연결된 사람들이 지금은 결혼해서 잘 살고 있습니다.

전도사로

아들은 전남과학고등학교를 졸업 후 전남과학대학 사회복지과와 광주대학 사회복지학과를 졸업한 후 아버지의 길을 따라 신학교에 입학하여 지금은 하나님이 이끄신 곳에서 전도사로 사역 중입니다. 아들이 중학교 2학년 때 교내 백일장 대회에 나가 글을 지었는데. 학급 담임 선생님께서 "오늘은 멋진 시 한 편을 읽어주마" 하시고 그 시간에 준성이가 쓴 시를 읽어 주었답니다. 그리고 나서 "이런 시는 누가 지었을까요?"라고 물었더니 학우들이 "교과서에 나오는 시인들이요"라고 말하더랍니다. "사실은 준성이가 쓴 시!"라고 말했더니 학생들이 놀라더라는 말을 한 적이 있습니다. 준성이가 마음이 차분해지거나 감정이 잘 조절될 때 쓴 시들을 우리 대학교 국문학과 조병기 교수님께 보여드렸더니 "자기감정 표현이 좋은 시"라고 말씀해 주시기도 했습니다.

다음은 아들이 약물 치료를 받으면서 C.C.C (한국대학생선교회)라는 기관에서 간증한 내용의 글 입니다.

나의 마음을 가난하게 만드신 하나님

안녕하십니까?

저는 전남과학 대학 사회복지학과 2학년에 재학 중인 박준성이라고 합니다. 천국 형제인 여러분을 만나 뵙게 되어 반갑습니다. 오늘 저의 간증 시간이 있다는 말을 듣고 참으로 마음이 설레었습니다.

저는 5살 때 말을 못 하면서 한 달간 대학 병원에 입원을 하였습니다. 마비 증상은 두 달 정도에 풀렸지만 계속 경기도 일어났고 고열에 시달려야 했습니다. 병원에서는 식중독이라고 하면서 저를 치료했습니다.

그런데 몸도 자주 아팠지만 마음이 갈피를 못 잡는 것이 더 큰 문제였습니다. 저도 모르게 저지른 일 때문에 교장선생님으로부터 "너 같은 학생은 우리 학교에 다닐 수 없어"라는 말을 들으며 초등학교를 3번이나 옮겨 다녀야 했습니다.

그렇게 가고 싶었던 소풍과 수학여행도 가지를 못했습니다. 저의 친구들은 내가 정신병자라고 놀렸고 저는 왕따, 집따, 대따 등 별의별 따돌림을 당하며 힘든 시간을 보냈습니다.

나도 모르게 침이 줄줄 나오며 길 가다가도 손이 번쩍번쩍 들려지기가 자주였습니다. 한마디로 죽고만 싶었습니다. 내 마음을 몰라주는 세상이었습니다.

아무리 마음을 고쳐먹어도 내 생각대로 되지 않았습니다.

여러 병원을 거치다가 마침내 서울대 병원에서 검사를 받게 되었는데 전에 아팠던 병이 식중독이 아니라 뇌염으로 인한 전두엽 증후군이라는 병이었음이 밝혀지게 되었습니다. 감정 충동 조절이 불가능하다는 진단과 함께 정신지체 2급 판정을 받았습니다.

저는 지난 12년 동안 중학교 졸업식 때까지 병원의 오진으로 인해 정확한 치료를 받지 못해 내 뜻과 다른 너무나도 힘든 삶을 살았던 것입니다.

저는 모태신앙으로 태어났지만 하나님이 너무나도 원망스러웠습니다. 아버님께서는 "아들아! 너를 보호하기 위해 집에 가두어 두는 거다"라고 말해 주셨습니다. 저는 "하나님! 지금까지 이런 힘든 모습으로 살게 하셨는지요. 빨리 나를 하늘나라로 데려가 주셨으면 좋겠습니다."라는 말을 자주 했습니다.

늦었지만 다시 치료를 시작했습니다. 그런데 약만 먹으면 잠이 오고 무기력해졌습니다. 그러면서 늦게나마 고등학교에 진학하게 되었지만 여전히 학교생활에 적응하지 못했습니다.

부모님은 저를 위해 하나님 앞에 너무나도 간절히 기도하셨고 저는 나와 같은 친구들을 고등학교에서 만나면서 조금씩 나아지게 되었습니다.

부모님은 어디에서든지 부족한 저를 '나의 보석'이라고 하시면서 귀하게 여겨주셨습니다. 아버님은 항상 내가 자랑스럽다고 하시고 매일 나를 축복해 주셨고, 어머님은 어떤 경우에도 금요일 날만큼은 하루 종일 나와 이야기를 나누어 주셨습니다. 세상이 뭐라 해도 저를 포기할 수 없다고 늘 말씀해 주셨습니다.

그러는 동안에 하나님께서 저를 조금씩 회복시켜 가시고 언어와 행동을 고쳐 주셨습니다. 대인 관계에서도 서툴기는 하지만 조금씩 자신감을 갖게 해 주셨습니다.

제가 조금씩 회복돼 가면서 하나님의 사랑도 조금씩 알게 되었습니다. 사람들은 나를 싫어하는 모습이지만 하나님은 나를 있는 모습 그대로 너무나도 사랑해 주셨습니다. 나 같은 죄인의 마음속에도 하나님이 계심을 알게 되었습니다.

하나님의 사랑은 저의 삶, 모두를 아름답게 바꾸어 주셨습니다. 예전에는 사람들의 놀림을 당하면 나 자신을 비관하여 자해하고 숨어버리려고 했지만 지금은 그렇지 않아요!

예수님의 사랑은 내가 나 자신을 있는 모습 그대로 받아들이고 사랑하게 해 주셨고, 가끔 사람들에게 놀림을 당하여도 이제는 그 사람들까지 사랑하고 용서할 수 있는 마음을 주셨습니다. 대학에 들어가서 C. C. C.에 들어가게 되었습니다.

첫 수업 시간에 강의실에 들어와서 설문 조사를 했는데 저의 반응이 너무 좋다고 제출한 설문지에 A 플러스를 주었습니다. 저는 얼마나 기뻤는지 모릅니다. 한 번도 좋은 점수를 받아 본 적이 없었는데 하나님께서는 나에게 좋은 점수를 주시는 가보다 라는 생각이 들었습니다.

지금은 C.C.C.와 교회 안에서 예수님에 대해 더 알아가고 말씀으로 훈련받고 있는 데 하루하루가 기쁘고 의미 있는 삶을 살아가고 있습니다. 제가 하는 일이라고는 누나하고 길거리에 나서서 예수 천당! 불신 지옥! 하고 외치면서 전도한다든지 아버지와 함께 해외 선교를 가곤 합니다.

가까운 친구들이나 사람들에게 "예수님 믿으세요?" 물어보고 "안 믿는다"라고 하면 "우리 교회에 나와 보세요." 또는 "C.C.C에 와보세요" 라고 말할 뿐입니다.

어떻게든 데려오기만 하면 나머지는 목사님이신 아버지와 C.C.C 간사님이 알아서 하십니다. C.C.C에서 함께 훈련받고 있는 형진이라는 친구는 아버지가 불교 신도 회장인데 훈련받은 지 1년 반 된 지금은 자기 아버지를 위해 기도 중입니다.

아버지와 함께 전도한 종건이라는 친구는 자기 아버지와 다투고 방황하다가 우리를 만났는데, 지금은 군대에 갔고 앞으로 신학대학에 가고자 준비 중입니다. 그 친구의 어머님이 우리 교회에서 세례 받고 집사가 되셨는데 항상 주방에서 일하십니다. 고등학교 때 전도한 나의 좋아하는 친구 유주는 군대에 가서 신앙생활을 잘하고 있습니다.

지난날을 돌아보면서 힘들었던 시간들이 많이 있었지만 하나님은 나를 만나주시기 위해 나의 마음을 가난하게 하셨던 것 같습니다. 저는 그런 하나님을 너무나도 사랑합니다. 저의 이런 모습도 받아 주시고 사랑하시는 하나님을 많은 사람에게 전하고 싶습니다. 저의 미래의 꿈은 고아 원장이 되는 것입니다.

여러분도 제가 만난 이 하나님을 만나 보셨으면 합니다. 끝까지 저의 간증을 들어 주셔서 감사합니다. 천국 가는 그날까지 우리 모두들 주안에서 승리하시길 바랍니다. 샬롬!

- 2008년 간증자 박준성 씀

가족

우리 세상 모든 사람들에게는 가족이 있습니다.

그러나 세상 어린이들에게는 아비 어미가 없는 사람과 홀로 사는 소년 소녀 가장들도 있습니다. 우리는 가족을 서로 믿어야만 합니다. 그리고 서로 따라야 합니다.

나는 우리 가족이 좋습니다. 함께 지낼 수 있고 같이 살 수도 있어서 좋습니다. 세계의 수많은 가출 소년 소녀들이시여! 가족들이 있는 가정으로 돌아갑시다. 나는 가족이 있어 좋습니다. 저는 그다지 잘 살지는 못해도, 먹을 수 있고, 잠잘 수 있고, 입을 수 있는 집이 있어 아주 좋습니다.

우리는 엄마 또는 아빠를 사랑합니다. 만일 자기 집이 잘살든 못 살든, 가족만 있다면 난 좋았다고 말해야 합니다. 나는 가족끼리 함께 지내는 것이 가장 좋았고 행복했습니다. 나는 가족을 사랑하고 가족을 좋아합니다.

서로 믿고 좋아하는 우리 가족의 모습이 나의 기쁨입니다.

어떤 사람의 괴로움도 이해해 줄 수 있는 그런 가족이 내게 있어 좋습니다.

우리는 늘 자기를 사랑해 주는 가족이 있다는 걸 알아야 합니다.

우리 주변에 그 누가 아프거나 죽을 때, 그 누구도 거들떠보지 않을 때가 있지만 그것보다 더 슬픈 것은 가족이 없다는 것입니다.

우리는 가족이 있어 중요한 존재입니다.

가족이 있기에 우리는 뭐든지 해낼 수 있습니다.

- 2010년 박준성 씀

회복의 가능성

아들과 함께 서울대 병원에 정기 검진을 받으러 가는 날이었습니다. 지속적인 약의 복용으로 인한 혈액검사를 통해 약물을 조정하는 것이 주된 검사입니다. 처음에는 한 주 만에 갔던 것이 이젠 넉 달 만에 가게 되었습니다. 혹시 이번엔 어떤 결과가 나올까? 약물로 인한 혈액 부작용이 안 나타나기를 바라는 마음뿐입니다. 정기 검진을 받기 위해 서울을 오르내리며 열차나 고속버스 차창 밖에 비치는 풍경이 때로는 외롭게도 느껴지지만 아들과 함께 소풍을 가는 날이라 생각합니다.

지난 8년간 진찰받을 때마다 오르내린 서울대 병원의 언덕길! 나에겐 애환과 소망이 어우러진 길이기도 합니다. 드디어 담당 의사를 만났습니다.

"회복의 가능성이 있습니다."라는 의사의 말에 아들과 나는 주변 사람들의 시선에도 아랑곳하지 않고 병원 정문 앞 한복판에서 무릎을 꿇고 손을 들어 감사의 기도를 드렸습니다, 진찰실 입구엔 이른 아침부터 환자들로 붐빕니다. 겉으로만 판단해도 아들보다 심각한 환자들이 눈에 보입니다. 이곳에서는 서로가 아무 말을 않지만 이곳에 오기까지의 서로 간의 아픔을 너무도 잘 아는 사람들이기도 합니다.

'주님! 저들의 아픔을 만져 주시옵소서!' 축복의 기도를 드립니다. 오늘은 주치 의사에게 꼭 3가지를 물어보고 싶었습니다. '결혼', '취업', 그리고 '언제까지 약을 먹어야 하는 가입니다. 결혼과 취업은 '잘하면 된다.'라는 것입니다. 그런데 약에 대해서는 '평생 복용해야합니다'라고 단호하게 짚어 주었습니다.

어느 날 준성이가 저에게 물었습니다.

"아빠 천국이 어디예요?"

"천국은 바로 가정이란다."라고 대답할 수 있었습니다. 아들에게 하고 싶은 말이 있습니다.

"아들아! 돌이켜보면 아빠가 널 보호한 것이 아니라 네가 이 아빠를 잘 지켜주었단다!"

"세상을 살아가기 위해서는 네가 아빠를 필요로 한다기보다 아빠가 널 필요로 한단다."

"너를 생각하면 이 세상에서 아빠가 사랑하지 못할 사람은 아무도 없을 것 같구나."

이후에 여전히 치료를 받는 과정인 나의 아들에게 예상하지 못한 어떤 일이 발생할지라도 나는 절망하지 않고 그 가운데서 오히려 하나님이 하시는 일 을 기대할 것입니다. 또한 내 아들도 운명을 섭리로 바꾸시는 하나님을 믿고 자신이 선택한 삶에 책임을 지면서 살아갈 줄 믿습니다.

- 2002년부터 2013년 동안의 과정에 대한
〈가족치유 마음치유〉 제목의 강의 원고를 게재한 것임 -

태촌파 민수

내가 봉사하는 기관인 청소년 1388을 통해 보호관찰 중인 민수(가명)가 우리 팀에게 맡겨졌다. 민수는 당시에 언론을 떠들썩하게 했던 '통통배 새우잡이 사건'과 연관된 법적 문제가 해결되지 않았기에 우리 자원봉사팀원인 노인수 변호사가 맡기로 했다. 그런데 이와 관련된 회의를 마치고 민수에게 "너의 집이 어디냐"라고 물었는데 광천동이라고 해서 "가는 길에 내가 데려다 주겠다."라고 했다. 막상 그 집에 가보니 개인 집이 아니고 조부모님이 임시로 거주하는 광천동 노인당이었다. 부모님은 이미 돌아가신 상황이었기에 보호자도 없었다. 조부모님들도 노인당의 한쪽에 얹혀서 사는 데, 범죄를 저지르고 전과가 여러 차례 있는 손자가 갑자기 찾아와 함께 거주한다는 것에 대해 부담을 갖고 계셨다.

결국 민수를 보호하는 첫 번째 길은 거주지 문제의 해결과 직장을 찾는 것이었다.

사회가 보호하지 않으면 또다시 이전의 길로 돌아갈 수도 있다. 민수의 문제가 뻔히 보이는데 어찌 바라만 보고 있을 수 있단 말인가! 이런 때 바라만 보고 있다면 언제든지 다시 범죄로 가는 길을 묵인하는 것이고 바로 우리의 책임이라고 생각했다.

이러한 상황을 보고 어쩔 수 없이 민수를 우리 집으로 오라고 한 것이다. 사실은 진정성 있는 마음에서 우러나온 것이라기보다 이러한 때에 처하면 어느 누구든지 가질 수 있는 최소한의 윤리와 양심의 결정이었다. 이러한 일련의 과정에 대한 신문과 저널의 보도 내용을 발췌하여 옮겨 놓는다.

끈끈한 신뢰가 " 사랑의 끈 '

민수(가명)는 이제 하루 일과가 끝나면 집으로 갈수 있다. 불과 몇 달 전까지만 해도 민수에게는'집'이 없었다. 강도상해죄로 소년원을 세 차례나 들락거리고 험하다는 새우잡이 배에서 몇 달 동안 월급도 받지 못한 채 노예처럼 일해 온 19살 민수!

민수에게 가족이라고는 구청에서 마련해 준 단칸방에 사시는 할아버지·할머니밖에 없었고 그나마도 민수가 가 있을만한 형편이 되지 못했다.

일찍 돌아가신 어머니, 민수가 아르바이트를 해 번 돈까지 술값으로 탕진해 버리던 알코올중독 아버지, 그런 아버지마저 돌아가시자 고아원으로 보내진 동생… 지금까지 민수를 따뜻하게 맞아주는 '가정'이란 없었다.

그런 민수에게 도움의 손길이 뻗친 것은 지난해 5월 「청소년 상담 전문직 자원봉사단」을 통해서였다. 봉사단에서 소년원에 수감되어 있던 민수를 선택, 법원에 탄원서를 내고 지도를 맡겠다고 나선 것이다.

그 곳에서 민수는 양아버지 박배식 교수(동신대 국문학과)를 만났다.

"처음부터 개인적으로 돌볼 생각은 없었다."고 말한 박 교수는 "소년원에서 나온 민수를 할아버지 집에 데려다주면서 거처할 곳이 마땅찮다는 사실을 알게 됐고 이후 집으로 초대해 인연을 맺게 됐다."고 밝혔다.

박 교수 소년원에 수감된 민수 지도, 양아들 입적
믿음 속, 진한 가족애 나누며 따뜻한 가족 일궈

민수와 이런 관계를 유지하기까지는 부인과 아들의 도움이 컸다. 목포과학대학교 간호학과 교수이기도 한 부인 고미자씨는 비행청소년 문제해결 프로그램을 개발, 지난해 소년원생 100여 명을 대상으로 이 프로그램을 진행했을 만큼 이 분야「전문가」이다. 어릴 때 앓은 뇌염의 후유증으로 약간의 장애를 겪고 있는 아들 준성이 역시 민수가 사회봉사명령으로 장애인들을 돌보는 일을 할 때 함께 다녔을 만큼 친형처럼 따른다.

민수와 박 교수 가족이 결정적으로 서로에 대해 믿음을 갖게 된 계기는 이렇다.

민수가 집에 와 있는데 식구들이 모두 급하게 나가야 할 일이 생겼다. 세 차례나 소년원 신세를 진 '전력'이 있는 민수에게 선뜻 집을 맡기기는 어려웠지만 박 교수는 "한 번은 넘어야 할 고비라 생각했다."라고 말한다. 순간 부인과 눈이 마주쳤고 무언의 대화가 통했다.

민수에게 사정을 이야기한 박 교수는 아파트의 열쇠를 맡기며 식구들이 돌아올 때까지 집을 봐줄 것을 부탁했다. 이 일 이후 서로간의 신뢰가 더욱 굳어진 것은 두말할 필요도 없다. 물론 위기의 사항도 있었다. 민수가 직장인 카센터에서 선배들이 내던진 민수의 과거에 대한 사소한 말 때문에 뛰쳐나간 것.

박 교수는 연락조차 되지 않는 민수에게 핸드폰으로 계속 메시지를 남기는 등 애타는 노력을 기울였고 서울에 가서 이전에 속했던 태촌파를 직접 만나서 담판을 짓기도 했다. 결국은 박 교수의 집요한 사랑의 외침에 며칠 만에 민수에게서 다시 연락이 왔다.

박 교수는 그때 일을 떠올리며 "또다시 방황을 시작한 민수 걱정보다 내가 앞으로 책임져야 할 일이 먼저 그려져 가슴이 철렁 내려앉은 자신이 너무 부끄러웠다."라고 말하고 "한편으로는 친아들 때문에 마음 아파하고 늘 가슴 졸이며 사는 내가 또 다른 짐을 자원해서 져야 할 필요까지 있을까하는 회의도 들었다."라고 심정을 털어놨다.

하지만 지금은 민수가 준성이와 목욕탕에서도 같이 가는 등, 형노릇을 톡톡히 하고 있어 안심이 되고 감사할 따름이다. 교회 장로

직분을 맡고 있기도 한 박 교수는 한 번도 민수에게 교회에 나갈 것을 권유하거나 데리고 나선 적이 없다.

민수가 스스로 판단해서 결정할 문제라고 생각했기 때문이다. 얼마 전 일요일 오전 박 교수는 민수에게서 전화를 받았다. 교회 앞에 와 있다고…….

어떠한 의도나 대가를 바라지 않고 자연스러운 관계를 유지하고자 했던 박 교수의 생각이 민수를 차츰 변화시킨 것이다.

… (중략) …

박 교수는 또 좋은 모습뿐만 아니라 부부 싸움을 하거나 가족문제로 고민하는 모습, 치워지지 않은 집안, 일상적인 삶의 대화 등등을 꾸밈없이 그대로 보여 준다. 민수에게 평범하게 사는 모습을 보고 느끼면서 스스로 갈등을 해결하는 방법까지 스스로 찾아야 한다는 생각 때문이다. '앞에서 배우기보다 어깨너머로 배운다.'라는 말을 믿기 때문이란다.

… (중략) …

그러던 어느 날 민수 스스로 교회에 앉아있는 것을 보게 되었다.

이제는 서로가 가사 분담에도 익숙해져서 민수가 부엌에 들어가 요리와 좋아하는 떡볶이를 만들어 나누는 등 손님으로 여겨지지 않을 정도가 됐다. 박 교수는 틈틈이 민수가 다니는 진월동 '쌍용 플라자 카센터'에 찾아가 자동차 점검 과정을 살피고 사장님에게 부탁하는 등 직장 생활에도 신경을 쓴다. 또 중학교 2학년을 다니다 만 민수를 그냥 놔둘 수 없어 검정고시 준비를 시키고 있기도 하다.

민수는 박 교수에 대해 "아빠라고 부를 수 있어서 좋아요. 겉으로는 편한 분이시지만 속으로는 아픔을 새기고 사시는 것 같아요."라고 감정을 표시하며 눈시울을 붉힌다. 적지 않은 나이에 새로운 가족을 만나 가정의 따스함을 배우며 안정을 찾아가고 있는 것이다.

누군가를 돕고 베푸는 자의 위치에 서지 않고 신뢰를 바탕으로 인격적 관계를 쌓아가는 박 교수의 가정, 그래서 세상은 아직 살만한 곳인지 모른다.

- 〈중앙일보〉 2003년 4월 4일,
湖南新聞 2001년 2월 6일에 게재된 내용을 발췌 정리한 것임 -

황금기

사람마다 자신의 인생에 대한 황금기가 나름대로 다를 수 있겠지만, 돌이켜 보건대 남을 위해 봉사할 수 있는 기간을 나는 세 가지로 구분해 본다. 첫째는 몸으로 봉사하는 청년기와 중·장년기 때의 시기로 아직 육체적인 힘이 있을 때이다. 이런 시기에 최선의 봉사는 아이들과 함께 운동장에서 놀아주고, 산을 오르내리고, 아이들이 보고 싶은 곳을 여행시켜 주고, 함께 먹고 함께 뒹구는 것이다. 나의 힘 있는 청춘을 여기에 쏟아부을 수 있어서 행복했다. 둘째는 물질로 봉사하는 시기이다. 장년기의 시기인데, 이때는 물질을 드려야 한다. 아이들에게 밥을 사줘야 하고 옷도 사주고 가족들의 식량, 학교의 등록금도 납부해 주고, 명절 때에는 선물을 주고, 적당한 때 용돈도 줘야 한다. 몸으로만 메꿀 때가 있고 돈을 쓰면서 봉사해야 할 때가 있다. 이때를 위해 몸도 건강해야 하고 돈도 벌어야 한다. 나는 다행히 건강한 육체와 다른 사람을 도울 수 있는 직장이 있어서 행복하다.

셋째는 정신적인 힘으로 봉사하는 시기로 노년기라고 생각한다. 한마디로 정신적인 영향력을 미쳐야 한다. 자신의 행복을 증명하여야 타인도 행복하게 할 수 있다, 행복의 모델이 되어야 하는 때이며 봉사하는 후배와 후손들을 양육해야 하는 시기이다. 그래서 교육으로, 저서로, 강연으로, 기부금과 특별대회 개최 등을 통해서 사상과 정신을 전달해야 하는 시기라고 생각한다. 그래서 노년기에 행하는 봉사야 말고 행복을 누리는 삶이라고 말하고 싶다. 나는 이제 이러한 시기를 맞이하고 있고, 이제 남은 생애를 봉사로 누릴 수 있는 길을 찾아가는 일련의 과정으로 지금의 고백록을 쓰고 있는 것이다.

나에게 청·장년의 시기는 내 인생에 있어서 육체의 황금기였고, 가장 몸으로 많이 활동하던 시기였다. 당시에 저널에 소개된 기사이다.

천리 기름진 들녘과 같은 사람

가뭄 밑에 장마라더니 90년 만의 가뭄 뒤에 연일 빗줄기가 굵다. 더도 말고 덜도 말고 단비처럼 반가운 일만 가득하다면 얼마나 좋겠는가. 특히 귀가하면 반갑게 맞아주고 안락하게 쉴 수 있는 단비 같은 가족이라는 안식처가 있다면 말이다.

… (중략) …

별다른 대안이 없는 한 최후의 보루가 될 수밖에 없는 가족. 이 가족이 없는 청소년들과 따뜻한 사랑을 나누고 있는 사람이 있다. 피 한 방울 안 섞인 사람과 사랑을 나눈다는 것, 그래 그게 어디 말처럼 쉬운 일이던가. 더군다나 지금처럼 개인의 이기주의가 극대화되고 있는 시대에 말이다. 그렇지만 시대 운운하기에 앞서 조금만 주위를 살펴보면 몸소 그 사랑을 실천하는 사람이 있고, 또 우리가 나누어야 할 사랑도 얼마든지 있다는 것을 기억해야 할 것이다.

… (중략) …

부부교수가 함께 펼친 청소년 사랑

박배식(동신대학교 국문학과)교수는 소위 말하는 '문제아'들의 아버지이고 '사형수'들의 따뜻한 친구이기도 하다. 법원으로부터 수강명령을 받은 대상자들을 중심으로 상담교육을 하고 있는 것이다. 아니, 상담교육이라고 하면 사무적인 냄새가 더 짙어 적절한 표현은 못 되는 것 같다. 따뜻한 애정을 갖고 그들과 함께 부대끼며 부모와 자식처럼 지내고 있다. 살인미수와 절도, 폭력은 기본이고 마약까지 경험하고 이미 가정에서 소외된 아이들, 그 소외로 인해 문제를 일으키게 되고 사회에서조차 무관심으로 버림받는 아이들을 위해 혼신을 다하고 있는 것이다.

박배식 교수는 지난 5년 동안 문제 해결을 위한 프로그램을 아내와 함께 개발했다. 자신의 자식이 가정과 학교, 사회에 적응을 하지 못하고 방황한다면 어떻게 대처할 것인가? 이럴 때 그는 좀 더 체계적인 학문을 연구하고 거기에 따뜻한 애정을 더했다.

보호는 사랑과 관심 속에서

이러한 활동이 인정되어 법무부로부터 수강 명령 대상자를 위탁받게 된 것이다. 일주일에 3시간 정도의 대화를 나누며 프로그램을 진행하고 마지막에는 2, 3일간 함께 여행을 떠난다. 이 사이에 깊이 있고 진심 어린 소통을 통해 새로운 미래를 계획하게 되는 것이다. 뿐만 아니라 한국청소년상담소에서 위탁한 대상자들의 상담도 맡고 있으며, 광주시에서 위촉한 전문직 자원봉사자의 팀장으로도 일하고 있다. 고아원이나 양로원 같은 곳을 찾아 정을 나누는 것은 물론이다.

… (중략) …

박배식 교수의 부인 고미자(목포 과학대 교수)도 마찬가지다. 부부는 일심동체라는 이 식상한 표현을 다시 확인이라도 시켜주듯 늘 함께 활동하고 있다. "제가 가서 데려오면 아내가 먹여 살리고, 아내가 가서 데려오면 제가 해결하러 다닌다."라는 말은 이들 부부가 맞물려 돌아가며 펼치는 활동을 압축해 보여준다.

현재 광주 보호관찰소에는 70여 명의 청소년들이 있는데 광주보호관찰소 김양곤 과장은 "박배식 교수와 고미자 교수 부부가 진행하는 수강명령 대상자 교육 프로그램이 전문성과 진정성을 갖춘 좋은 사례로 전국에 소개되고 있다"라고 말했다.

"내 상처가 있어야 다른 사람 상처를 치유할 수 있어"

사실 그 순수한 의도와는 달리 의심을 품는 경우가 있을지도 모른다. 교수라는 직업이 사회의 지식인이고 그래서 갖는 권위의식도 있을 수 있고, 그 권위의식을 갖고 남들 돕는다고 해봐야 뭐 얼마나 돕겠는가 하는 삐딱한 시선을 가질 수도 있을 것이다. 그러나 박배식 교수는 분명 다르다. 대화를 나누어보면 누구나 다 알겠지만 그 사람의 진실은 금방 배어나기 때문이다.

… (중략) …

"상처 입은 사람만이 상처를 치유할 수 있습니다."

박배식 교수가 지금의 일을 시작하게 된 동기이다. 상처 없는 사람으로서는 이해하기 힘든 말이다. 아들의 문제를 해결하기 위해 보다 전문적 상담에 관심을 갖게 되었고 다른 청소년들을 선도하기 위한 일에 적극 나서게 된 것이다. "비행, 이혼, 자살, 마약과 얽힌 그들의 문제가 우리 부부를 통해 해결되어 가는 과정을 볼 때 비로소 존재를 확인"하게 된다는 박배식 교수. 자신의 상처를 치유하는데 그치지 않고 다른 사람의 상처까지 아물게 하는 모습에 혼자 이렇게 안주해도 되는가 하는 반성을 하게 된다.

"5천 원 벌려고 땀 흘리며 노력하는 모습을 볼 때 보람이 느껴져요"

자신의 시간을 접어 두고 하는 이러한 일련의 활동들이 벅차지는 않을까 싶었는데 전혀 그렇지 않다고 대답한다. 이미 자신의 생활 일부로 자연스럽게 스며있기 때문이다. 물론 어려운 점이 전혀 없는 것은 아니다. 시간적인 것, 경제적인 것쯤으로 여겼던 필자의 생각은 참 속 좁은 것이었다. 어려움이란 다름 아닌 서로 간의 괴리감을 느낄 때라고 한다.

"그들의 마음과 함께 하는 것이 중요합니다. 함께 자고 먹고 할 때 마음이 열리지요."

그러나 어려운 활동 속에서도 보람이 있기에 가능한 일이지 않을까. 박배식 교수가 보람을 느낄 때는"범죄를 저질러 단숨에 큰 액수를 손에 쥐던 애들이 돈 5천 원, 만원 벌려고 노력할 때 마음이 기쁩니다. 또 그들이 성인이 되어서 애도 낳고, 그 애기가 내 손자 같아요." 이 순간에 표정이 한층 밝아진다. 그가 만나는 청소년들은 그동안 이러한 사소한 행복을 모르고 살았다. 이 사소한 행복을 경험함으로써 비로소 평범한 사람으로 살아가는 것이다.

… (중략) …

"정상에 올라갈수록 아래로 내려올 준비를 해야 한다고 말하고 싶습니다. 그 아래는 바로 우리가 끌어안아주고, 마음을 만져줘야 할 사람들입니다. 에베레스트 정상에서 기분에 도취되어 정해진 시간 이상 머문 사람이 나중에 동상에 걸려 손이 잘렸다는 이야기를 들은 적이 있습니다. 우리의 정상은 머무는 곳이 아니라 내려가야 할 자리라고 생각합니다."

교수 부부라는 사회적 위치에 있으면서 '내려가야'할 때 좀 더 편안하게 내려가도 좋으련만 천성을 그렇게 타고나기라도 했는지, 혈혈단신 '그 아래'에 사는 이들을 보살피는 손길을 보면 세상은 한결 부드러워질 것이라는 생각이 든다.

봉사를 통한 자기 존재의 확인

부족하지만 나를 필요로 하는 다른 사람들이 있다는 것이 기쁘다는 박배식 교수의 삶. 짧은 시간이나마 그의 행적들을 나누며 하나의 화두처럼 던진 이야기를 새겨본다.

"봉사를 통한 자기 존재의 확인은 가장 가치 있는 자기 발견이라고 생각합니다." 다양한 사람들의 다양한 삶, 우리는 어떤 식으로 자아를 찾아가고 있는지 깊이 되새기게 해주는 참 아름다운 말이다. 그의 마음이 천리에 달하는 기름진 들녘과 같다. 소외된 청소년들의 버거운 삶의 무게를 함께 나누는 그의 손길에 세상 한 쪽이 환해지는 기분이다.

-2001년 9월 〈고향사랑〉 이라는 저널에 소개된 내용을 발췌 정리한 내용임-

목숨을 걸고

민수의 이야기와 내가 하는 일들이 〈중앙일보〉에 소개가 되고 나서 며칠 후에 KBS TV 방송국 다큐멘터리 '인간극장' 편성 담당자로부터 연락이 왔다. 나의 스토리를 '인간극장' 프로그램으로 제작하고 싶다는 것이었다. 몇 가지 정보를 주고받는 중에 내 마음에 가장 걸리는 것이 있었는데 출연하는 얼굴은 자막 처리를 하면 되지만 이름은 실명으로 나가야 한다는 것이다. 이 부분이 나에

세 부담감과 고민을 주었는데, 아이들과의 만남은 영원한 것이고, TV 방송국에 출연은 순간적인데, 이후에 이로 인해 생길 수 있는 여러 가지 역기능적인 것을 생각하게 되었다. 나중에 더 성장한 후 그들이 가정을 꾸릴 때 연인이나 자녀들이 알게 되면 어떻게 할 것인가? 또 태촌파 조직들이 방송 내용을 알게 되면 어떤 반응을 할 것인가? 결국 여러 가지 생각 끝에 '인간극장'의 다큐멘터리 제작을 포기하게 되었다. 이러한 상황을 알게 된 우리 대학의 인문사회대학 황광연 학장이 대학의 홍보 차원 수준에서 나의 스토리를 다큐멘터리로 제작하자고 대학 측과 나에게 제안했다.

나도 우리 대학의 교육 방송국에서 제작하는 대학 홍보 차원의 다큐멘터리 제작은 좋다고 응답했었는데, 약 1개월에 걸쳐 방송국 담당자가 거의 나와 동행하면서 일상적 삶을 밀착하여 촬영하게 되었다.

새벽시간에 갑자기 발생한 문제를 처리하는 과정도 촬영해 주었고, 아들의 신발은 양동시장에서 시장 신발로 구입하고, 내가 돌보는 아이들의 신발은 백화점에서 '메이커 신발'을 사주는 장면도 촬영되었다. "친아들은 찬밥을 먹여도 슬퍼하지 않지만 데리고 온 아들은 따뜻한 밥을 먹여도 눈물을 흘리더라. 자존감을 세워주는 기술이 필요하다."라는 말도 녹음되었다.

당시에 광주 동일실업고등학교 경비원 상해 치사 사건을 일으킨

양○○ 학생의 법적인 문제를 해결하는 과정에서 사회 각계 인사들에게 선처를 구하는 탄원서를 만들고 피해자의 병원과 장례식장에 혼자 찾아갔다가 수모와 봉변을 당하는 장면도 촬영되었고, 비행 청소년 수강 명령 교육 중에 그들과 함께 울고 함께 웃는 장면 등이 한 달여 걸쳐서 나의 아내와 가족들의 상황까지 함께 촬영되었다.

마침내 2004년 3월에 드디어 '비행 청소년의 아버지 박배식 교수를 찾아서'라는 제목의 다큐멘터리가 제작 완성되었는데 한동안 제목과 함께 인터넷에 떠돌아다니다 보니 이것을 보신 분들에게서 위로와 격려의 말을 들었다.

해마다 5월의 스승의 날이 되면 교육부에서는 스승을 대상으로 표창을 수여하는 연례행사가 있는데 대개는 소속 대학 원로교수들의 공덕을 기려주는 뜻으로 추천되었다. 그런데 2004년 당시 교육부에서는 대학교수에게 주는 표창 대상자의 추천을 '교내 외, 특별활동 지도, 제자들의 특기, 적성 계발, 사명감' 등을 중심으로 실제적인 활동상을 기록해서 추천하라는 교육부의 지시 공문이 왔다.

학교 측에서는 그동안의 추천 기준인 원로교수가 아닌 나를 추천대상자로 정했다. 그리고 2004년 부총리 겸 인적 자원부 장관으로부터 '특별활동 지도, 사명감으로 봉사' 등의 문구가 적인 표창패를 수여받게 되었다. 어찌 되었든 칭찬과 후원은 다시 춤을 추게 하는 힘이 되나 보다.

양아들로 입적된 민수는 진월동의 카센터 직장에서 열심히 일을 하고 있었다. 차량의 윈도 브러쉬나 차량 오일을 교환하는 법을 배우게 되면 집에 와서 우리 가족에게 자랑을 늘어놓았다. 손가락만 빼고 온몸에 새겨진 문신도 국가의 도움으로 고용 직업학교 병원에서 상당히 제거하였다.

그런데 시간이 흐르면서 민수는 어느 순간부터 태촌파의 조직원의 눈에 띄게 되었고, 그들은 다시 유혹의 손길을 뻗치기 시작했다. 민수가 나에게 "아빠, 두려워요. 그들 말대로 안 하면 그 세계에서는 제가 불구자가 될 수 있어요. 제가 살기 위해서는 가야 해요."

어느 한순간 집을 나간 민수는 서울의 태촌파에서 다시 똘마니 생활을 시작하게 되었다. 하지만 민수는 그 세계에서 갈등을 겪었고, 서울에 가서 조직의 본거지를 이 잡듯이 뒤지고 있던 나하고 겨우 연락이 닿아서 다시 조직원들에게서 빠져나오는 과정이 있었다.

그러던 어느 여름날 새벽 민수를 추적하던 태촌파로부터 나를 만나자는 연락이 왔다. 꼭두새벽에 송원 마트 앞에서 만난 그들은 '친구'라는 영화에서 보았던 깍두기 머리의 주인공들이었다. 차 안에서 그들의 험악한 모습을 금방 알아본 아내는 내게 말했다. "여보, 불길하고 위험하니 만나지 말고 민수를 포기하면 어때요?"

새벽녘 어느 카페에서 나는 그들과 담판을 벌여야 했다. 그들이 카페 주인에게 뭔지 모를 몇 마디를 하니까 그대로 문을 닫아 버리고 자리를 마련해 주었다. 나는 물었다. 왜 이렇게 끈질기게 민수를 찾아다니느냐고! 그들의 대답은 "민수는 날렵하고 작은 몸으로 칼로 승부를 거는 데 최고의 명수다."라는 것이었다. 그들과의 끈질 긴 대화중에 나는 곁에 있는 포크를 책상에 그대로 내리꽂고 윗옷을 발가벗고 외쳤다.

"나는 이 아이에게 생명을 걸었다. 너희 놈들 중에서 이 애한테 목숨까지 건 놈 있으면 어디 나와 봐라. 그리고 데리고 가 봐라. 여기서 날 죽이고 데려가라"

어쨌든 그 뒤로 그들은 민수를 찾아오지 않았다. 그 후로 민수는 한편으로는 정상을 되찾아 가면서도 한편으로는 갈등했다. 변화를 원하면서도 변화를 두려워했다. 이제 자유인이 되었으면서도 아직 남아있는 예전의 습성이 자신을 괴롭혔다. 나도 민수를 내려놓고 싶을 때가 있었다. 그런데 나의 꿈속에 한 번도 보지 못한 민수의 어머님이 나타나서 자신의 아들을 보호해달라 했다.

난장판

외부로부터 오는 큰 싸움에서는 이겼는데 내부의 죄를 타고 들어오는 작은 싸움에서 민수는 무너지기 시작했다.

어느 날, 아내가 일찍 집에 귀가해서 혼자 안방에서 쉬고 있었다. 이때 고등학교 다니던 나의 아들이 여느 때와 같이 서너 명의 친구들을 데리고 집으로 놀러 왔다. 때마침 그날따라 민수도 일찍 퇴근을 하고서 집으로 들어왔다. 아들의 친구들과 민수가 어울려 안방 응접실 쪽에서 평상시와 같이 몸 장난을 하는 소리가 들렸지만 아내는 몸이 피곤한지라 아무 소리도 안 하고 그대로 누워 있었다고 한다.

그런데 몸 장난만 주고받던 얼마 후에 이상한 소리가 들리더라는 것이다. 그것은 몸 장난의 소리가 아니었다. 깜짝 놀란 아내가 화들짝 일어나서 응접실 방으로 가보니 민수가 아들의 친구들에게 이상한 동성애 짓을 가르치고 있었다는 것이다.

아내의 갑작스러운 등장에 모든 그들의 동작이 정지되면서 이들은 뒤로 나자빠지고 집안 가재도구가 나뒹구는 난장판이 되어버린 것이다. 나는 퇴근 후 이 말을 아내에게 듣고 나서 민수와 친아들을 당연히 훈계했다. 민수는 결국 직장을 그만두었다.

그리고 친아들에게는 숨겼어도 민수는 눈치채고 있었던 아내의 저금통장을 훔쳐서 다음날 아침 집을 나가버렸다. 그 뒤로 상당한 세월이 흐르도록 민수는 나에게 소식 하나 보내지 않았다. 다만 주소지가 아파트로 되어 있기에 애꿎은 각종 청구서만 날아들었다.

그러던 어느 날 민수로부터 "아빠, 나 경찰서에 있어요."라는 연락이 왔다. 민수는 그동안 어느 '서빙 업소'에 근무했는데, 어느 날 한순간 카운터에 있던 현금과 그 집 주인의 자동차를 훔쳐서 도망가 버렸다는 것이다. 그런데 얼마쯤 차를 몰고 도망가다가 나의 얼굴이 빤히 떠올랐다는 것이다. 즉시 돌아가서 돈과 자동차를 주인에게 돌려주었다. 그런데 그 사이에 주인은 이미 경찰서에 신고를 해버린 것이다.

경찰은 민수의 전과와 절도 범죄 때문에 유치장에 수감했다. 민수는 다시 감옥에 가게 될까 봐 불안해했고 조서를 쓸 때는 말조차 제대로 하지 못했다. 나는 경찰에 부탁하여 민수와 함께 유치장 안밖에서 함께 잠도 자며 안정시켜 조서를 받게 했다. 전과 5범이라는 경력 때문에 2년 정도의 징역이 예상되는 사건이라고 했다.

여러 생각 끝에 나는 민수의 탄원을 위해 이리저리 뛰기 시작했다. 나의 집에서 지냈던 지난 3년간은 죄를 한 번도 안 지었다는 데 희망을 가진 것이다. 나를 아시는 여러분들이 탄원인 서명에 참여해 주셨다. 학교에서 길거리 탄원 서명도 받았다. 나의 소속 대학의 이상섭 총장님께서도 참여해 주셨다. 나는 400명의 탄원서와 그동안 민수가 나의 집에서 생활하면서 받은 보호관찰소의 표창장, 일기 쓰기에서 받은 상장, 소년의 변화에 대해 쓴 기록, 민수 한 명과의 상담과 변화 과정을 이론적으로 소상하게 정리한 나의 상담학 석사학위 논문 (비행 청소년에 대한 목회 상담적 이해) 등을 첨부하여 법원에 제출하였다.

마침내 재판 날이 다가왔다. 그런데 생각지도 못한 문제가 생겼다. 민수가 재판 날에 도망을 가버린 것이다. 그동안 재판을 여러 번 받다 보니 스스로 재판 결과를 예견하고 이후의 두려움을 이기지 못한 것이다. 민수가 재판에 나오지 않자 얼마 후 경찰이 우리 아파트에 민수를 찾으러 왔고, 곧이어 기소중지자가 되어버렸다.

그 후 1년이 지나면서 민수는 가끔 발신자 정보 없음이라고 찍히는 전화로만 안부를 물었다. 사실은 나의 안부보다 자신의 일이 어떻게 진행되어 가는지에 관심이 더 컸을 것이다. 나는 "얘야, 네가 기소 중지자가 되어 수배되었다."라고 말해 줄 수밖에 없었다. 이렇게 시간이 흐를수록 민수는 '머리카락 보일라 꼭꼭 숨어라' 식이었다.

그리고 한참의 세월이 흘렀다. 나만이 아는 갈등이 찾아왔다. 세상은 내가 민수 같은 소년을 잘 돌본다는 모범 사례로 인정해 주었는데, 내가 원한 것은 아니었지만 좋은 일 한다고 신문과 방송에도 나와서 영광을 입었는데, 정작 민수는 지금 어디에 숨어사는지도 모르게 된 것이다.

어쩌다가 아파트 앞에 경찰차가 세워져 있으면 혹시 민수를 체포하려고 경찰이 잠복근무라도 하나 싶어서 가슴이 두근거렸다. 특히나 주변 사람들이 나의 헌신과 수고를 인정해 주면서, 민수의 안부를 물을 때면 쥐구멍에라도 들어가고 싶은 심정이었다. 교육부총리로부터 받은 표창장도 반납하고 싶은 심정이었다.

그러던 어느 날 교회에서 기도회가 끝난 후 성도 한 분을 우치동의 광신대학교 근처까지 데려다주어야 했다. 시간이 새벽 한시쯤 되었는데 차량의 속도를 내면서 집으로 향하고 있었다. 그런데 한 고갯길을 넘는 순간 누군가 보이는 것 같았다. 보인다기보다 냄새가 났다는 표현이 더 적절할 것이다. 차 안에 있는 내 아내와 아들은 못 보았지만 나는 직감적으로 느낄 수 있었다. 내가 그토록 찾고자 한 민수의 모습이 눈에 띈 것이다. 나는 달리던 차를 후진시켜 그 앞에 바짝 세웠다. 꼭두새벽에 이런 길에서 나를 갑자기 만난 민수는 너무 놀란 나머지 그 자리에서 꼼짝을 못 했다.

나는 이후의 시간이 어떻게 전개될지 몰라 아내와 아들을 택시에 태워 먼저 보냈다. 나의 친아들은 "민수 형! 그 동안 어디에서 지냈어? 보고 싶었어. 얼마나 걱정했는데." 서로 안고 울었다.

그리고 민수와 나는 그동안의 이야기보따리를 풀어놓기 시작했다. 나는 홧김에 민수를 향해 몇 번 따귀를 내리쳤다. 그리고 말했다. "네가 이럴 수가 있느냐. 마지막 재판 날이 그렇게 무섭더냐. 재판석에 서 있기만 하면 나머지는 내가 다 알아서 할 것이라 했는데, 그토록 재판이 무서워 도망가서 평생 이렇게 도망자로 살 것이냐? 넌 나를 아버지로 알고 있지 않다. 이놈아~~ 이 나쁜 놈아." 참으로 한밤중에 하늘이 찢어지도록 외쳐댔다.

그런데 순간 민수는 말했다. "그게 아녜요, 아버지! 저는 한 번도 아버지를 잊은 적이 없어요. 아버지가 보고 싶으면 편지를 썼어요." 그러면서 민수는 가지고 있던 가방 안에서 오래 묵은 작은 노트 한 권을 꺼내 보여주었다. 희미한 가로등의 불빛 아래 그 내용을 읽어 보았다.

'아버지! 보고 싶은 나의 아버지! 미안해요. 재판받고 감옥에 갈 것 같아 두려웠어요. 이젠 감옥 가기 싫어요. 아버지와 헤어진 뒤로 몇 번이나 다시 범죄를 저지를 뻔했지만, 그때마다 아버지의 얼굴이 나타나 저를 말렸어요. 아버지 내가 갈 곳이 어딘지요. 오늘도 밤길을 헤매다가 뵙고 싶지만 뵙지 못할 아버지를 향해 이 글을 씁니다.' 대충 이런 내용의 메모지 형태의 일기였다. 그리고 노트의 다른 곳에는 자신의 친어머니에 대한 그리움도 적혀 있었다. 나는 마음을 가라앉히고 나서 민수의 목을 붙잡고 울어줄 수밖에 없었다.

얼마 후 우리 두 사람은 마음을 가라앉히고 우리가 처한 현실을 냉정히 보기 시작했다. 이렇게 영원히 숨은 죄인으로 살 것인가? 민수가 말했다.

"아빠! 1주일만 여유를 주시면 정리하고 자수할게요." 나는 그 말을 믿을 수가 없었다. "얘야, 나만 믿어라. 너 자수하면 나머지 일은 내가 다시 처리해 주마! 우리 그동안 잘 견디어 왔잖니? 염려 마라. 날 믿어라. 우리 다시 시작하자!"

민수가 주어진 형량을 마치고 자유롭게 사는 것이 낫다고 판단했다. 나의 자수 권유와 민수의 버팀이 한동안 실랑이를 했다. 그러던 중 침묵과 설득이 오가다가 한참 후 날이 밝을 무렵에야 드디어 민수가 두 주먹을 불끈 쥔 채 절규하는 목소리로 입을 열어 말했다.

"아빠, 제가 감옥에 가도 정말 제 곁을 안 떠나실 거죠?"

"암! 그렇고말고. 나는 너하고 함께 유치장까지도 같이 들어간 것을 알잖냐! 감옥까지도 갈 수 있단다. 염려마라." 내가 대답했다.

"아빠! 지금 자수하러 가요." 말이 떨어지기가 바쁘게 새벽 시간이었지만, 내가 아는 경찰에게 전화를 걸었다. 경찰은 민수의 주민등록번호를 불러 달라고 했다. 그런데 경찰로부터 뜻밖의 응답이 왔다. 소년이 수배되지 않았다는 것이다. 나는 어이가 없었다.

그날 새벽을 지내고 다음날 아침 구체적으로 알아보기로 했다. 날이 새기가 바쁘게 법원에 가서 알아보았다. 그런데 나도 놀랄 만한 결과가 기다리고 있었다. 민수가 재판에 안 나타나자 처음엔 기소중지자가 되어 수배를 한 것이 사실이었다. 그런데 궐석 재판 진행과정에 내가 첨부한 탄원서와 민수가 받은 각종 표창, 상장, 그 외의 기록이 인정되어 집행유예 판결이 내려져, 민수는 3개월 전부터 이미 자유의 몸이 되어 있었던 것이다.

민수와 나는 이 사실을 새롭게 알게 되었다. 그리고 나는 보았다. 정말 왕자같이 걸어가는 민수의 발걸음을 다시는 죄짓지 않기 위해 걸어가는 그 당당한 발걸음을 …….

민수와 나는 찬란한 아침햇살을 맞으며 어깨를 같이 하고 새로운 내일을 향해 법원 앞의 한 식당에 들어가 따뜻한 국밥을 마음 놓고 먹을 수 있었다.

메시아 콤플렉스에서 진정한 돌봄으로

그러고 나서 민수는 그의 길로 가고 나도 나의 길을 가게 되었다. 가끔 민수 생각이 났지만 무소식이 희소식이라는 말로 위안을 삼았다. 서로의 삶터에서 열심히 살기를 기원했다. 하늘을 바라보면 그 아이가 생각나기도 했다.

나는 민수하고 함께 살던 아파트에서 다른 아파트로 이사를 했다. 세월이 흘러 2017년 어느 여름날이었다. 바깥에서 일을 마치고 나의 아파트 입구에 막 들어서는 순간, 짐을 싣고 달리던 오토바이 한 대가 내 앞에 갑자기 정지했다. 누군지를 몰라 할 때 헬멧을 벗은 얼굴을 보니 민수였다.

"아빠! 민수입니다. 이 근처에 배달을 나왔다가 아빠가 보고 멈춘 거예요!"

"그래! 너 어떻게 살고 있냐?"

"저 양동시장의 이불집 업체에서 일하면서 결혼도 했고 잘 살고 있어요"

민수와 몇 마디 얘기를 나누는 중에 민수가 나에게 물었다.

"아빠! 이 아파트에 사세요?"

엉겁결에 나의 대답은 "아니! 이 아파트에 아는 사람을 만나려고 잠깐 왔단다"

나의 본능적인 대답이었다. 그리고 그 짧은 시간에 민수와 나는 서로 한번 깊게 안아주고 또 서로의 갈 길을 향해 가야 했다.

그날 나는 생각 속에 맴돌았다. 내가 민수를 돌본 것은 그 아이를 위한 것이 아니라 사실은 나를 위한 것이었다는 생각이었다. 나에게 '완전한 희생'이 있었단 말인가? 아니다! 결국은 나를 위한 것은 아니었는지 깊게 생각해 보았다.

그리고 나이가 20세가 넘으면 스스로 독립하여 살게 하는 것이 진정한 돌봄이라는 사실을 다시 한번 확인하게 되었다. 나도 나의 아들이 20세 이전까지는 모든 인간이 갖는 '종족 보존 본능'으로 아들에게 보호자의 의무를 다했다. 그런데 이제부터는 아들 스스로 갖고 있는 '개체 보존 본능'을 믿고 혼자 사는 법을 가르쳐야 할 때인 것을 다시금 깨닫는다.

한때 일곱 명의 고아들을 돌보게 되는 기회가 있었는데, 그중에서 4명을 결혼 시키면서 주례도 맡았다. 세상 끝 날까지 함께 살자고 도원결의(桃園結義)의 형제 맹세도 했었다. 서로의 생일이나 자녀의 백일, 돌을 맞이할 때면, 모두 함께 가족 파티를 열었고 모두들 나를 '아빠'라고 인정하며 즐거워했다. 그런데 지금은 그들이 내 곁에 하나도 없다. 서로 소식도 모른다.

20여 년 만에 어렵사리 만나게 된 어느 고아 형제끼리는 결국 서로가 헤어질 때, 상처를 주고받으면서 헤어졌다. 내가 주례를 했던 4쌍의 고아 부부마저 모두가 헤어졌다는 말을 나중에 전해 들었다. "그렇게도 믿었던 너마저도 헤어지다니!"라는 생각에 마음이 아팠다.

내가 보기에는 고아원에서 일찍부터 서로 간에 정상적이지 못한 남녀의 육체적 관계에 상당 시간 동안 길들여지다 보니, 결혼하고 나서 정상적인 부부관계를 통해서는 느낌을 못 받는다는 고아 출신 신랑, 신부의 고백을 많이 들었다. 육체관계보다 대화에 길들여져야 정상적인 부부생활과 가정을 이룰 수가 있다는 사실을 여러 번 보았다.

부모가 행복해야 자녀가 행복하고, 부부가 행복해야 자녀들의 가정도 행복하다는 사실을 절감했다. 그래도 내 나이가 한창일 시기에 이런 아이들을 섬길 수 있는 기회가 주어진 것에 감사할 따름이다.

내가 누군가를 도울 수 있다는 것은 신이 준 특권이다. 손가락이 네 개인 사람은 세 개인 사람을 도울 수가 있다. 그러나 최선을 다해 도와주는 그 순간 이후에 바로 잊어버려야 한다. 내가 좋자고 한 일이라고 생각해야 한다. 그것이 삶의 지혜이다. 사람이란 은혜는 물에 새기고 원수는 바위에 새긴다고 하지 않았던가! '그래 도움을 준 순간 잊어야 해!'라는 각오를 되새겨 본다. 그리고 내가 누군가의 도움을 받는 것도 감사하지만 누군가를 도울 수 있다는 것은 더더욱 큰 감사임을 깨닫는다.

나는 이후로도 나의 힘이 닿는 한 사람들을 돕고 베푸는 자리에 서고 싶어 한다. 그러나 그것이 나를 위한 것이기에 하는 것이라고 생각할 것이다. 누군가 나에게 베풀어 주었기에 내가 여기에 선 것처럼 그 은혜를 갚는 마음으로 누군가에게 베풀면서 산다면 겨우 빚을 갚아가는 남은 삶이 될 것이다.

상담강의자

나의 아들 준성이로 인하여 전문 비행청소년 상담에 발을 들여 놓기 시작하면서 이들의 보호자들과 만나 뵐 수 있는 귀한 기회가 생겼다. 아들이 3차 보호관찰을 받을 시기에 매월 아들과 함께 방문하여 신고를 했다. 대개 한 달을 지내는 동안의 심리적인 변화, 이사 유무, 주변 환경의 변화와 적응 등을 보호관찰관이 질문하고 나는 대답하는 형식이었다.

또한 나 같은 부모들을 대상으로 하는 교육이 정기적으로 진행되었는데 나도 물론 이 교육에 시간을 지키며 잘 참석하였다. 사람들은 내 아들을 문제아로 보겠지만 보호자는 모범적이라는 것을 보여주고도 싶었다, 이렇게 보호관찰 신고와 보호자 교육을 꾸준히 받고 있던 어느 날 광주의 보호관찰소장님이 나를 만나자고 하셨다.

"이제부터 보호자 대상 교육 강의를 받으러 오지 마시고 대신 보호자를 대상으로 강의를 해 달라"라는 부탁이었다. 소장님의 판단으로는 나와 그분들이 동병상련(同病相憐)의 입장에서 마음을 주고받으며 위로와 소망을 주는 교육이 의미 있고 효과적이라고 판단한 것이다. 내가 정기적으로 부모교육을 받으러 오는 것을 면제해 주고 그 시간에 오히려 강사료를 받으면서 부모교육을 시켜 달라고 하니 이보다 기쁠 수가 있단 말인가! 다음의 글은 당시의 상황을 보호관찰소 기관지에 게재한 내용이다.

상처 입은 자가 남을 치유할 수 있다

오늘 오후 시간은 보호자 교육시간이 있는 날이다. 학교 강의를 적절히 조절하고 보호관찰소로 향했다. 교육실에 들어서서 나에 대한 김양곤 사무관님의 간단한 소개가 있자 보호자들의 시선이 일제히 나를 향한다. 대개는 내 또래의 부모들인데 저쪽 한편에 앉으신 할아버님이 마음에 걸린다. 아마 손자 때문에 오신 것 같은데…, 왜 부모님이 직접 못 오실만한 무슨 사연이 있을까? 편안히 보내셔야 할 노년에 마음고생이 심하시겠구나 하는 생각에 안타까운 마음뿐이다.

그러나 여기까지 오게 된 사연에 대해 서로가 대략 짐작만 할 뿐이지 "당신의 자식이 어떤 문제를 일으켜서 여기까지 오셨습니까?" 라고 묻기조차 힘든 것이 이곳 분위기이다. 자식이 죄를 지으면 부모도 똑같은 죄인의 마음이기에 서로를 바라보는 것조차 부끄러운 마음인 것을 왜 나인들 모를까?

이윽고 나는 강단에 섰다. 보호관찰소에서의 보호자를 대상으로 하는 강의는 내게 있어서 쉽고도 부담되는 강의이다. 쉽다는 것은 내가 경험한 것을 있는 그대로 말하면 되기 때문이고, 부담이 된다는 것은 이 강의의 잘, 잘못이 보호자들에게 오히려 상처를 줄 수 있다는 것 때문이다. 그러나 오직 자녀를 사랑할 뿐만 아니라 책임도 지고자 하는 마음으로 여기에 앉아계신 분들이기에 어떤 말을 해도 서로 심정이 통할 것이라는 생각만으로 강의를 시작했다.

교육 대상자가 100명 정도가 되면 한 팀이 되어 강의가 이루어졌는데 내가 강단에 서자마자 '시선 집중'의 교육 방법으로 맨 먼저 보호자들께 던지는 말이 있다.

"여러분! 여기 오신 분들 중에 자녀들이 보호관찰 첫 번째 받으신 분으로 3년 정도 판결 받으신 분 손들어 보세요."라고 말하면 60% 정도 손을 든다.

"그러면 보호관찰 두 번째 받으신 분으로 6년쯤 판결 받으신 분들이 계시면 손들어 보세요."라고 말하면 주변을 살피다가 30%쯤 손을 든다.

"마지막으로 보호관찰 3번째에 합해서 9년쯤 받으신 분들 손들어 보세요."라고 말하면 손을 드는 사람이 매번 교육 때마다 딱 한 사람이다. 바로 나 혼자 손을 드는 것이다.

"예, 저는 보호관찰을 3번에 걸쳐 9년 정도 판결을 받은 아이의 보호자인데 오늘 이렇게 강의를 하는 자리에 서게 되었습니다."라고 말하면서 강의를 시작했다.

"여러분 여기까지 오시느라고 얼마나 마음고생이 크셨습니까? 여러분은 이 자리에 처음 오신 분도 계시겠지만 저는 3번씩이나 내 아들 때문에 여러분과 같은 자리에 앉아 부모 교육을 받아야 했던 사람입니다. 제가 금방 내 아들 때문이라고 했지만 지내 놓고 보니까 사실은 아들 때문이 아니라 바로 제 자신이 문제였습니다. 20여

년 동안 교직에 몸담은 저로서 제일 듣기 싫은 말이 '문제 부모 밑에 문제아가 있다.'라는 말이었습니다. 사실 제 자신에게는 문제가 있다고 여기지 않았습니다. 그러나 남의 일처럼 여겨졌던 비행사건이 내 아들에게 3번씩이나 연속적으로 반복되면서 제가 분명히 느낀 것은 나 자신이 문제였다는 사실이었습니다.

내 아들딸이 왜 이럴까? 하며 그들을 향해 바라보았던 시선을 이제 우리 자신에게로 돌리는 그 순간부터 우리 자녀들의 문제는 좋은 쪽으로 변화하기 시작합니다.

첫째, 우리가 회복되어야 할 것은 부부간의 문제입니다.

부부간의 문제가 건강하지 않으면서 애들에게 아무리 잘하려고 소리 지르는 것이 마치 소 귀에 경 읽는 것과 다를 바 없습니다. 애들은 우리의 앞에서 배우지 않습니다. 어린 시절에 우리의 뒷모습을 보고 배운 것이 평생 갑니다.

제 아들의 문제도 근본적으로는, 생물학적으로는 뇌염의 문제도 있었지만 정서적인 부분은 저희 부부문제로부터 시작하였습니다. 제 자신이 아내와의 성격차이 탓을 하며 서로 핑계 대고 아이들 앞에서 다툰 것들이 아들의 심리적 안정에 역기능으로 작용한 것을 인정합니다.

여러분! 우리 부모가 해결하지 못하는 문제는 결국 자식에게 넘쳐 흘러간다는 사실을 명심해야 합니다. 저는 어느 추석날 저녁에 내 자식과 친척들이 모인 자리에서 나 자신의 잘못된 문제를 찾아 일일이 고백하고 용서를 구했습니다. 그리고 이후부터 아내를 향한 적극적인 사랑을 아이들 앞에서 진정성 있게 표현했습니다.

우리의 자녀들은 세상에서 만 가지를 얻는 것보다 아빠 엄마가 사랑하며 사는 모습을 볼 때 세상을 다 얻은 것 같은 충만감을 느낍니다. 이 충만감이 있을 때 자녀들은 자기 자신의 가치를 존중하게 되고 함부로 몸을 쓰지 않게 됩니다. 인간의 본능적인 충만감을 부모가 채워주지 못하면 결국 이성이나 범죄 집단, 또는 각종 오락기구 등을 통해 얻고자 하는데 여기서부터 문제가 시작됩니다. 이럴 때는 부모의 노력에도 불구하고 그들은 계속적으로 이어지는 비행을 서슴지 않고 저지르면서 오히려 부모의 잘못으로 합리화시켜 버립니다.

… (중략) …

우리들 부모가 변한 것만큼 우리의 자녀들이 변합니다.

둘째, 부부의 문제가 회복된 후 자식과의 문제를 회복시켜야 합니다.

저도 자식이 지속적으로 심각한 문제가 있자 "어린 새싹 때부터 잡아야 된다는 생각 때문에 얼마나 심하게 때렸는지 자식이 병원에 가서 코를 바로 세워야 할 정도로 매질을 했습니다. 잘 되라고 한 것이지만 학대를 한 것입니다. 지내 놓고 보면 자기 자식을 이렇게도 처참하게 때리는 나 자신이 더 싫을 때도 있습니다. 그래서 결국은 모두가 서로 상처를 받습니다.

여러분! 그 상처를 치료하는 데는 무엇보다 인내가 필요합니다. 처음 한두 달은 잘 참아냈다 할지라도 화가 한번 폭발하면 이전보다 더 크게 손짓이 갑니다. 그렇다고 해도 자신의 못 참는 성격에 대해 포기하지 마십시오. 시간이 지나고 마음이 가라앉으면 "애야 참으려고 노력했으나 내가 여기까지밖에 못 참아서 이전하고 똑같이 되어 버려서 미안하다."라고 있는 그대로 고백하십시오.

우리의 자녀들은 완벽한 아버지보다 참으려고 노력하려는 아버지의 진실한 모습을 분명히 기억합니다. 사실 저의 아이도 처음에는 저의 참고자 하는 노력을 믿지 않았습니다. 아빠가 인내하는 것이 얼마나 가는가 어디 두고 보자! 하는 식이었습니다. 그러나 마지막까지 참고 인내하는 연습을 포기하지 않으면 나중에는 정말 화를 내려 해도 화가 나지 않습니다.

그 순간부터 우리는 자식을 감정이 아닌 가슴으로 대화하고 다스릴 수 있습니다.

저는 아들과의 사소한 약속을 지키기 위해 장관이나 총장님과의 약속을 포기한 적도 있습니다. 나의 분신인 내 아들에게만큼은 내 스스로 존중해 주고 신뢰를 잃고 싶지 않았기 때문입니다. 얼마 전 제 아들에게 "애야 너에게 있어서 아빠는 뭐냐?"하고 물었습니다. "아빠는 내 꿈이지요."라고 아들이 답해주었습니다.

지금은 아들과 제가 사소한 약속을 하더라도 반드시 지켜질 것이라고 생각합니다.

이를테면 집에 빨리 들어오마! 너와 함께 놀아 주마! 무슨 일을 할 때 어디든지 함께 해 주마! 등의 작은 약속에 충실할 때 아들도 나와의 작은 약속, 그리고 친구들과 학교에서의 약속을 귀하게 여길 줄 알게 되었습니다. 이것이 곧 아들과의 관계를 회복시키는 길이었습니다. 자녀들에게 인정받는 부모는 다른 모든 사람에게도 인정받습니다.

셋째, 자녀에게 꿈을 가지라는 말입니다.

우리의 자녀가 문제를 회복하는 것만으로 만족하지 마십시오. 문제를 회복하면 성장해야 합니다. 저는 내 아들이 장애자를 돌보는데 천성적인 특유의 성격과 자질이 있다는 것을 여름방학 과제를 해내기 위해 '사랑의 집'이라는 장애자 시설에 봉사 활동을 가면서부터야 알았습니다. 그때는 내 아들이 고등학교만 졸업해 줘도 좋겠다는 생각을 바꿨습니다.

내가 아들에 대한 미래의 꿈을 꾸는 순간 아들도 사회복지학을 공부하고 싶은 소원을 갖게 되었습니다. 여러분! 저의 아들은 한때 매스컴에 오르내리는 문제아였지만 저는 이 아들이 세상을 움직일 만한 가능성이 있음을 포기하지 않습니다. 보이는 능력보다 보이지 않는 꿈이 더 위대한 사람을 만듭니다. 우리의 자녀는 우리 부모가 꾼 꿈만큼 성장합니다.

넷째, 여기 앉으신 여러분이 이제는 자녀 때문에 상처받은 주변의 사람들을 치료하실 수 있기를 바랍니다.

내 문제가 해결되어서 남의 문제를 해결하고자 하는 사람은 영원히 그 문제를 극복하지 못합니다. 남이 받은 상처를 해결해 주는 과정을 통해 내 문제가 해결된다는 사실을 아십니까? 저도 제 자신을 생각하면 아직도 자식 걱정 때문에 내 코가 석자인 사람입니다. 그런데 비행청소년 지도 및 상담 관련 자원봉사자로 여러 기관을 통해 일하면서 느낀 점은 내 문제의 경험을 통해 남의 문제가 치료된다는 사실입니다.

때로는 내 자식도 제대로 가르치지 못하면서 자원봉사까지 해야 하나 포기하고 싶은 생각도 듭니다. 그러나 한순간 문제 청소년들이 내 아들의 모습으로 보입니다. 그럴 때 다시 새 힘이 납니다.

얼마 전 8명의 수강명령 대상자들을 48시간 동안 저희 부부가 만든 프로그램을 가지고 함께 교육했습니다. 마지막 날 "우리 부부는 딸 한 명, 아들 일곱 명을 공짜로 얻었다."라고 선포했는데 지금은 그 아이들이 "아버지! 어머니!"라고 부르며 자신들의 문제를 고백하고 상담합니다. 우리 부부는 문제아였던 아들을 통해 우리가 평생 가야 할 길이 무엇인지 분명히 알게 된 것이 무엇보다 기쁩니다.

자식 때문에 상처 입은 사람이 다른 상처 입은 사람들을 치료할 수 있습니다. 그것이 내 자식을 치유하고 성숙한 사회인으로 살아가게 하는 길입니다.

우리 함께 이 길을 걸어갑시다. 저의 전화번호는 011-123-4567입니다. 제가 필요하면 언제든 전화해 주십시오. 이제 서먹서먹했던 우리들끼리 서로 인사 좀 합시다.

얼마나 수고하십니까. 포기하지 말고 끝까지 함께 갑시다! 라고 인사합시다. 부모가 꿈을 꾼 것만큼 자녀도 날아오른다는 사실을 우리 모두 확신합시다."

강의를 마치고 나서 우리는 서로서로 손을 붙잡아 주면서 위로했다. 교육장 문밖에 나오니 이전에 우리 부부에게 수강 명령 교육을 받았던 아이 한 명이 직업교육을 받으러 왔다가 돌아가지 않고 나를 만나려고 1시간 반 동안이나 밖에서 기다렸단다. 사랑하는 아이들과 함께 마음을 나눌 수 있는 시간을 만들어 주신 보호관찰소 직원분들께 감사의 마음을 드린다.

- 위 글은 2002년 광주보호관찰소 기관지에 게재한 내용임 -

원주민 부족을 향하여

내가 중학교에 다닐 때 광주 사직공원에서 우연히 놀러 갔던 일이 있었는데, 그때 공원 한쪽에 어르신 노인들이 모이는 집이 있었다. 그 집의 마루 한쪽 편에 앉아 있는데, 어느 노인분이 나를 보더니 대뜸 하시는 말이 "언젠가 목사나 선교사가 될 관상이구먼!"이라고 했다. 그 말을 듣는 순간 나는 선교사는 인생을 즐길 수가 없다는 생각에 그다지 듣기에 좋지가 않았다. 그러면서도 인생의 전반부는 공부하고 중년에는 내가 원하는 일을 하다가, 인생의 후반부에 가서 나 선교사의 길을 걸어가는 것에 대한 막연한 동경을 가져보기도 했다. 이제 퇴임 후 그 길을 갈 수 있을 것이기에 더욱 설렘으로 기다려진다.

대학생 선교회에서 활동하면서 선교사는 우리의 이상이요, 또 우상이기도 했다. 또한 광주 중앙교회에서 신앙생활을 하면서 '선교에 관한 일'이라면 항상 앞장을 섰다. 교회의 여러 부서가 있는데 나는 항상 선교부를 선택했고 '너희는 먼저 하나님의 나라와 의를 구하라'는 마음으로 최선을 다했다.

대학의 방학이 시작되자마자 멕시코에서 인디오 부족을 대상으로 선교와 교육으로 헌신하고 계시는 이주태 선교사의 사역지에 아내와 딸, 아들 모두가 현지에 가서 봉사하는 일을 10여 년 동안 한 해도 빠짐없이 진행하였다. 그곳을 나의 사역지라고 생각하였다. 다음 글은 나의 5차 선교지 방문 후 광주 중앙교회에서 설교한 내용이다

5차 멕시코 인디오 부족 선교지 방문 보고

저는 그동안 방학을 이용하여 5차 멕시코 선교를 다녀오면서 제가 경험한 선교 현장에 대해 먼저 말씀드리고자 합니다.

서울에서 미국의 로스엔젤레스를 거쳐 멕시코시티를 경유하여 선교지인 오아까까지 가는 데는 20여 시간의 비행시간이 소요됩니다. 멕시코를 치안 부재의 나라이기도 합니다. 한 사람이 낮에는 경찰, 밤에는 마약범이기도 합니다. 공항에서 택시를 타고 목석시에 가는 도중, 만약 중간 지점에서 다른 승객을 태우는 합승을 하면 무조건 차에서 내려 도망치라는 당부의 말을 여러 번 들었는데, 3차 선교여행 때 꼭 이런 일을 당했습니다. 공항에서 내려 버스 터미널로 가는 택시를 탔는데 1, 2차 방문 때와 다른 길로 택시가 달렸습니다. 가는 길이 이전과 같지 않다고 생각하는 순간 앞에서 어떤 사람이 나타나 합승하겠다는 사인을 보냈습니다. 그 사람을 태우려고 정차하는 순간 10불을 택시 안에 던져놓고 무조건 큰길로 달려 나가서 다른 택시를 탄 적이 있었습니다. 그 사람이 범인이 아닐 수도 있지만 이주태 선교사님이 당부한 대로 했습니다.

선교지인 오아까는 이제 미국인들이 즐겨 찾는 관광지가 되었는데 남미 3대 문명 중에 하나인 잉카와 아즈텍 문명과 축을 이루며 독특한 남미 문화를 탄생시킨 유적지가 많습니다.

이들의 민족 역사는 5,000년 이상을 기록하는 데, 우리 한민족과 같이 정신적 전통의 역사가 오래 있었다는 뜻입니다. 따라서 생활은 미개하게 보이지만 원주민들을 통해 외부인들이 감히 침범할 수 없는 어떤 정신적 힘을 느낄 수가 있습니다.

이주태 선교사님은 멕시코의 3대 원주민 중의 하나인 미혜부족을 대상으로 복음을 전하는데 이들은 해발 5,000미터가 넘는 산속에 살면서 300년간의 스페인 정복에도 굴하지 않고 그들만의 언어와 풍습을 보존하면서 살아온 사람들입니다. 이들은 외부의 침략을 많이 받은 탓에 상대가 나에 대한 적의를 갖고 있는지 아닌지를 파악하는 데 매우 민감하며 언제라도 공격과 방어의 태세를 갖추고 상대방을 대하는 데 익숙한 민족입니다. 이들은 강이나 평야가 아닌 산악 지형을 끼고 살았기에 스페인의 공격으로부터 생존할 수 있는 민족이기도 합니다.

이들의 삶을 간략하게 소개하면 아이를 낳을 때는 땅에 작은 웅덩이를 파고 거기에 그대로 낳습니다. 태어나는 순간부터 파상풍에 걸리기 쉽습니다. 구충제는 평생 한 번도 복용해 본 적이 없기에 한 번 복용하면 그 다음날 아침 배변할 때 회충이 라면처럼 나옵니다. 평상시에 양약을 먹어보지 않았기 때문에 아스피린이나 항생제 한 알이면 만병통치약이 됩니다. 숫자 개념은 열 살까지는 손가락을 펴는 개수이고 그 이상은 머리카락을 한 움큼씩 쥐는데, 많이 쥐면 청년이고 적게 쥐면 이제 열 살 넘은 소년, 소녀로 생각하면 됩니다. 그런데도 음악에는 천부적인 소질을 타고났습니다. 기타 하나를 선물하면 배우지 않고도 혼자 연습하고 터득하고 마음껏 노래를 부릅니다. 한번 노래를 시작하면 반나절도 이어서 부르는 데, 청년들과 여인들이 어우러진 멋진 하모니는 거의 프로 수준입니다. 피로 물려받은 것이 가장 강력하다는 생각이 들기도 합니다.

선교 센터에는 80여 명의 학생들이 있는데 이들의 고향은 거의가 산속 밀림 지역으로 특별히 선발된 자들입니다. 산속의 원주민들이었던 이들에게 의복과 음식이 주어지며, 특히 교육을 받을 수 있는 기회가 자녀에게 주어진다는 것에 원주민들은 도시에 위치한 센터에 들어가는 것이 소원이기도 합니다. 그러나 센터의 경제적 여건으로 차에 매달리며 따라붙는 원주민을 억지로 떼어 놓을 때 참으로 마음이 아팠습니다.

센터에는 3평 정도의 방에 매우 간단한 철제 침대와 책상만 있는데 우리가 보기에는 초라하지만 원주민 생활에 비하면 호텔 격입니다.

원주민들은 대개 산악지형을 이용해 집을 짓기 때문에 집의 크기가 작습니다. 침대가 있는 경우가 있지만 그들의 선천적인 작은 키로 인해 우리가 사용하기에는 불편합니다. 침대가 있는 집에 초청을 받으면 구부리고 잠을 자야 하기에 차라리 땅바닥에서 발을 뻗고 자는 것이 편합니다. 손님 접대를 즐겨하는 그들이기도 한데 은연중에도 자신들의 전통적 음식을 상대방이 어떻게 먹는지 자존심을 갖고 매우 민감한 눈치를 봅니다.

한 번은 음식을 먹다가 딸아이가 벌레가 나왔다고 저에게 눈치를 보였습니다. 저는 우리말로 "놀란 척하지 말고 그대로 먹으라." 라고 했습니다. 그들의 단백질 보충은 굼벵이입니다. 그들이 먹는 것을 함께 먹고 함께 땅바닥에서 잠자리에 드는 것은 설교보다 더 강력한 복음의 능력으로 역사합니다.

원주민 마을에 세워진 어느 교회는 원주민이 땅을 기증하여 지을 수 있었는데 아무리 설득을 해도 안 넘어가던 원주민이었습니다. 그러다가 우리가 그들과 함께 때가 낀 손톱으로 만든 빵을 함께 먹으며 마음을 나눌 때 자기 땅을 기증하여 주기도 했습니다.

… (중략) …

어느 날 제 딸아이가 저에게 물었습니다. "아빠! 원주민들이 나하고 시냇가에 가서 목욕을 하자고 하는데요." 나는 "축하한다."라고 대답해 주었습니다. 원주민들이 함께 목욕을 하러 시냇가로 가자라는 말은 당신과 나는 이제부터 마음을 같이하는 형제라는 의미입니다. 지난 수년 동안 이들을 '교화의 대상'으로 여긴 저는 한 번도 그 말을 들은 적이 없었습니다. 그러나 그들을 '함께하는 친구'로 여기는 제 딸은 멋진 선물을 받은 것입니다.

… (중략) …

센터에서 떠나면 어떤 마을은 8시간 정도 차로 달려야 원주민 마을이 나옵니다. 공산당 마을도 있고 마약을 만드는 마을도 있습니다. 우리들과 같이 장사하자고 유혹하는 장사꾼도 있고 죽일 듯이 배척하는 곳도 있습니다. 놀라운 것은 그런 산속에서도 사람이 살고 있다는 사실이며 더욱 놀라운 것은 어김없이 코카콜라 선전 간판이 그려져 있다는 사실입니다. 아~ 콜라의 위력이 복음보다 대단하단 말인가? 콜라가 미지의 세계까지 정복할 때 우리는 무엇을 하고 있었을까 생각해 봅니다.

예배가 시작되면 원주민들은 아픈 몸과 지친 영혼을 가지고 교회로 나오는데 작은 토담집 교회는 성령의 뜨거움으로 모두 한 형제의 기쁨을 나눕니다. 얼마나 갈급한 심정인지 한 번의 예배를 위해 하룻길을 걸리며 교회로 옵니다. 교회에 올 때는 바나나, 달걀, 커피 등을 예물로 가져 오지요. 한번 찬양을 시작하면 6시간 정도 계속 노래를 부르는데, 참으로 이들은 하늘로부터 음악적 재능을 받은 민족입니다. 로버트 드니로가 주연으로 나오는 영화 '미션'에서 천성적으로 음악을 좋아하는 원주민들이 바로 그들입니다.

한 번은 예배가 끝나고 어떤 부인이 안수를 받겠다고 했습니다. 부인의 머리에 진물이 나는 종기 같은 피부병이 여기저기 번져 있었습니다.

저는 한 번도 남에게 안수해 본 일이 없기에 순간 당황해서 어찌할 줄 몰랐습니다. "이런 때는 어떻게 하면 좋겠냐?"라고 선교사님의 딸 리나에게 물었습니다. 리나는 "아버님은 이런 때 안수기도를 해 주셨어요."라고 대답했습니다. 순간 그 부인에 대해 상한 심령이 들었습니다. 나는 그 부인의 머리에 손을 얹고 "주님이시여! 이들에게 줄 은과 금은 내게 없거니와 예수의 이름으로 구하오니 이 여인의 병이 낫게 해 주십시오."라고 처음으로 진물이 흐르는 머리에 손을 얹고 안수기도를 해주었습니다. 그런데 3일 후 그 부인의 머리에 퍼져있던 진물이 사라지고 꼬들꼬들 해진 것을 보았습니다. 제 믿음보다 그 부인의 간구하는 큰 믿음을 보시고 치유를 받았다고 생각합니다.

그 뒤로는 어떤 원주민이 되었든 상한 심령이 들면 그저 붙들고 "내 형제의 영혼을 구원하시고 몸의 병을 낫게 해 주시옵소서." 하고 기도하게 되었습니다. 주님께서 보시는 것은 그들을 향한 상한 목자의 심정인가 봅니다.

… (중략) …

멕시코에서 미국으로 돌아오는 길에 멕시코시티의 공항에서 8시간을 체류하게 되었습니다. 그런데 멕시코시티의 공항에서 환승을 할 때 항공권에 표시된 탑승구에서 제대로 타본 일이 없었던 이전의 기억이 났습니다.

그래서 10번 이상이나 직원에 물어보았더니 분명 "Wait here"(여기서 기다리라)라고 했습니다. 비행기 출발 시간이 1시간이 지나서야 순간 이상한 생각이 들어 다른 코너의 공항 직원에게 이렇게도 비행기가 지연하느냐고 물어보았더니 이미 비행기가 출발했다고 대답해 주었습니다. 행정부재의 멕시코가 경험 되는 순간이었습니다.

순간 앞으로 전개될 복잡한 일이 그려졌습니다. 또한 나만 믿고 잠잠히 기다려준 아내에게 미안했습니다. 한번 지나가 버린 항공권 표는 환불이나 새로 교환해 주지 않는 멕시코의 특성이 생각났습니다.

어쭙잖은 영어와 스페인어를 구사했다가는 손해를 볼 것 같아 항공회사의 카운터에 가서 담당 직원에게 "노오 잉글리시, 노오 스페니쉬"라며 완전 벙어리 시늉을 했습니다. 그들이 뭔가 물어보는 말에 "나는 꼭 서울로 가야 한다."라고 말만 연발했습니다. 가진 돈도 50불이 전부라고 우겨댔습니다.

내가 억지를 쓰는 모습을 보고 뒤에서 어이없이 웃고 있는 아내에게 고맙고 미안한 생각이 더했습니다. 아무것도 모르고 오직 헬프 미(Help me) 외치는 나의 표정을 보고 직원들은 여기저기 연락을 주고받은 뒤에 나에게 다음 시간의 항공표를 주면서 출발 게이트까지 정확히 안내를 해주었습니다.

멕시코 공항을 출발하여 미국의 LA공항에 도착하니 먼저 보내진 우리부부의 대형 여행 가방만이 텅 빈 환승 터미널에서 우리를 반겨주었습니다. 한국에 오는 동안 우리 부부는 몸은 지치지만 풍요한 마음을 안고 귀국했습니다.

- 위 내용은 2001년 8월 5차 멕시코 인디오 미혜부족 선교지를 다녀와서
광주중앙교회에서 설교한 원고 내용임-

열국의 어미로

우리 부부가 결혼하고 나서 아이를 얻게 되었다. 그 당시에는 미리 아들딸을 알아볼 수 있는 의료 기기가 없었다. 드디어 출산의 날이 되어 아내는 산부인과 병원으로 들어갔다. 그 당시에는 남편들이 아내와 함께 순산을 지켜보는 분위기가 아니었다. 나는 그 순간 새벽녘에 교회로 가서 기도하기 시작했다.

"하나님! 아들을 주신다면"이라고 기도를 시작했는데 나의 입에서 더 이상 기도의 문이 열리지 않았다. 다시 기도의 내용을 바꾸어서 "하나님! 딸을 주신 다면"이라고 기도하기 시작하자 저절로 기도의 문이 줄줄줄 열려졌다.

나는 서원 기도로 "주님! 딸을 주신다면 열국의 어미로 키우겠습니다."라고 기도했다. 열국의 어미란 세상 만민의 영적 어머니라는 뜻이다. 기도를 마치고 얼마 후 병원에 연락을 해보니 딸을 순산했다고 했다.

어느덧 그 딸이 장성하여 결혼 적령기가 되었다. 고등학교 졸업 후 서울에 올라간 딸을 혼자 두고 내려오던 내내 우리 부부는 참으로 눈물을 줄줄 흘리면서 내려왔다. 이렇게 빨리 부모의 곁을 떠나버릴 줄 몰랐다. 어떤 눈물인지 생각해 보았다. 딸이 아들과 함께 초등학교를 다니면서 주변 친구들이 놀려댔다고 한다.

"네 동생 준성이는 문제아고 바보!"라고 놀려댄 것이다. 오죽하면 상처 받은 딸이 중학교에 들어갈 때 기도를 했다고 한다.

"내가 가는 중학교에 초등학교 때 친구들을 한 명도 만나지 않게 해 주세요!"

정말로 초등학교 친구들이 한 명도 안 왔더란다. 그러나 갈수록 더 심해지는 아들의 문제행동 때문에 딸아이는 하루도 마음 편할 날이 없었을 것이다. 감사한 것은 아들의 문제가 아무리 어려워도 딸은 단 한 번도 마음 아픈 내색을 하지 않고 자신의 길을 묵묵히 준비하며 아픈 동생을 위해 기도해 주곤 했다.

자신이 잘 되어서 부모의 마음을 위로하는 것이 효도라고 생각하고 열심히 공부에 최선을 다하는 모습이었다. 사랑하는 딸을 서울로 남기고 내려온 것이 슬픈 것이 아니라 초. 중. 고등학교를 광주의 집에서 보내는 동안 단 한 번도 마음 편할 날이 없었던 미안함과 안타까움 때문에 우리 부부는 그렇게도 눈물을 흘렸나 보다.

이러한 주변 분위기임에도 불구하고 어느 날 내 딸아이의 고등학교를 방문하게 되었는데, 그날이 전교 체육대회 날이었다. 운동장에서는 "우리 팀이 이겨라."는 함성이 양 팀에서 하늘을 찌르게 어우러졌다. 그런데 그 한 팀 중의 응원대장이 바로 내 딸이었다. 얼굴은 인디언 포스로 무지개 메이크업을 하고 상의는 벌렁거리고 실낱같이 엮어진 치마는 속살이 다 보였다. 아무리 봐도 영화에서나

보는 인디언 여자의 모습 그대로였다. 집안에서의 내 딸이 아니었다. 나는 딸의 이러한 모습이 너무도 고마웠고 이것이 바로 정신적으로 건강한 내 딸의 진정한 모습이라고 생각하고 위로를 받았다.

서울로 간 딸은 때로는 원룸에서, 때로는 고시촌 쪽방에 살면서 이화여대를 졸업하고 다시 연세대학에 들어갔다. 서울에서 생활하는 딸의 가방 속에는 항상 전도지가 들어 있었다. 이화여대 캠퍼스 도서관 앞에서 전도지를 나눠주는 딸아이의 모습을 볼 때, 명품을 입고 대학 캠퍼스와 도심을 걷는 다른 여학생들보다 자랑스러웠다.

어느 날인가 내 딸이 결혼에 대해 말하면서 "아빠! 내가 결혼하려고 할 때 신랑 측에서 내 동생 준성이에 대해 부담감을 가지면 절대 결혼을 안 할 거예요"라고 말했다.

우리 부부의 기도제목은 "하나님! 딸아이의 혼사에 혹시라도 내 아들이 방해거리가 되지 않게 해 주세요." 라고 늘 기도했다. 이것이 모든 장애인 자식을 둔 부모의 기도일 것이다.

여전히 서울에서 고시공부를 준비하던 딸이 2010년 9월경 광주 집으로 내려왔다. 어쩌다가 결혼 이야기가 나왔는데 내가 말했다.

"유나야 너에게 좋아한다! 보고 싶다! 자주 만나자는 남자 말고, 너와 결혼하자라고 첫 번째 고백하는 사람이 있으면 시집을 가겠느냐"라고 물었다. 딸은 기도하며 생각하더니 "아멘"이라고 대답해 주었다. 그런데 한 달 후에 이어서 딸아이와 맞선을 보자는 중매의 자리가 들어오기 시작했다. 요즘 신랑감으로 잘 팔리는 직업을 가진 남자들이었다. 그런데 희한하게도 선을 보러 나가려는 날이면 꼭 가로막는 일이 생겼다. 어느 땐 갑자가 콧물이 줄줄 나서 못 나가고, 어느 때에는 운전면허 갱신 마감 날에 걸려 못 나가서 다음으로 미루곤 했다.

그런데 2010년 10월에 교회에서 '신학생 장학금 모금'을 위한 헌금 작성 순서가 있었다. 목표액을 상당 부분으로 정했는데, 내 아내가 총액의 90%를 혼자 모두 감당하겠다고 소원했다는 것이다. 은밀하게 이 일을 결단한 아내가 어느 날 아침 나에게 말했다.

"여보! 이번에 기도응답을 받았어요."

"무슨 응답이냐?"라고 물었다.

"딸아! 너의 중심을 내가 안다! 이번에 너의 가정에 좋은 일을 보여주겠다."라고 말씀하셨다는 것이다. 아마 느낌과 확신으로 받아들인 것일 것이다.

나는 그때 아내의 고백을 듣고 교회의 설교시간에 "아내가 말한 그 증표가 무엇인지 모두 함께 기대해 보자"라고 선포했다.

그러던 어느 날 딸아이와 대화를 하게 되었는데 또 내가 물었다

"유나야! 너에게 처음으로 청혼을 하는 사람이 만약 목사라면

어떻게 하겠느냐?"

딸아이는 대번에 말하기를 "아빠! 열국의 어미로서의 꿈을 함께 이루고 지지해 주는 분이라면 아멘으로 받아들이겠습니다."라는 대답을 했다.

아들이 중매자가 될 줄은!

나의 딸이 이런 응답을 한지 딱 10일이 지난 어느 날이었다. 광주신학대학교에서 신학 세미나가 있어서 광주 교계의 교역자들이 참석하게 되었다. 세미나 강사는 서울 총신대학교 부총장과 신대원장을 역임하신 서철원 박사님이셨다. 이분에 대해 한국 교단은 세계적인 신학자로 인정하고 있다.

그런데 내 아들 준성이의 멘토가 되신 고경태 목사님이라는 분이 계시는데, 마침 그분이 준성이를 데리고 그 세미나에 참석하게 되었다. 세미나가 끝나고 고 목사가 서철원 박사님 내외분을 어느 호텔에 안내를 해드리는 과정이 있었는데, 내 아들 준성이가 마침 그곳까지 따라가게 되어 부득이 1층 로비에서 기다리라고 했다.

그런데 상당 시간이 지나도 고 목사님이 내려오지 않으니까 내 아들이 호텔 카운터에 가서 서철원 박사님의 숙소를 안내받고 혼자 엘리베이터를 타고 불쑥 그분들의 숙소에 들어가 버렸다. 느닷없는 내 아들의 방문을 받은 서철원 박사 내외분은 마음씨 좋게도 내 아들과 이런저런 이야기를 나누게 되었다. 이 당시 상황을 나중에 그분들의 표현대로 하면 이미 준성이의 입이 열려버렸더라고 한다.

준성이가 그분들 앞에서 이런저런 이야기를 시작하더니 어느 순간 항상 지갑 속에 넣어 다니며 자랑하는 포토샵 작업된 누나의 대학교 졸업사진을 보여 드린 것이다.

"우리 누나예요! 예뻐요! 송원여고, 이화여대, 연세대학교 모두 전장(학생)이었어요. 서 박사님의 아들이 있으면 제가 연결해 볼 테니 말씀해 보세요."라고 말하면서 인터넷 사이트에 들어가서 나와 아내의 대학 교수 소개란, 남동생의 순천대학 교수 소개란, 제수씨의 과학 고등학교 교사 소개란, 서울에서 병원을 하고 있는 여동생 집안 등을 일일이 찾아서 전부 알려줘 버린 것이다.

그때 서 박사님께서는 제 아들에게 "그래! 내가 너의 아버지 잘 안다! 네가 그분의 아들이구나." 하시며 안아 주시더란다.

서 박사님의 사모님께서도 내 아들 준성이를 안아주면서 "여기까지 오느라고 수고 많았다"라고 위로와 격려를 해 주셨다고 한다. 나중에 영문 모르고 나타나신 고 목사님은 이미 진행되고 있는 광경을 보고 이 가운데 있는 하나님의 뜻이 무엇인지 알게 해 주시라고 기도하셨다고 한다.

딸의 결단

그런데 그로부터 3일 후에 광주 김대중컨벤션센터에서 세계평화 포럼 대회가 있었다. 경제계에서는 SK 최태원 회장, 정계에서는 최인기 국회의원, 그리고 종교계의 대표로 서철원 박사님이 참석하셔서 포럼을 개최하게 되었는데 그 자리에 사모님께서도 함께 오셨다. 행사를 마친 후 두 분이 도곡 온천 호텔에서 묵게 되셨는데, 고 목사님을 통해 우리 가족을 만나보고 싶다는 연락이 왔다. 목포에 있는 아내에게 연락을 했더니 아들 준성이가 항상 습관적으로 하는 행동인데 이를 진솔하게 받아들이니 오히려 죄송하게 되었다며 광주까지 오지 않겠다고 말했다.

반면에 나의 어머님이신 조정익 권사님은 "준성이를 통해서 하나님의 일하심이 있다."라고 말씀하시면서 나와 함께 그분들을 만나 뵈러 가자고 종용하셨다. 결국 어머님과 나는 선물용 과일을 준비하고서는 그분들과 만남의 첫자리에 서게 되었다.

도곡 호텔 근처에 있는 '피아노'라는 카페에서 대화를 시작했는데 4시간에 걸쳐 서로의 집안에 대한 이런저런 대화가 오고 갔다. 좀 더 정확히 말하면 긴 시간 동안 서로의 아들, 딸 사진만을 내놓고 자랑하는 잔치였다. 서 박사님의 아들은 아버지가 공부했던 네덜란드의 자유대학에서 박사학위를 준비하고 있었다.

더 이상 서로의 집안과 아들, 딸들에 대해 소개하고 자랑할 것도 바닥이 날 때쯤 헤어지게 되었다. 서로 작별 인사를 나누고 그분들은 숙소 호텔의 입구까지 걸어가시고 나와 어머님은 승용차에 올라서려는 순간 멀리서 서 박사님이 어머님을 향해 외치는 소리가 들렸다.

"조정익 권사님! 우리 서로 사돈 합시다!"

나는 처음 듣는 이런 소리에 어안이 벙벙했다. 결국은 이런 과정을 통해 나의 딸과 그분의 아들이 결혼에 이르게 된 것이다.

어찌 되었든 다음날 서울에서 고시 공부를 하고 있는 딸에게 전화를 했다.

"유나야! 너를 며느리 삼고자 하는 집안이 나타났다."

이때, 딸 유나는 출석하는 교회에서 선포한 3일간의 금식기도의 마지막 날이었는데 바로 금식기도를 은혜 중에 마친 순간 나의 연락을 받았다고 말했다.

1차 고시 합격 후 막바지 2차 고시를 준비하는 사람들이 많은 교회의 분위기인지라 대개는 체력을 지키기 위해 금식기도까지는 하지 못했는데, 내 딸은 순종하는 마음으로 고시 공부의 와중에서 감사의 금식기도를 마무리 한 순간이었다.

"아빠! 이번 금식기도를 통해서 무언지 모를 큰 축복이 임할 것 같다는 생각이 들었어요. 과연 그 축복이 무엇일까? 기대하던 중에 아빠에게 이런 말을 들었네요."라고 말하는 딸이었다.

어느 날 아들에게 물었다.

"준성아! 유나 누나가 누구하고 결혼하면 좋겠느냐"

"네! 아빠! 첫 번째 신랑감은 네덜란드에서 공부하는 벤자민 목사이고요, 벤자민이 안 되면 제가 두 번째, 세 번째 신랑감을 이미 다 생각하고 있답니다. 그런데 제 생각에는 벤자민 목사가 나의 매형이 될 것 같아요"라고 말했다.

"얼마 동안 결혼문제에 대해 기도할 기간을 주세요."는 딸에게서 드디어 연락이 왔다.

"아빠! 그분들은 나의 사진 한 장만을 보시고 며느리로 삼겠다고 하셨는데, 얼마나 대단한 믿음입니까? 저도 신랑 될 사람 얼굴 안 봐도 좋아요! 결혼 예식날 얼굴을 보아도 좋으니 아멘으로 받아 결혼하겠습니다."라고 말했다.

그날부터 나의 딸과 네덜란드에서 유학 중인 그분의 아들과 전화 통화가 시작되었다. 처음에는 하루에 10분 정도의 통화가 시간과 날이 갈수록 하루에 30분, 또 한 시간씩 전화로 대화가 오갔다.

"아빠! 신랑 될 사람의 원래 이름은 베냐민인데 미국식으로 그냥 벤이라고 부른다고 하네요."

"그 사람은 네덜란드에서 태어나 미국에서 살다가 한국에 와서 연세대학을 졸업 후 다시 아버지가 학위를 받으셨던 네덜란드 자유대학 철학과로 입학을 했다네요."

"그동안 결혼하려고 선을 몇 번 보았는데, 자신이 부족한지라 결혼까지 이루어지지 않았다고 말하는 것을 보니 나보다 더 순진한가 봐요"

"나도 결혼을 위한 맞선을 보러 나가면 꼭 예기치 못한 일이 발생해서 결국은 한 번도 선을 보지 못하고 여기까지 왔다고 답해 주었어요."라는 말을 나와 주고받았다.

나는 딸에게 서로 얼굴이라도 보면서 대화하기 위해 영상 통화를 해보라고 했다.

어느덧 시간이 지나면서 딸이 하는 말이다.

"아빠! 우리는 서로 얼굴도 직접 보지 않고 대화만으로도 통하게 되었어요! 서로 조건이나 외모를 보고 결혼을 결정한 것이 아니라, 하나님의 선하신 뜻 안에서 이루어진 것임을 믿고 확신하기 때문에 서로 결혼식 날 얼굴을 봐도 좋다고 이야기했어요"라는 대답이었다.

그러나 나는 영상 통화가 가능한 전화기를 구해 주었다. 영상 통화를 하게 되니 마음이 더 빨리 열리고, 서로 간의 연락은 더 많아졌고, 친근감도 생겼다고 말하는 딸이었다. 어느 날 나는 딸에게 말했다.

"딸아! 너희들의 만남은 처음부터 대화로 길들여진 것이기에 나중에 행복할 것이다. 혹시 위기가 있더라도 처음처럼 대화로 풀어나가는 연습이 되어있으니 정말 행복한 부부가 될 것이다."라고 축복의 격려를 해 주었다.

진주 목걸이

그러던 중 그해 12월 성탄절이 낀 어느 날 그 집안과 상견례를 갖기로 했다. 우리 부부는 유나를 데리고 서울로 올라갔는데 서 박사님 부부께서 반갑게 맞아주셨다. 어느 식당에서 서로 대화를 하게 되었는데, 딸 가진 부모로서 내 딸을 처음으로 사돈 되실 그분들 앞에 보여주는 시간 동안 긴장된 마음이 들었음이 사실이다. 딸 유나에게도 조신한 자세와 언어 사용을 사전에 교육시켰다. 그러다가 두 집안의 대화가 익어갈 무렵에 서 박사님의 사모님께서 유나에게 선물을 주시겠다고 했다.

내 딸 유나에게 직접 그 선물을 풀어보라고 하셨는데, 열어보니 그 안에서 아름다운 색을 지닌 진주 목걸이가 나왔다. 가족들 간의 첫 대면에 결혼 예물을 갖고 나오신 것이다. 그런데 여태까지 얌전하게 앉아 있던 유나가 진주 목걸이를 신물 받고 나서는 그 자리에서 일어서서 팔짝팔짝 뛰며 소리를 쳤다.

"어머님! 저 이런 것 갖고 싶었어요! 저의 목에 직접 걸어주세요."

그분이 말씀하셨다.

"그래! 나도 이날을 얼마나 기다렸는지 아느냐!"

그분의 손을 통해 진주 목걸이가 내 딸의 목에 채워지는 순간 우리 모두는 자리에서 일어서서 박수와 축복의 말을 해 주었다. 그리고 그날 가족끼리의 첫 번째 대면식을 마치고, 서울의 밤거리를 모두 함께 걸으면서 우리는 아예 앞으로의 결혼 날짜까지 정하고 광주로 내려오게 되었다.

서철원 박사님이 말씀하시기를 "우리가 조선시대로 되돌아간 것 같군요."라고 말씀하셨다. 나는 "조선 시대가 아니라 성경의 창세기에서 이삭과 리브가의 만남으로 돌아간 것"이라고 화답했다. 딸의 결혼 예식은 네덜란드에 있는 사위가 박사학위 시험기간이라서 결혼 2일 전에야 한국에 도착했다. 그리고 결혼 즉시 신부인 딸아이와 함께 네덜란드로 들어가고자 계획을 세웠다.

나는 그래도 할 수만 있으면 결혼 날짜 10일 전에라도 와야 신랑 예복이나 예물도 준비할 것 아니겠냐고 말했지만, 이 모든 것을 생략하고 오직 커플 반지 하나만 서로 주고받기로 양가가 결정하였다.

나는 지난 30여 년 동안 "내 딸 유나를 열국의 어미로 삼아주시고, 아들 준성이가 하나님의 방법으로 복음을 증거 하는 사명인으로 살게 하옵소서."라는 기도를 단 하루도 빼지 않고 하나님께 올려 드렸다. 내가 믿는 것은 자녀의 미래는 부모가 축복하는 대로 되어진다는 확신이다.

"유나를 열국의 어미로 준성이가 주님의 십자가 복음을 만방에 전하는 사명자로……."라는 축복기도를 하면서 때로는 의심하기도 했고 또, 중단하고도 싶었고, 또 현실적으로 볼 때 이런 일이 이뤄질까? 라는 의심도 들었던 것이 사실이다.

그러나 내 마음 가운데 이런 생각을 갖게 된 것이 내 뜻이 아니라 내가 믿고 의지하는 하나님께로부터 온 것이라고 믿기에 받아들인 것이다. 그리고 그 기도대로 이루어지고 있다는 사실 앞에 나는 내게 주어진 삶 앞에 그저 겸손해 질뿐이다.

사실 나의 가족이 염려한 것 중의 하나가 딸아이 혼사에 동생인 준성이가 부담이 되면 어쩌나 하는 염려였다. 그런데 그 동생 덕분에 결혼하게 된 내 딸은 지금 네덜란드에서 손자, 손녀를 낳고 오늘은 이 나라, 내일은 저 나라를 오가며 열국의 어미로서의 삶을 살아가고 있다. 또 내 아들도 하나님이 원하는 그 자리에서 사명인의 삶을 살아가고 있음을 확신한다.

우리가 평안을 구하는 기도는 3분 만에 이뤄진다. 나의 기질을 바꿔달라는 기도는 10년 만에 이루어진다. 그리고 자녀의 미래를 위한 기도는 30년 정도 해야 한다. 특히 집안에 흐르는 순기능적 흐름을 막는 기도는 평생토록 해야 한다.

내 딸의 결혼 예식을 모두 마치고 나서 아들 준성이에게 말했다.

"아들아! 네 덕분에 누나가 시집가게 되었단다. 매형의 박사학위가 끝나면 네덜란드 여행시켜 주마. 이제 너도 점차로 좋아져서 언젠가 결혼하게 될 거야! 너로 인한 누나의 상처는 모두 너로 인해 회복되었고 더 큰 축복으로 이어지게 되었단다."

다음의 글은 결혼 예식을 마치고 우리빛 교회 푸른 초장란에 게재한 글이다.

딸아이 손을 잡고 함께 '신부입장'의 길을 걸으면서

드디어 2주 전에 사진으로만 봐 오던 사위, 벤자민을 서울에서 만나기로 했다. 약속 장소에 미리 와서 기다리는 딸 유나와 사위 벤자민이 두 손을 꼭 잡고 나왔다. 저녁식사를 하는 중에도 두 사람의 잡은 손은 아빠 앞에서도 떨어질 줄 몰랐다.

내 딸 유나에게 이런 모습이 있다는 것은 생각하지 못했다. 심지어 광주에 내려온 후 산 위에 위치한 가족묘지에 올라가는 길이 불편한 길인데도 두 사람의 손은 떨어질 줄 몰랐다. 피로연 때 점잖은 말로 축하해 주는 하객들 앞에서도 쑥스러워하지 않고 끝나는 시간까지 서로 손을 꼭 잡고 있는 두 사람이다.

그날 이후 어제 출국 때까지도 두 사람의 잡은 손은 처음 그대로이다.

"신랑 신부 두 사람의 사춘기가 이제야 오는가 보다."라고 생각했다.

결혼예식을 앞두고 딸하고 몇 마디 나눈 이야기이다.

"유나야! 아빠는 결혼식 날에는 안 울 것 같은데 너 출국하는 날엔 울 것 같다."라고 말했다.

"아빠! 나는 결혼식 날에는 울 것 같은 데 출국하는 날에는 너무 기뻐서 날아갈 것 같아요."라고 말해주는 딸이다.

'신부 입장'이라는 선포와 함께 딸아이의 손을 잡고 입장하는 나의 발걸음은 짧은 순간이었지만 그 순간에 만감이 교차하였다. 아마 모든 신부 아버지의 심정일 것이다. 하객들이 모두 일어나서 박수를 쳐주는 가운데 수정 같은 장식이 박힌 예식장 바닥을 딸아이와 팔짱을 끼고 걸어가는 순간 맨 먼저 떠오르는 것이 있었다.

"아! 우리가 천국에 입성할 때 이렇게 믿음의 선진들이 환영과 축하의 박수를 쳐 주겠구나!"라는 생각이 들었다. 내가 언젠가 천국에 입성할 때 박수를 쳐주는 무리들 가운데 베드로와 바울, 내가 좋아하는 믿음의 조상 아브라함. 그리고 먼저 하늘나라에 가신 할머님, 아버님의 모습을 그려 보았다.

그리고 두 번째 느낀 것은 "유나야! 이날이 있기까지 잘 자라 주어서 우리가 함께 영광을 받는구나. 그동안 말 못 할 마음의 아픔 가운데서도 이 날까지 잘 자라주어서 고맙다. 그동안 아빠가 너를 보호했는데 이제 너의 남편 될 사람에게 보낸다. 우리 집에서 갖지 못했던 행복과 평안을 마음껏 누리려 무나"라는 생각이 들 때, 내가 잡았던 딸아이의 손이 사위에게 옮겨져 갔다.

개척교회

2002년 가을에 신학교 제자이지만 목회 선배인 황 전도사로부터 연락이 왔다. 개척교회를 시작해 보자고 제안이 온 것이다. 당시의 나로서는 신학교를 졸업하면 광주의 ㅇㅇ교회 당회장으로 갈 수 있다느니, 곡성의 수양 관장으로 청빙 받을 수 있다느니 하는 주변의 권면이 있었다. 그러나 막상 신학교를 졸업한 후 아무도 나를 불러주지 않았다. 누구든지 졸업할 때 즈음이면 금방 무엇이라도 할 수 있을 것 같지만 실제로는 내가 부딪쳐서 헤쳐 나가야 할 일이다.

그런데 나에게 개척교회를 해보자는 제의가 왔을 시기에, 송여

현이라는 믿음 가는 형님이 계셨는데 "1천 명의 성도를 대상으로 목회를 하는 것보다 열 가정을 살리는 목회자가 돼라" 는 말씀을 해주셨다. 이 말이 주님의 음성으로 들려 나의 심금에 와 닿으면서 '주님! 나 같은 사람이 10 가정만 이 땅에 세운다면 나의 사역은 성공한 것'이라는 생각이 들었다.

2002년에 목사가 되기 위한 인턴, 레지던트 코스라고 할 수도 있는 '준목고시'에 합격하던 때, 광신대학교 정준기 교수님이 애초에 설립하신 교회를 기반으로 기존의 몇몇 가정을 중심으로 다시 개척교회가 부흥되었다. 시간이 흐르면서 내가 돌보던 청소년의 가족들과 아들과 비슷한 장애를 가진 가족들이 한 가족, 두 가족 모여들기 시작하였다.

광주 두암동에 있는 ○○실업고등학교의 경비 아저씨와 사소한 일로 다투어 결국 사망이 이르게 한, ○○○군과 그의 가족, 아버지가 운명적으로 맞이한 둘째 어머님의 집은 이태리 대리석이고 자신의 친어머님이 사는 아파트는 서민 아파트인 것을 보고 이에 분노하여 칼을 휘두른 김○○군과 그의 가족, 어린 시절 귀가 아팠지만 가난 때문에 제대로 치료를 받지 못해 청각장애가 된 아들의 친구와 그의 가족, 그리고 폭행치사, 마약중독, 존속폭행, 절도 등등의 전과를 훈장처럼 달고 청소년들과 가족들이 개척교회에 모이게 되었다.

여기에 고아원 출신의 가족들과 보호관찰 3회에 9년을 선고받은 내 아들, 다운증후군 장애이지만 마음이 청결하여 하늘을 보고 사는 임○○ 군의 가족들, 태촌파들의 똘만이로 살다가 전과 5범이 되고 나서 이제 나의 집에서 함께 사는 민수 등 …….

처음 개척교회를 시작할 당시 교회에 출석하는 청소년들의 전과를 숫자로 합해보니 32범이 되었다. 우리 모두가 더 이상 낮아질 수 없는 자리에 거하다가 하나님을 만난 형제들이다. 감추고 싶은 과거, 찢어버리고 싶은 과거를 가진 자들이다. 그래서 이제부터 우리의 11 계명은 '들키지 말라'라고 정했다. 또한 표어는 '서로에게 과거를 묻지 말라'였다.

그러나 우리는 '공포의 외인구단', '아둘람 공동체'(빛에 눌리고 사람들에게 버림 받은 자들이 함께 모여 이룬 집단의 명칭) 들이라는 이름을 스스로 일컬으면서도 부끄럽지도 기가 죽지도 않았다. 서로가 서로의 상처를 잘 알기 때문이다. 그래서 '우리빛 교회'라고 이름 지었다.

그리고 그들과 함께 '즐거워하는 자들과 함께 즐거워하고 우는 자들과 함께 울라'는 성경 말씀을 이루며 살아왔는데, 바로 이 시기가 내 생애의 무한한 영광이라고 생각한다. 우리는 '광주를 주옵소서! 일천 명을 주옵소서!'가 아니라 '광주의 상처 받은 영혼들을 보내 주옵소서. 우리가 그들과 함께 울고 웃겠나이다.'라는 기도를 드렸다.

2002년부터 전남대학교 병원 앞의 지하실에서 교회를 시작했다. 쥐들이 끓고 비가 오면 곳곳에 물이 새는 건물이었지만 그때 부족한 나를 믿고 따라준 개척 멤버들이 계셨기에 우리는 '치유의 공동체'를 이룰 수가 있었다.

그 후로 우리는 화정동 2층 상가로 이전을 했는데 지하가 아닌 것만으로도 행복했다. 우리는 모임을 가질 때마다 마음껏 울고, 마음껏 웃었다. 한없이 즐거웠다. 우리 공동체에 한 달 간만 함께 있으면 어떤 아픔도 치유되고 회복된다고 모두들 고백을 했다.

내가 성도들을 품어주고 감당했다기보다 성도들이 나를 그렇게 해주었다는 말을 자주했다. 그리고 화정동 명문예식장 자리로 이전하여 교회를 확장시키게 되었는데, 바로 이 시기에 교회 건축을 하지 못한 것에 대해 두고두고 후회를 한다. 성도들은 준비가 되어 있었지만 나의 마음 그릇이 부족했던 점을 인정한다. 2002년에 교회를 개척하여 2018년 6월에 교회를 사임하는 동안 내가 근무하는 대학에서 일정한 봉급을 받기 때문에 사례비를 받지 않고 헌신할 수가 있어서 무엇보다 감사할 뿐이다. '목회자는 주어진 자리에서 죽는 순간까지 헌신할 것처럼 일하고, 또 내일 떠나도 될 것처럼 일해야 한다.'는 말이 있는데 그렇게도 나의 생명이요 영혼을 바쳤던 '우리빛 교회'를 2018년 6월에 사임하고 같은 교회의 교육목사에게 담임 목사 자리를 물려주있다.

교회를 사임하고자 할 때 노회에 그 사유서를 제출해야 했는데, '첫째는 새로운 교회의 변화와 성장을 위해 후임 교역자를 세우고자 함, 둘째는 5년여 만에 퇴원하는 장애아들을 돌보기 위함. 셋째는 기도처로 시작하여 다시 하나님의 인도하심을 받고자 함'이라고 제출했다. 나중에 사임의 이유에 대해 더 깊게 생각해 보니 아내의 별세로 인한 심경의 변화와 이제부터 장애이들을 적극적으로 돌봐야 한다는 것이 가장 큰 이유였음을 깨닫게 되었다.

한 가지 확실한 것은 18년간 아끼고 사랑하던 교회를 사임한 깃도 순종이요, 사임 후 두 번째 개척교회의 시작도 순종에서였다는 사실이다. 나는 큰 일은 못하지만 내게 주어진 일이라는 확신이 들면 어떤 작은 일도 순종하며 나아갔다. 하나님의 영광을 위하여 생명을 바칠 수 있냐고 물으면 '예!'라고 즉시라도 대답할 수 있다. 이후의 가야 할 길도 순종하며 나아가면 마침내 천국에 이르리라!

결국 아들의 아픔을 통해 목회를 시작하게 되었고, 아들의 돌봄을 위해 사임하게 된 것이다. 나는 가정을 위해서는 모든 것을 포기해도 좋다는 생각을 늘 갖고 있었다. 문제가 없는 행복한 가정을 꿈꾸었다기보다 문제를 통해 가족의 소중함을 아는 가정이 더 귀하다. 교회를 사임하던 날, 여러 성도들께서 전해주신 기념 축사와 기념패의 내용 중 대표적인 것만 소개한다.

퇴임 기념 축사

'사랑과 열정의 드라마틱한 목사님의 사임을 맞아'

주 안에서 사랑하는 목사님!

어느덧 목사님을 처음 만나고 18년이 넘는 시간이 흘렀습니다. 목사님의 사랑과 배려와 섬김으로 힘들었던 시간을 잘 이겨내고 지금은 평안 가운데 거하게 되었습니다. 준목님의 시절, 수요예배에 오셔서 우리에게 전해주셨던 설교를 통해 다윗처럼 하나님 앞에 몸부림치는 목사님의 사랑과 열정을 느낄 수 있었고 모두가 기대와 설렘으로 말씀을 들었던 때가 생각납니다.

개척교회를 맡으실 때, 처음에는 망설이시던 눈빛에 수락해 주시기를 간절히 기도했습니다.

지금 이 자리에는 없는 이들도 많지만 그동안 교회의 많은 가정과 양들이 어렵고 힘들 때 목사님의 도움을 받았고, 사랑과 섬김과 기도로 힘을 얻었습니다.

그동안 목사님 특유의 큰 에너지와 긍정의 마인드로 교회 안이나 밖에서 최선을 다해 사신 모습이 참 아름다웠습니다. 특히 준성이와 형진형제, 우재… 외에 제 동생 수현이 까지 늘 아프고 연약한 이들을 귀히 여기시고 섬겨주시는 모습에 감사하고 존경했습니다.

그동안 목사님께 사랑과 감사의 표현을 많이 못했는데 목사님께

누가 될까 봐 그러기도 했습니다. 목사님을 여전히 뵙겠지만 서운함과 함께 서글픔을 느끼는 것은 이제 목사님을 통한 감동의 메시지와 만져주시는 사랑을 느끼지 못할 수도 있다는 아쉬움 때문일까요! 모든 것에는 시작과 끝이 있다는 사실을 실감하게 되면서 우리들과 함께 해 주신 지난날의 은혜의 감동들이 마음에 떠돕니다.

결코 짧지 않은 기간 동안 여러 가지 기쁨과 슬픔이 있었지만 사모님의 갑작스러운 하늘나라 부르심 가운데서도 목사님의 의연하시면서도 안타까운 모습에 걱정도 되었습니다. 또 준성이를 향한 목사님의 사랑과 바람이 클수록 오히려 마음 아프고, 앞으로 남은 십자가가 혹 무겁지는 않을까? 하여 "우리 목사님이 지신 십자가를 조금만 가볍게 해 주시라"라고 기도했습니다.

목사님의 지난 인생을 생각해 보면 얼마나 드라마틱하고 많은 일들이 있었는지요!. 참으로 하나님이 이끄시는 감동의 스토리가 있는 삶을 살아내신 목사님이십니다. 그동안의 주어진 삶에 순간마다 최선을 다해 충분하게 채우셨으니 이제부터라도 편안한 마음으로 하나님이 주시는 평안과 쉼을 누리시고 즐기시기를 기도합니다.

생각해 보니 위대하기만 했던 지도자 모세의 은퇴와 사무엘이나 엘리야, 많은 선지자들, 사도들의 마지막 모습도 감동과 아쉬움이 있을 뿐 기쁨은 없었던 것 같아요. 물론 예수님은 슬픔 뒤에 부활의 기쁨으로 오셨으니 오늘 저희들의 박 목사님을 보내드리는 슬픔과 감사의 기쁨을 모두 이해해 주시리라 생각합니다.

요즘 박 목사님께서 묵상하신다는 주제처럼 늘 행복하십시오. 목사님, 사랑합니다.

- 2018. 9. 우리빛교회 황문영 권사 -

퇴임 기념패

목사님은 지난 17년의 세월 동안 우리빛 교회 담임목사로서 성도들과 함께 울고 함께 기뻐하며 희생과 섬김의 길을 걸어오셨습니다.

입버릇처럼 되뇌시던 '예수 고난'의 흔적을 몸에 새기고 사시면서도 우리의 문제로 연락을 드리면 만사를 제쳐 두고 새벽같이 달려와 주심을 모두가 기억합니다. 때로는 친구처럼, 때로는 가족처럼, 모든 일에 함께 해주신 목사님의 헌신으로 우리빛 교회가 건강하게 세워질 수 있었습니다.

모든 것이 희미해져도 목사님이 베푸신 사랑의 흔적은 우리빛교회에 선명하게 새겨져 남아 있을 것입니다.

이후에도 가시는 길마다 하나님의 선하신 뜻이 함께 하기를 소망합니다.

목사님 그동안 정말 수고하셨습니다. 사랑합니다.

- 2018년 9월 우리빛 교회 성도 일동 -

1보 후퇴, 2보 전진

아들은 열심히 자신의 일에 충실하면서 특히 광주대학교 사회복지학과를 다니면서 C.C.C.(대학생 선교회) 활동을 열심히 했다. 대학을 졸업 후, 광주신학교에 입학하여 전도사 고시에 합격하여 자격증을 받은 날은 우리 집안의 잔칫날이었다. 전도사의 자격으로 광주의 행복재활원에서 자신보다 더 심한 장애우들을 돕는 직장인으로서 자리 잡았을 때, '내 아들의 도움을 필요로 하는 사람이 있다'는 사실에 위로와 사명감이 생겼다.

행복재활원에서 근무하면서 아들은 항상 명함을 가지고 다니면서 자신을 소개했는데, 명함 앞면에는 '행복재활원'이라는 근무처가 쓰여 있었고, 뒷면에는 '사회복지사 2급 자격', '요양보호사 자격', '호스피스 자격',' 태권도 공인 2단', '유도 공인 1단'이라고 적혀 있었다.

아들의 병명이 확인된 후 2013년 여름까지 서울대 병원에서 지속적인 치료를 받았다. 약물 치료를 받는 기간 중, 증세가 나아졌다고 하지만 부모로서 어찌 불안한 마음이 없었겠는가! 우리 부부끼리 안부의 연락을 주고받으면 맨 먼저 확인하는 것이 아들의 현재 상황이었다. 이전과 같이 큰 사건은 발생하지 않았지만 늘 노심초사하며 지내왔다. 그러던 중 2013년 8월 31일 낮에 나에게 한통의 전화가 걸려왔다.

"여기는 북부 경찰서입니다. 박준성 씨의 보호자이십니까?" 연락을 받고 경찰서에 가 보니 아들은 유치장 안에서 나를 보더니 절규했다. "아빠! 내가 왜 오늘 이런 일을 저질렀는지 모르겠어요. 나도 모르게 일이 생겨 버렸어요. 미안해요." 아들의 죄명은 '성추행' 미수였다.

이 글을 집필하는 중에 아들에게 있었던 마음 아픈 사실을 다시 기록한다는 것이 내 마음에 가장 어려웠다. 아들에게 일어난 일을 기록하지 않고 해피엔딩으로 끝내 버리고도 싶었다. 이 부분의 기록 여부에 참으로 거부감과 부끄러움을 가지고 몇 날을 고심했던 것이 사실이다. 그러나 내가 이 글을 집필하게 된 동기가 결국 나의 약함을 자랑하는 것이기에 그대로 고백하려고 마음을 먹었다. 나아가 인간의 죄악까지도 합력하여 하나님의 선을 이루심을 확신하기에 이 부분을 기록한 것임을 밝혀 둔다. 아들의 사건을 교회 앞에 진솔하게 알려 드렸다. 온 가족과 교회 성도들이 울부짖고 오열했다.

이후, 경찰서의 조사와 검찰의 기소, 그리고 법원의 판결 과정에 이르는 아픔은 이루 말할 수 없었지만 이 일 가운데 있는 또 새롭게 일하시는 하나님의 선하심과 일하심은 무엇일까? 물을 수밖에 없었다. 울음조차 나올 겨를이 없었다. 당장에 닥친 문제를 해결해야 했고, 아들은 이미 국가에서 보호하고 있으니 나로서는 아내의 마음을 보호해야만 했다. 넋을 잃은 상태가 된 아내는 이 일에 대해 단 한 마디도 하지 않았다.

아내가 아들에게 용돈으로 5만 원을 주지 않았다면 광주 시내에 가지도 않았을 것이고, 그랬으면 이런 사건도 생기지 않았을 터인데! 라는 꼬리에 꼬리를 무는 생각은 아예 하지도 않았다.

내가 할 수 있는 일은 최선을 다하면서 나머지는 하나님의 인도하심에 따르는 길 밖에 아무것도 없었다. 교회 성도 중에 경찰관이 계셨는데, 사건 담당 경찰관의 조서를 살펴본 후, 그리 큰 죄가 아니기에 금방 나올 것 같다고 전해 주었다. 그분의 말씀에 가족과 교회 성도들도 모두 그리될 줄 알았다.

그런데 아들에 대한 재판 결과가 나왔는데 2년간 '공주 법무 병원으로 입원'이었다. 이번의 사건만으로는 가벼운 훈방 정도이지만 아들이 중학교 2학년 때 있었던 사건의 반복으로 '쓰리아웃' 제도가 적용되어 2년간의 입원 판결이 나온 것이다.

금방 해결될 줄 알았는데, 2년간 병원 입원 판결이라니, 이해할 수 없었다. 그런데 처음에는 고통이었지만 병원에 입원한 아들과 우리 가족들, 그리고 교회도 점차 평정을 되찾았다. 다음의 글은 아들이 공주 법무병원에 입원했을 때 보낸 편지 중의 일부이다.

준성아!

이번에 너를 오랜만에 보니 많이 의젓해졌더구나. 위기에 처할 때 아버지를 의지하지 말고 스스로 이겨내라고 그동안 만나지 않았다는 것을 너도 이해할 것이라 믿는다. 평소에는 너에게 할 말이 많은데 막상 만나고 나니 정말 해야 할 말을 못 했던 것 같구나. 너를 본 순간 아마도 부자간의 감정에 격해 있었던 탓이겠지.

"두 달에 한번 면회 오고 편지만 꼭 보내 달라."는 너의 말에 감동 먹어서 이 글을 쓴단다. 아빠는 너의 이름만 불러도 눈물이 난다.

병원 안에 있으면서 너도 이런, 저런 생각이 너무도 많이 들지?

그러나 "주님! 우리 모두에게 주어진 길을 가게 하옵소서!"라고 기도한다.

하나님은 우리에게 어느 누구보다도 큰 행복을 주셨다는 것을 우린 서로 잘 알잖니! 다만 그 축복을 우리 스스로 감당하지 못해서 하나님께 부끄러운 마음이 든단다.

너의 병이 밝혀진 지난 22년간의 세월을 어찌 살았을까? 생각해 본다.

22년의 긴 세월이었지만 금방 지나간 것으로 보니 앞으로 2, 30년도 순간이면 지나갈 것이고, 때가 되면 천국에 가서 하나님이 창조하신 원래의 모습대로 회복되겠지!

그래도 너와 나는 항상 서로 말했었지! 이 세상에서 가장 행복한 사람이 바로 우리라고! 아빠는 앞에 있는 맛있는 것, 좋은 잠자리가 있다 할지라도 너 생각을 하면 누릴 수가 없구나!

너의 아픔을 함께 하는 마음으로 여전히 평탄의 길보다 고난의 길이 아빠에겐 더 익숙한 것 같단다!

내년이면 엄마도 61세! 아빠도 회갑이 되어간다. 이제 남은 생애를 어떻게 살아야 의미가 있을까 참 많이 생각한다. 아빠는 "주님! 아들과 내가 사회에 책임을 빚졌사오니 남은 생애를 다른 생명을 살리는 순교의 길로 인도해 주소서"라고 늘 기도한단다.

너의 담당 의사이신 심○○ 선생님이 네가 생각보다 잘 적응한다고 하시더라. 내 아들이 사람을 좀 귀찮게 하지만 정이 많고 특히 음악을 좋아한다고 은근히 자랑했단다. 담당 의사이신 심○○선생님을 실망시키지 말자!

너의 심정을 조금이나마 인정해 주시는 좋으신 분인 것 같아! 이번에 서울대 병원의 주치의이신 강○○ 교수님을 만나서 너의 상황과 병의 연관성에 대해 이야기했단다. 참으로 안타까워하시며 이번 일은 병 때문이 아니라 너의 기질 때문인 것 같다고 하시더라. 우리의 '본질상 죄성' 때문이라는 뜻이란다!

말하자면 운명이나 하늘 탓, 남의 탓을 할 것이 아니라 노력과 습관으로 고쳐나갈 수 있다는 뜻이다. 약물 복용만이 전부가 아니라 우리의 의지와 훈련으로 이길 수 있는 병이라 하니 얼마나 다행이냐. 지금 병원 안에서 이런 연습을 하는 거야!

그래도 아빠는 너와 지냈던 지난 시간들이 인생에 있어 가장 행복했는데, 다시 그 시간이 올 수 있을까? 아마 만 가지보다 우리 자신을 다스리기만 한다면 그 행복이 다시 찾아오겠지! 수건, 양말, 칫솔, 치약, 노트, 셔츠, 비누 그리고 네가 읽을 만한 책 몇 권을 보냈다. 조금 여분이 있는 것은 주변에 너를 위해 수고하신 분들과 나누어 쓰도록 해라.

병원에 있지만 면도도 잘하고 깨끗하고 멋있게 살아야 한다. 그래야 마음도 건강해서 빨리 퇴원할 수 있단다. 병원에 입원 중에 수염을 길면 자기 관리가 안 된 습관의 증표이기에 퇴원조차 늦어진단다.

참, 누나가 7월 30일 경에 아들을 낳는단다. 드디어 너에게 둘째 조카가 생기는 것이다. 누나는 그동안 임신 중이었기에 충격을 받을까 봐 끝까지 너의 병원 입원 이야기는 하지 않았단다. 사람이란 위기가 되면 가족들끼리만이 서로 이해할 수 있단다. 가족끼리는 결코 서로의 옳고 그름을 말하지 않는 거란다. 어려울 때 가족을 생각하면 다시 힘을 얻을 수 있을 거야. 아빠도 그랬거든!

끝으로 우리 같은 부족하고 연약한 자들을 감당해 주시는 모든 주변 분들께 항상 감사하자. 참! 주일날마다 네가 전도한 사람들을 이끌고 교회에 가서 예배를 인도하는 것은 놓치지 말아라. 그 일을 너의 사명으로 받아들이면 즐겁단다. 하나님의 평강이 너를 지킬 줄 믿으며 사랑하는 아들에게 아빠 보냄!

- 2014년 7월에 아들에게 보낸 편지 내용임 -

20년만의 휴식

신비한 것은 아들이 국립병원에 입원 기간 중에 나와 아내는 그야말로 20년 만의 확실한 휴식에 들어갈 수 있었다는 사실이다.

아들을 국가에서 확실하게 보호하고 있으니, 그동안처럼 최악의 상황을 각오하면서 전화를 받지 않아도 되었다. 마음 놓고 부부끼리 여행을 해도 불안하지 않았다. 무엇보다 교수로서 본연의 대학 업무에 충실할 수 있었다.

이 기간 중에 아내에게는 대학에서 '산학협력단장'(부총장직)을 맡아 달라는 연락이 왔다. 나에게는 '사회문화대학학장' 보직을 맡아달라는 연락이 왔다. 우리 부부는 모두 '허락'이라고 답변하고 마음껏 대학의 업무에 임할 수 있었다. 대학교수로서 보직을 즐긴다거나 명예직으로 생각하지 않고 우리에게 주어진 역량을 마음껏 발휘하여 학교 발전에 이바지하고 싶었다.

우리 부부는 모든 염려를 내려놓고 오랜만에 주어진 일과 삶을 함께 즐기면서 기쁨으로 일할 수 있었다. 아내의 보직은 1년에 50억 원이라는 예산을 집행하는 보직이었는데, 전임자는 부정으로 인해 재판을 받게 되었고, 또 그 이전 담당자는 금전문제로 기소되자 최악의 선택에까지 이르게 되었다. 따라서 고도의 투명성과 완벽한 관리, 그리고 정직과 실력이 요구되는 자리였다.

나의 보직은 대학의 구조조정이라는 변화의 시기에 결단력과 구성원이 한마음이 되도록 리더십을 발휘하는 자리였다. 우리 부부는 서로의 기질에 딱 맞는 자리라고 격려하고 위로해 주면서 그동안 대학 교수의 경력을 기반으로 최선을 다해 학교와 교수들을 섬길 수 있는 기회가 주어진 것이다.

법무병원에 입원한 아들은 병원의 1차 심사와 법무부의 2차 심사과정을 거쳐야 하는데, 이상하게도 우리의 예측을 깨고 2년 만에 퇴원하지 못하게 되었다. 6개월에 한 번씩 진행되는 심사에 항상 병원의 1차 심사는 통과가 되었지만 2차의 법무부 심사에서 탈락되었다.

공주 법무병원에 입원할 경우 처벌의 대상이 아니라 치료의 대상이기에 1년 만에 퇴원할 수도 있었기에 처음에는 법무부에 탄원서를 여러 번 작성하여 제출하였다. 그런데 세월이 흘러가면서 아들의 퇴원 문제를 인위적으로 서두르지 않고 자연적인 흐름에 맡기기로 방향을 잡았다.

우리 부부는 이런 일련의 과정에 대해 아들의 입원 기간 중에 사명감으로 일하고, 부부간에도 이전에 누리지 못했던 행복을 마음껏 가지라는 메시지로 받아들였다. 그야말로 아들의 문제는 하늘에 맡기고 서로의 직장 일에 최선을 다하며 서로 간에 사랑하자고 몇 번이고 다짐했다.

2013년 9월부터 2016년 10월까지 3년의 기간 중에 우리부부는 다시 신혼으로 돌아갔다. 어머님과 거주하는 광주의 본가 외에 신혼부부가 사는 듯한 아내의 집을 목포에도 얻었다. 우리는 주말이나 평일에는 목포의 집에서 바닷가에 나가 아내가 좋아하는 생선회도 마음 놓고 먹었고, 내가 27살 때 청혼했던 꽃피는 유달산의 그때 그 장소에 가서 서로에게 꽃반지도 끼워 주었다.

그리고 주말이면 광주에 올라와 주일 예배를 준비하였다. 토요일은 교인들의 가정에 함께 정기적인 심방을 갔다. 아내를 기쁘게 해주고 싶어 아내의 동창회에 자주 참석해 주었는데 돌아오는 시간이 되면 한없이 행복해하던 아내의 모습을 보았다. 아내가 가장 행복해할 때는 과거의 삶을 말할 때였고, 특히 유년기 시절의 삶에 대해 말할 때 행복감이 더해 보였다.

아내는 그 행복감을 글로 적어서 동창회 게시판에 올려놓기를 즐겨했다. 어느 날은 나에게 말했다.

"여보! 나의 유년시절부터 시작하여 지금까지의 삶에 대해 글로 적어볼 것입니다. 나의 어머님과 아버님, 그리고 동네 친구들과의 이야기, 또 지금의 나의 삶에 대해 글을 쓰고 싶어요. 마지막으로 당신의 이야기를 쓰고 싶어요."

우리 부부는 당연히 아들이 입원한 병원에 면회도 함께 자주 다냈다. 그런데 아들의 병원에서는 매년 5월이 되면 환자와 가족끼리 만남의 시간이 운동장에서 펼쳐졌다. 2015년 어느 봄날에 아들이 좋아하는 갖가지 음식을 가지고 소풍을 가듯 우리 부부는 공주 병원으로 갔다. 미리 운동장에 앉아서 음식을 펼쳐놓고 기다리는 가족들을 향해 동·서·남·북쪽의 사방으로 열린 병원 문에서 환자복을 입은 무리들이 손발을 맞추며 천천히 걸어 나왔다. 나는 어디에 내 아들이 있는지 두리번거리며 찾고 있는데, 아내는 그 순간 "아!" 하는 짧은 한숨 같기도 하고, 작은 비명 같기도 한 소리를 냈다. 이어서 아들과 우리는 만나게 되었고 주어진 시간 동안 맛있게 음식을 먹으며 이런저런 대화를 나누었다.

그런데 그 행사를 마치고 집으로 돌아오는 차 안에서 아내가 말했다.

"여보! 오늘 준성이가 일행들과 걸어오는 모습을 보면서 내 마음이 너무 힘들었어요. 이제 면회를 오지 않을 거예요."

"나는 그런 스타일의 환자들을 보는 것이 익숙해져 있지만 당신은 준성이가 환자복을 입고 정신 질환 환자들과 함께 섞여 있으니 마음에 충격이 되었나 보오."라고 위로해 주었다. 그리고 그 후로 아내는 한참 동안 아들에게 일체 면회를 가지 않았고 나 혼자만이 주기적으로 아들을 만나러 공주 병원에 갔다.

나중에 생각해 보니 환사복을 입고 일행들과 섞어 나오는 단순한 장면에서 큰 충격을 받은 아내였다. 엄마라는 존재는 아들을 영원히 정상적인 존재로 인정할 수밖에 없고, 인정해야만 하는 마음일까? 아내는 이때부터 세상으로부터 마음을 비우고자 했나 보다.

빈센트 반 고흐

그러던 중 2016년 여름 방학을 맞이하여 갑자기 아내가 혼자서 네덜란드에 있는 딸의 집에 가 보고 싶다고 하였다. 인천에서 네덜란드로 가는 항공편을 딸과 인터넷 검색을 해 보니 인천 출발 후 러시아의 모스크바나 독일의 프랑크푸르트를 경유하는 항공편이 적절했다. 그런데 해외여행 중에 한 번도 환승을 해 본 적이 없는 아내이기에 나와 딸은 염려를 했다. 내성적인 아내가 외국에서 환승 과정을 묻기도 힘들어할 것이 뻔했다.

나의 결정은 당장에 해결해야 할 학교 문제를 미리서 정리하고, 아내와 함께 네덜란드의 딸 집에 가는 것이 가장 마음이 편하다고 생각되었다. 8월 방학 중에 출발하는 항공권을 구하고 나서 2, 3일 후 아내는 공주에 있는 아들의 면회를 가보고 싶다고 말했다.

1년 반 만에 다시 아들을 만나고 싶어 하는 아내에게 고마운 마음이 들었다. 공주 병원에서의 면회 시간 동안 오랜만에 엄마를 만나본 아들은 너무 기뻐서 그저 눈물 반, 웃음 반의 시간을 보냈다. 우리 세 사람은 서로의 손을 붙잡고 하나님의 인도하심을 구하는 기도를 드리고 나서 헤어지는 순간 서로 간에 몇 번이고 뒤를 돌아보며 다음 만남의 시간을 기다리기로 했다. 그런데 그 시간이 내 아내가 아들을 마지막 본 순간이 될 줄이야 누가 알았겠는가!

아들의 병원 면회를 마치고 나서 얼마 후, 나와 아내는 네덜란드 딸의 집으로 향하였다. 새벽 시간에 도착한 암스테르담 공항에 사위가 마중을 나와 주었다. 아내와 사위는 도착한 그 시간부터 출발하는 시간까지 많은 대화를 나누었는데 한마디로 정리하면 "내 딸 유나를 잘 부탁한다."라는 말이었다.

딸의 집에 도착 후 아내와 나는 둘만의 여행을 시작했다. 세밀한 성격을 가진 사위가 그려준 약도를 들고서 동물원, 왕궁, 박물관, 미술관, 쇼핑센터 방문과 뱃놀이, 꽃시장, 교회 예배 등을 마음껏 즐기며 다녔다.

가장 기억에 남는 것은 왕궁을 방문하면서 숲을 거닐 때였다. 왕궁의 숲 속을 아내와 함께 걸으면서 사진을 찍고 싶어서 좋은 자리를 잡았다. 숲 주변은 모두 어두운데 반해 그 자리에만 빛이 들어와서 어둠 가운데 아내만이 하늘의 조명 빛을 받는 느낌이 들었다. 순간 아내가 말했다.

“여보! 나는 에녹처럼 하늘로 올라가고 싶어요.”

에녹이라 함은 구약성경에 나오는 인물로 하나님과 동행하여 살다가 한순간 하나님이 데려간 선지자를 말한다. 이 말을 듣는 순간 나는 “아! 정말 나의 아내를 에녹처럼 한순간 하늘로 데려가실 수도 있겠구나.”라는 느낌이 들었다.

딸의 집 근처에 좋은 공원들이 많았는데 공원의 숲길을 내가 운전하는 자전거 뒷자리에서 나의 허리를 꼭 감싸 안고 행복해하던 아내였다.

길 가다가 문득 피어난 한 송이 꽃을 보고 야릇해하며 감동하던 아내였다.

나이 드신 노부부들이 손에 손을 잡고 걸어가는 모습을 보고 세상에서 가장 아름다운 모습이라며 그들의 모습을 사진 찍어주며 우리도 서로 함께 저 때까지 살자고 약속했던 우리 부부였다.

암스테르담 국립 미술관과 빈센츠 반 고흐의 미술관은 아내와 세 번이나 관람했다. 대학에서 교양과목으로 강의했던 ‘지적 대화를 위한 넓고 얕은 지식’이라는 텍스트 가운데 미술의 역사가 나오는데, 그때의 기억을 불러내어 나의 온갖 지성과 감성을 다해서 그림마다 아는 데까지 설명을 해 주었다.

"문학 전공인 당신이 미술에 대해 이렇게 잘 아는 줄 몰랐다. 알고 보니 더 감동이 된다."는 아내의 말에 신바람을 타고 아내 앞에서 열변을 쏟으면서 그림에 대한 설명에 최선을 다해 주었다.

그날! 평상시에 언젠가 직접 보고자 했던 암스테르담에서 빈센트 반 고흐의 해바라기 그림을 마주하고 깊은 감동에 취해 있던 우리들이었다.

그날의 황혼 녘에 어느 오래된 성(城) 앞에서 내가 사진을 찍어 줄 때 아내가 불쑥했던 말이다.

"여보! 나 떠나면 지금 이 사진을 영정 사진으로 해 주세요. 국화꽃이 피는 날이 좋겠어요." 순간 그 말이 나에게 어떤 예시같이 다가왔기에 나도 아내에게 되받아 말했다.

"우리 함께 같은 날, 같은 시간에 죽을 터인데……."

이때 아내는 내게 당부하듯이 말했다.

"당신은 우리 아들 준성이보다 오래 살아야 해요."

네덜란드의 여행을 마치고 돌아오던 날, 공항까지 배웅을 나와 준 사위를 꼭 껴안으며 여전히 아내는 똑같은 말을 반복했다. "우리 유나를 잘 부탁하네! 고맙네."

나를 따라 오겠니?

한국으로 돌아오자마자 2학기가 시작되는 9월은 여느 때처럼 바쁘게 지나갔다. 2016년 10월 8일 토요일 오후, 나와 아내는 평소처럼 성도의 가정에 심방을 갔다. 이번에 방문한 가정은 심리적으로 아픔이 있는 성도이기에 아내의 전공적 상담도 필요했다. 아내는 진심과 열정을 다해 상담자요, 사모로서 심방을 마쳤다. 다음날 10월 9일 주일예배에 참석한 아내는 평상시에 입지 않았던 밝고 붉은색의 코트를 입었다. 예배를 마치고 함께 집으로 오는 길이면 항상 아내에게 묻는 것이 있다.

"여보 오늘 내 설교 어땠어요?" "그냥 좋았어요."라고 말해 주면 그날은 설교가 죽을 쑨 날이다. 이날은 아내가 "전체적으로 교우들에게 필요한 메시지였는데, 삶의 적용은 좋지만 십자가와 부활의 부분이 약했어요."라고 구체적으로 설교에 대한 피드백을 해 주었다. 나는 아내가 십자가와 부활의 영광을 묵상하는데 마음을 두고 있구나! 그 당시 생각을 가져 보았다.

그리고 평상시에 목포로 가져갈 짐이 있으면 내가 목포까지 바래 주는데 가벼운 차림의 아내는 저녁 무렵에 혼자서 목포의 집으로 갔다.

10월 10일 월요일 오후에 나는 청소년 전문직상담 발표회가 있어서 우리 대학의 김성후 교수와 참석을 했다. 김 교수는 모임 장소의 주변에 있는 롯데마트에 주차를 했기에 모임을 마친 후 함께 내 차로 마트까지 픽업을 해주는 순간에 한통의 전화가 걸려 왔다.

"박배식 교수님이시지요? 여기는 목포과학대학교인데 고미자 교수님이 오늘 출근을 하지 않았습니다. 연락을 해도 안 받아서 박 교수님께 전화를 드린 것입니다."

"지금 즉시 아내의 아파트로 가 주십시오. 119에 응급 구조 신고를 하면서 곧바로 가주시기 바랍니다. 저도 지금 목포로 가겠습니다."

전화를 주고받는 와중에 만 가지 생각이 오가면서도 이전에 아내가 예시적으로 말했던 것들이 스쳐갔다. 최대한 빠른 속도로 목포로 가는 중에 119 대원으로부터 연락이 왔다. "아파트 현관문을 열 수가 없다"는 말을 듣자마자 나는 "무조건 창틀을 뜯고서 들어가라"라고 소리쳤다. 그러고 나서 5분쯤 지난 후에 다시 연락이 왔다.

"안타까운 소식을 전해드립니다. 사모님께서 돌아가셨습니다."

차를 타고 달리지 않은 상황이었다면 그대로 주저앉았을 것이다. 거의 멘붕상태로 겨우 아내의 아파트에 도착해서 들어가 보니 먼저 경찰 과학수사대가 현장조사를 마친 상황에서 외부의 침입이라든지 다른 흔적은 없고 한순간 돌아가신 것 같다고 말했다. 샤워

실의 물은 그대로 쏟아져 나오고 있었다. 아직 물기가 가시지 않은 깨끗한 아내의 몸을 부둥켜안고 흔들어대며 절규했지만, 아내는 깨어나지 않았다.

아마 몸을 깨끗이 씻은 후 침대에 잠깐 누운 그 순간, 하나님이 아내에게 속삭였을 것이다. "사랑하는 딸아! 네가 세상을 감당하기엔 너무 마음이 깨끗하구나! 마음이 청결한 자에게 주는 천국이 이렇게 좋단다! 너무 힘들면 나를 따라 오겠니?"

아내는 "천국이 이렇게 좋네요. 예! 따라가지요."라고 대답했을 것이다. 아내의 시신은 병원으로 옮겨졌고 담당의사는 '사망 원인불명'으로 판정하였다. 다음날 아내와 함께 광주의 장례예식장으로 도착했다.

네덜란드 딸아이에게는 "엄마가 몸이 안 좋은 상태이니 곧바로 한국으로 오라"라고 말했고 병원에 입원 중인 아들에게는 담당 의사, 간호사와 함께 논의한 결과, 입원 중의 안정과 이상 행동을 염려해서 알리지 않는 것이 좋겠다는 결론을 내렸다.

장례식장은 평상시 아내가 말하던 국화꽃으로 단장해 주기 좋은 시기였다. 국화꽃 속에 묻힌 영정 사진 안에서 아내가 해맑은 모습으로 웃음 지으며 금방이라도 내 앞에 나타날 것만 같았다. 장례식 내내 주체할 수 없는 눈물이 쏟아져 내렸다.

온 성도들이 딸아이가 오기만을 기다리는데, 장례 2일째 되던 밤에 도착했다. 인천 공항에 귀국한 즉시 사돈 어르신의 차를 타고 광주까지 내려오는데, 장례식장 앞에 차가 머무른 순간에야, 엄마가 돌아가셨다는 것을 알았다고 한다. 딸아이에게 사돈께서 차마 엄마 이야기를 못하신 것이다.

딸아이, 사위와 함께 입관식을 했다. 그동안 많은 다른 사람의 입관예배를 드릴 때마다, 눈 앞의 관속에 내 아내가 누워 있는 환상을 가끔 보았는데 이제 그것이 현실이 된 것이다. 마지막으로 아내의 얼굴을 보면서 내가 할 수 있는 말은 "여보 곧 뒤 따라 갈게! 기다려 줘요!"라는 절규였다.

다음날 아내는 가족묘지로 옮겨졌다, 이십여 년 전 내 아들로 인해 아픔의 절정에 있을 때, 조성한 가족묘지이다. 그 당시에 다음날 해 뜨는 것을 두려워하며 '죽으면 죽으리라'의 심정으로 '박준성 전도사의 묘', '박배식 목사의 묘', 그 옆에 "고미자 사모의 묘' 라고 석판에 새겨놓았다. 그 묘 안에 아내가 누웠고 언젠가 그 옆에 내가 누울 자리가 이미 준비되어 있었다.

가족 묘지를 만들고 각자의 묘지에 자신의 이름을 새긴 석판을 볼 때마다 우리는 언제든 찾아올 수 있는 죽음을 받아들이는 연습을 했던 것 같다.

영원히 살 것처럼 준비하고, 그러나 내일 죽을 것처럼 의미 있는 삶을 살아간 아내였다. 살아가면서도 항상 죽음을 예비한 아내! 그러기에 주어진 삶에 최선을 다했던 아내의 삶을 생각하면서 묘비에 드리고 싶은 글은 '다 이루었다'였다.

모든 장례예식을 마치고 사흘째 되던 날에 우리 가족끼리만 아내의 묘지에 갔는데, 세 살 된 손녀 리후에게 "외할머니 어디 계시니?"라고 물으니 아내의 묘지를 향해 손으로 가리키면서 "여기에 계셔요."라고 대답했다.

외할머니가 돌아가신 것을 가르쳐 주지도 않았는데 어떻게 스스로 알아챘는지 신기했다. 손녀에게 "여기에 계신 것은 몸이고 영혼은 천국에 계신단다."라고 말해 주었다.

딸아이 식구들은 남은 가족을 서로 위로하는 마음으로 석 달을 함께 집에서 지내다가 네덜란드로 다시 떠났다. 딸아이가 외국에 있는 동안 아들의 병원 입원 사실도 알리지 않았는데, 엄마의 장례식을 통해 그동안 아들에게 있었던 사실을 말해주었다. 사위에게 부끄러운 마음도 있었지만 충분히 이해해 줄 만한 성품인 것을 믿었다. 딸은 최근 3년째 동생의 목소리도 듣지 못하고 소식도 없자, 이미 나름대로 동생의 스토리를 짐작하고, 엄마 아빠에게 묻지 않았던 것이다.

인천 공항으로 가던 도중에 병원에 있는 아들에게 면회를 가서 "처남! 이후에 언젠가 꼭 네덜란드로 오세요."라고 말해주는 사위가 고마웠다. 그런 말이 고마우면서도 한편으로 건강하게 자라는 조카들 앞에 허물 많은 삼촌인 내 아들이 얼굴을 내밀 수 있는 날이 정말 올까? 하는 생각이 들었다.

아들 문제에 대해 네덜란드에 있는 딸의 걱정을 덜어 주어야 한다는 생각과, 만약 딸이 한국에 오면 아들과 만나게 될 것이고, 만나게 되면 언제든지 무슨 일이 생길지 모르기에, "유나야! 한국에 올 생각은 아예 하지 말고 거기서 살아라."고 몇 번이고 당부를 했다.

아들의 문제를 가지고 딸의 가족에게까지 영향을 끼치고 싶지 않아서이다. 아버지는 아들을 감당하지만 형제는 또 다르지 않은가! 내 딸은 동생 걱정 말고 오직 자녀들에게만 마음 써 주기를 바라는 아버지 된 나의 마음이다.

'마음이 가난한 자는'

2018년 10월 아내가 별세한 지 2주년째이다. 지난 2년 동안 아내가 그동안 여기저기에 발표하고 특히 동창생들의 게시판에 올린 글을 찾아서 모아보니 70여 편쯤 되었다. 대개는 에세이 형식에 가까운 글들이었는데, 별세하기 2~3년 전에 쓴 글이 많았다. 어쩌면 자신의 죽음을 미리 예감하고서 그동안 살아온 삶을 되돌아보며 그 의미를 찾아보면서 쓴 글 같다는 느낌이 들었다. 특히 가장 가난했으면서도 행복했던 도초도에서의 유년시절과 중학교 시절의 글들을 읽으면서, 얼마나 아내가 과거의 추억을 사랑하고 그리워했는지 그 마음이 절절히 배어 나왔다. 아내는 고난의 역경 가운데서도 과거의 아름다운 회상을 통해 현재의 고통을 치유받았다는 것을 알게 되었다.

글을 남겨준 아내가 고마웠다. 2년 동안 여기저기에 게재된 아내의 글을 모아 마침내 시집으로 발간하고자 결심하였다.

아내의 글 50여 편을 모아 세 부분으로 나누었는데, 첫 뜨락은 과거에 대한 상념의 분위기가 나타난 글을 모아서 '찔레꽃 상념'이라 했고, 두 뜨락은 현실의 삶을 노래한 글을 모아서 '동창회 가는 길'로 정했으며, 세 뜨락은 자연예찬에 대한 글을 모아 '홍매화는 봄을 부르고'라는 소제목으로 정해 보았다. 그리고 마지막 네 뜨락에서는 엄마의 별세 후 딸아이가 쓴 글과, 그동안 내가 아들에 대해 강의하고 간증한 글을 '나의 약함을 자랑하노라'라는 제목으로 모아서 편집을 해 보았다.

출판사에 책을 만들려고 방문했는데 우연하게도 아내의 대학 동창생인 전숙 시인께서 원고를 읽어보고서, 대학생 당시 아내의 별명인 모나리자를 연상하고서 추모시를 써 주셨고, 역시 출판사에

회의하려고 찾아오신 김종 교수님께서 책 제목은 전체적인 내용을 대표할 수 있는 키워드로 '마음이 가난한 자는'으로 했으면 좋겠다고 뽑아주실 뿐 아니라, 책 표지의 제자(題字)와 그림까지 완성해 주셨다. 참으로 우연한 기회에 귀한 분들을 만나 아내에 대한 추모시와 제자, 그리고 적절한 책 제목까지 받게 되었는데 이 모든 것이 아내에게 드리는 사랑의 선물이라고 생각했다.

책 속에 글의 제목과 내용에 적절한 그림을 넣고 싶었는데, 마침 아내의 스마트 폰을 열어보니 각종 야생화와 꽃들을 찍은 아름다운 사진이 1,000개가 넘게 나왔다. 평상시에 길을 걷다가도 마음에 드는 꽃이 있으면 찍어놓은 많은 꽃 사진을 보면서 어려운 와중에도 꽃 같은 마음을 유지해 준 아내의 심정을 읽을 수 있어서 고마웠다.

마침내 이 책이 발간되고 생긴 일을 소개한다. 첫째, 교회의 성도들이 우리 부부가 고난 속에서도 최선의 삶을 살아온 것에 대해 감격해하니 좋아 보였다. 주변에서 읽어본 후 감동을 받아 우리 가족을 통해 살아계신 하나님을 인정하게 되어서 의미가 있었다. 둘째, 아내가 별세 후 목포에 사시는 처형께서 가장 큰 슬픔의 세월을 보내셨는데, 이 책을 받아 보시고서 슬픔이 멈춰 버리신 것이다. 처형께서는 아내의 묘에 처음에는 거의 일주일 간격으로 다녀가실 정도로 사이가 각별했다.

아내가 퇴직하면 세계여행을 가자고 약속했는데, 먼저 천국으로 가버렸다고 2년여 기간 중 연락을 주고받을 때마다 울먹거리셨는데, 책을 받아서 읽으시면서 완전히 위로를 받으신 것이다. 그래서 개인적으로 주변 사람들에게 선물하시겠다고 출판사에 의뢰해서 수십 권의 책을 더 구입하기까지 했다.

셋째, 내 주변에 이 책을 받은 지인들께서 거의 비슷하게 하시는 말이 "항상 가장 밝은 모습으로 보이던 박 교수에게 이런 아픔이 있는 줄 몰랐다. 고난을 이기고 당당하게 살아오셨네요."라고 말씀해 주셨는데, 이런 분위기의 말을 듣고는 무척 쑥스러웠지만 그분들도 '세상을 이기는 믿음'을 느낄 수가 있었다니 얼마나 감사한지 모른다.

다섯째, 이 책을 읽고서 본인이 발간비를 부담하겠으니 500부를 더 출간해서 주변에 드리고 싶다는 분도 계셨고, 특히 대학원 제자 중 자오황이라는 중국인 학생이 있었는데 그 학생의 어머님이 이 책을 읽으시고 중국어판으로 번역하여 출간하도록 하겠다는 제안이 들어왔다.

그리고 이 책은 2018년 아름다운 책으로 선정되기도 했고, 특히 이 책이 출간되고 나서 우연히 문화예술 소식지 '문화 통(通)'의 지형원 발행인께서 인터넷에 과분한 서평을 써 주시기도 했다.

아내의 명상집은 생각보다 큰 반향(反響)을 일으켰고 바로 이것이 나의 고백록을 집필하게 된 동기이기도 하다. 결코 세상에 알려지고자 함이 아니고 지나온 나의 삶에 대한 의미를 되새기면서 우리와 같이 고난 가운데 있는 사람이 계신다면 조금이나마 위로와 소망이 되어주고 싶은 생각에서이다. 고난이 해석이 안 되면 고난 그대로이지만 해석이 되면 신의 섭리라는 메시지를 전하고 싶어서이다.

아내의 책을 쓰면서 서문을 어떻게 쓸까? 2년간을 생각했다. 그런데 마지막 탈고를 하려는 순간 4페이지 정도 되는 서문을 딱 20분 만에 완성할 수 있었다. 2년여 동안 하고픈 말들이 한순간 소쩍새의 울음처럼 튀어나온 것이다.

아내의 명상집 서문의 마지막 부분의 내용과 엄마 별세 후 딸의 설교 내용이다.

나의 상처와 허물을 치유해준 당신을 보내고

박배식

… (중략) …

당신과 결혼했을 때 나는 중등학교 교사였지요.

그 후로 내가 사업을 할 때, 냄새나는 하천가의 단칸방에 서 살

때나 함께 대학 교수가 되어 다음날 서로의 강의에 대해 이야기할 때나, 목사가 되어 우리 같은 많은 생명을 돌보고 살필 때나, 이처럼 수많은 변화의 길을 걸으면서도 단 한 번도 내가 결정한 어떤 길도 싫다고 말한 적 없이 그저 묵묵히 따라와 준 당신이 있었기에, 특히 나의 깊은 허물과 상처를 온 가슴으로 안고 품어준 당신이 있었기에 우리 모두는 여기까지 올 수 있었다오.

오직 나 하나만을 사랑해주고 말없이 따른 당신이기에 미안함과 사랑의 마음은 날이 갈수록 더할 뿐이네요. 지나온 40년 세월로도 부족했지만 남은 삶을 살아가기에는 충분했다오.

지금 와서 당신의 죽으심을 생각하는 사람들이 하는 말이 "고미자 사모처럼 한순간 천국으로 가도록 기도합니다."라고 부러워하기도 하네요.

나도 언젠가는 천국으로 갈 때가 되면 당신을 만날 수 있다는 그리움 때문에 죽음도 두려워하지 않고 달려갈 것이오. 또한 하나님이 허락하시사 준성이와 내가 누군가의 생명을 살리면서 순교의 길을 갈 수 있게 해 주시라고 여전히 기도한다오.

당신이 먼 길 떠난 후 새롭게 얻은 우리의 둘째 손자 강후를 보고 돌아오는 길에 당신을 생각하며 이 글을 씁니다.

- 2018년 아내의 별세 2주년을 맞아
'마음이 가난한자는' 제목의 명상집을 출간하고서 -

엄마의 별세에 부쳐

딸 박유나 씀

욥기 말씀. "주를 귀로만 듣다가 이제는 뵈옵나이다."를 읽습니다. 고통과 연단을 겪으며 이것이 무엇 때문인지 판단과 불평도 하지만 결국은 주님의 주권이었음을 인정한다는 고백으로 들립니다.

한국에 계신 엄마가 위중하시다는 아빠의 전화를 받고 기도하기 시작했습니다.

엄마를 살려달라는 기도와 엄마를 보내드리는 기도였습니다. 그런데 살려달라는 기도는 답답했습니다. 중언부언했습니다. 엄마를 보내드리는 기도는 육체는 울지만 내 영혼은 가볍고 평안함을 느꼈습니다. 그렇게 기도를 시작하니 간절한 신앙의 고백이 나왔습니다.

"주님! 이것으로 저를 연단하시고 이런 하나하나들이 뭉쳐서 주님의 도구가 되게 해 주세요. 모든 주님의 주권을 제 인생에 인정합니다. 엄마가 정말 돌아가셨다면 인생이라는 것을 내가 어떻게 할 수 있는 게 아니잖아요. 주님이 모든 길을 인도하옵소서!"라는 기도였습니다. 내 인생에 대해서도 평안한 마음이 임했습니다.

그동안 엄마의 눈빛을 보면서 엄마에게는 늘 천국을 갈구하는 마음을 읽었습니다.

엄마의 눈빛에서 삶의 무게가 느껴졌는데 천국을 소망으로 주신 주님이심을 깨닫습니다. "천국이 얼마나 좋은지!" 엄마는 늘 천국을 사모했습니다.

이 세상의 어느 누구도 어떤 상황도 엄마에게 천국을 줄 수는 없다고 종종 생각했습니다. 오직 주님만이 그것을 줄 수 있기에요! 이 세상에서의 상황이 갑자기 변하여 엄마에게 언제든지 천국이 올지 모른다는 생각도 들었습니다. 한편으로는 그것이 현실이 될까 봐 가슴 떨린 적도 있었습니다.

그러나! 한번 가보면 다시는 이 세상에서 살고 싶지 않은 곳! 그곳이 천국이요, 주님의 품이 너무 좋으니까 나를 만드신 절대자의 품 안에서 말할 수 없이 기쁨을 누리는 그곳이 천국이겠지요.

제가 네덜란드에서 엄마가 위중하다는 말을 듣고 한국 공항에 도착했을 때, 저를 마중 나온 시댁 가족 분들도 저에게 엄마가 돌아가셨다는 것을 말하지 못하셨습니다. 다만 공항에서 나를 픽업해 주는 차량이 광주에 도착하여 나의 친정집이 아니라 장례식장에 도착한 순간, 그동안의 혹시라도의 느낌이 확신으로 되었으나 마음은 떨리지 않았습니다.

광주에 도착하기 몇 분 전에 다윗의 금식을 생각했습니다. 자신의 죄로 첫 아들이 죽었을 때 하나님의 결과가 나오니 그것을 받아들이고 음식을 먹으며 기뻐한 모습이 떠올랐습니다. 나도 그런 마음이 들었습니다. 엄마가 혼수상태 가운데 계시면서 하나님의 결과를 기다리며 애태우는 것보다 주님이 허락해 주신 '한순간의 죽음'이라는 사실 앞에 알 수 없는 비밀스러운 감사가 나왔습니다.

도저히 인간적으로는 이해할 수 없겠지만 나의 슬픈 마음을 무어라 설명할 수 없었는데도 엄마의 마음으로 들어가 볼 때 이상한 시원함이 다가오기도 했습니다.

"아하! 이것이 엄마의 마음인가 보다." 생각이 들었습니다.

발인 예배 때 선포된 어느 시인의 시입니다.

'내가 세상에 오는 날/ 나 혼자 울고, 온 세상이 웃었지만/

나 세상 떠나가는 날/ 나 혼자 웃고, 온 세상이 울리라/

라는 시와 같은 삶을 사신 엄마였습니다. 주님께서 "유나야, 내가 너를 위로한다. 그 위로로 다른 사람들을 위로하라" 하고 말씀하시는 것 같은 느낌이었습니다.

오늘 주일 예배드리기 위해 교회 계단에 올라오는데 아주 커다란 힘이 나의 등 뒤에서 밀어대는 마음이 들었습니다. "세상이 줄 수 없는 평안을 주노라" 는 주님의 음성을 들었습니다. 나는 연약한 인간이기에 엄마의 죽음에 대해 순간순간 인간적인 생각이 들기도 하고 성령의 은혜를 잊은 듯하나, 나는 이럴 때 남편과 얘기를 하면서 결국 하나님의 뜻 안에서 마음을 정리하고 해석하게 됩니다.

엄마의 삶은 언제든지 천국과 죽음에 대한 묵상이셨습니다. 남동생 준성이의 병으로 인해 마음의 무게가 늘 컸습니다. 그런 눌린 마음 가운데서도 대학교에서는 주어진 일과 학생들에게 크리스찬으로 교수로서 모든 줄 것을 최선을 다해 주셨음을 엄마의 흔적으로 압니다. 크리스찬으로서 주어진 삶의 자리에서 최선을 다하는 것! 교회의 예배뿐 아니라 삶으로 드리는 예배에서도 최선의 삶을 살아가신 엄마의 발자취가 사방에 남아있습니다.

엄마의 유품을 정리하면서 특별히 이것이 도전이 되었습니다. 이전의 나 자신이면 뭔가 나라를 깜짝 놀라게 할 큰일을 해야만 한다고 생각했지만 주님이 우리에게 원하시는 승리의 삶은 주어진 자리에서 최선을 다하고 그것을 열매로 남기는 것이며, 그것은 차근차근 작은 것부터 시작한다는 것임을 확실하게 깨달았습니다.

엄마는 멀리 게시면서도 아빠가 사역하시는 교회의 예배에 충성하셨고 소속한 대학의 발전을 위한 한 복판에 계셨습니다. 그러면서 엄마의 성격과 환경으로서 준성이와 나에게 이보다는 더 잘할 수 없었을 것입니다. 주어진 자리에서 주신 모습 그대로 모두에게 사명을 다하셨습니다. 이제 엄마의 그 모습 그대로 남은 가족과 우리 교회 성도 모두가 그렇게 하기를 바라는 생각이 들었습니다.

저는 네덜란드에서 엄마기도를 시작으로 남편과 늘 기도했습니다. "주님! 우리 가족이 바른 신학을 위해 쓰임 받게 해 주세요."

그런데 그 기도는 눈물의 기도가 아니면 이뤄질 수 없음을 알고 있습니다. 유럽 사회의 자유주의 신학, 유럽사회의 현실, 언어의 한계 등을 생각하면 막막할 때도 있었습니다. 그런데 엄마가 돌아가신 후부터 그 기도가 가벼워짐을 느낄 수 있었습니다.

그러면서 "아하! 엄마가 하늘 보좌에서 우리를 위해 기도하고 계시는구나" 생각이 들었습니다. 천국의 기도 일꾼의 자리에 엄마가 계심을 깨달았습니다.

그러면서 저는 엄마에 대한 그리움으로 어젯밤에도 한 순간도 못 잤지만 잠시 눈을 감고 일어나서 이러한 것을 깨닫는 순간 말할 수 없이 마음이 시원하고 평안했습니다. 엄마께서 우리를 보며 천국에서 우리를 위해 기도하며 웃고 계심을 분명하게 느낄 수 있었습니다. 내가 할 수 있는 것은 모든 것에 대해 순간순간 주님의 주권을 인정하면 주님이 받으신다는 것입니다.

욥기 말씀, '주를 귀로만 듣다가 이제는 뵈옵나이다.' 고통과 연단을 겪으며 이것이 무엇 때문인지 판단과 불평도 하지만 결국은 주님의 주권이었음을 인정한다는 고백으로 들렸습니다. 우리 앞에 언제 무슨 일이 생길지 잘 모르지만. 하나님의 뜻에 따라서 우리를 충만케 하시는 주님이심을 믿습니다.

나의 고백은 "주님. 내 내면의 작은 변화부터 시작하게 하옵소서. 더욱 겸손하게 하옵시고, 더욱 다른 사람을 사랑하게 하옵소서!

그리고 엄마가 있는 그 천국을 더 사모하며 그동안 내 뜻대로 되지 않았던 내 인생이지만 결국은 참 좋은 인생으로 인도하시는 하나님이심을 믿습니다."라고 기도할 수 있었습니다.

"이전에 나를 인도하신 하나님이 한 번도 실수하지 않으시고 생각보다 더 귀한 것으로 채워 주셨기에 이후에도 그리하실 줄 믿습니다."라는 기도도 드리게 되었습니다. 그러면서 마음이 깨끗해지고 정결한 그릇이 되어 간다는 느낌이 들었습니다.

엄마의 돌아가심을 통해 내 안의 나만이 아는, 누가 알까 봐 부끄러운 허례허식, 나의 교만, 나만이 알고 있는 강박감들이 뭔지 모르게 벗겨지는 느낌이 들었습니다.

나만이 알고 있는 죄들을 회개하고, 내가 이전에는 억지로라도 주님이 기뻐하시지 않는 마음들과 싸우려고 했던 어떤 억지 투쟁들이 엄마로 인해 자연스럽게 내려놓아 짐을 느끼게 되었습니다. 돌아가신 엄마가 나의 마음의 짐까지 거두어 가신 듯합니다.

엄마는 저에게 자주 웃으시면서 "나는 에녹같이 하늘나라에 가고 싶어."라고 자주 말씀하셨습니다. 저는 "주님! 제발 오랜 후 하나님의 때가 되어야 들으셔야 해요"라고 생각했습니다. 그런데 최근 들어 네덜란드의 집에서 자주"주님이 엄마를 천국으로 데려가시면 난 어찌 살지?"라는 생각이 들었습니다. 그런데 생각해보면 그것은 엄마를 위해서는 이 땅보다 천국이 더 좋다고 생각도 해보았습니다.

결국 엄마는 토요일 날 교회의 연약한 성도에게 평소와 같은 모습으로 아빠와 함께 심방을 가셨다가 다음날 주일 예배를 온 성도와 함께 드린 후 월요일 날 목욕 후 너무도 깨끗하고 고우신 모습으로 한순간에 천국으로 가셨습니다, 엄마는 육은 이 땅에 거하셨지만 영혼은 늘 천국을 사모하셨습니다. 엄마는 이 땅에서 항상 천국 시민으로 사신 것입니다.

교회 성도들의 말씀을 들으니 엄마의 천국 가심에 대해 미리 안 성도들이 여러분이 계셨습니다. 이 일이 우연이 아니라 하나님의 계획 가운데 있으니 너무 슬퍼하거나 놀라지 말라는 계시로 받아들였습니다.

이번 여름방학 때 아빠와 엄마께서 네덜란드에 오셨습니다. 두 분은 한 달간을 신혼부부처럼 발길 닿는 대로 걸으며 행복해하셨습니다. 아빠께서 엄마를 제가 타는 자전거에 태우시고 어딘지도 모르시면서 신나게 아무 길이나 다니시는 모습을 바라볼 때 정말 행복해 보이셨습니다. 그동안의 아픔을 마음껏 행복으로 바꿔 주시는 하나님이심을 느꼈습니다.

지금 생각하면 주님이 아름답고 행복하게 엄마의 삶을 마무리로 장식해 주시는 과정이었습니다. 그리고 엄마가 한국으로 가시면서 "너무도 좋았다. 그동안 아픔이 다 사라진 것 같다. 1년 후에 다시

오겠다"라고 하셨는데, 그 당시 내 마음이 너무 슬펐습니다.

엄마가 부디 내년에 잘 오셔야 할 터인데 혹시 못 오실지도 모른다는 알 수 없는 마음이 들었습니다. 그래서 혹시 현실이 되지 말게 해 주시라고 기도했습니다. 혹시 엄마를 데려가시려거든 제가 견딜 수 있는 날을 주시라고 기도했습니다.

엄마는 한국으로 가신 후 우리 가족이 네덜란드에서 거의 3년 먹을 음식들을 혼신의 힘을 다해 보내주셨습니다. 엄마의 영혼은 이미 천국을 준비하고 계셨던 것 같습니다.

하관 예배 때. 엄마를 생각하면 슬픔 때문에 눈물이 나오지 않고 굉장히 평안했고, 비밀한 은혜 때문에 기쁨의 눈물을 흘렸습니다. 순간 내려 비치는 은은한 햇빛과 바람! 느껴지는 듯, 안 느껴지듯 잔잔한 미풍! 모든 찬양 가사 하나하나가 마음에 와 닿으면서 은은한 바람결에서 엄마의 미소를 보고 성령의 만져주심을 느낄 수 있었습니다. 만물은 주님의 영광을 노래하고 있었습니다.

저는 곤고할 때 자연을 통한 주님의 위로를 봅니다. 제가 대학생 때 준성이가 병원 진료 때문에 서울에 왔는데 마침 학교 휴강 시간에 틈을 내서 병원에 데려다주고 제 마음이 너무 곤고했습니다. 아픈 동생과 같이 있어주지 못하고!! 이런저런 생각에 "주님 저를 만져주세요" 간구했습니다. 그런데 잠시 후 길옆의 낮은 가로수들이 멀리서부터 흔들리며 바람이 휙 불어오는데 그 순간 내 마음의 모든 아픔이 날아가 버리는 체험을 했습니다.

저는 아주 기쁜 마음으로 동생의 앞날을 바라볼 수 있었습니다.

지금은 천국에서 기뻐하시는 모습으로 우리를 바라보시는 엄마에게 편지를 써 보았습니다.

"엄마, 엄마는 엄마의 상황, 환경에서 엄마에게 주어진 모습 그 모습 그대로로 우리들을 사랑하고 최선을 다한 최고의 엄마였어. 조용히! 소리 없이! 이 세상의 빛과 소금으로 살아줘서 고마워요. 내가 엄마를 통해 더욱더 천국을 사모하게 해 줘서 고마워. 내가 주님께 모든 것을 맡기게 되니 내 가는 길이 두렵지가 않고 평안해. 준성이도 아무 걱정하지 마.

준성이에 대해 기도하면 우리에게 주시는 것은 주님이 우리 생각 이상으로 그 인생을 채우시리라는 평안뿐이니까. 엄마가 우리의 삶에 큰 밀알이 되신 거야. 엄마가 보고 싶을 때마다 난 더 주님을 부르게 되었어. 처음에는 울지만 난 그 기도 끝에 엄마의 천국 이사가 밀알이 되어 우리 삶에 얽힌 타래를 풀고 치유하는 작은 씨가 될 것 같아. 엄마 그동안 고맙고 여전히 사랑해!"

엄마가 위중하시다는 아빠의 전화를 받고 딸 리후와 대화했습니다.

"리후야. 외할머니에게 무슨 일이 있는 거 같아. 엄마 어떡하지?" 그때 리후의 말이 "엄마! 예수께로 가면 나는 즐거워 찬송 불러!"

그리고 그 찬송을 함께 부르고 끝나면 "엄마 또 불러 또 불러!" 했습니다.

"리후야. 엄마가 지금 믿음이 없으니까 엄마 보고 어린아이처럼 그냥 믿으라고 이 찬양하자고 한 거야?"라는 저의 말에 씩 웃는 리후였습니다.

나중에 알고 보니 바로 그 순간 어머니가 돌아가신 시간이었습니다. 어린아이를 통해서도 찬양받으시는 주님이셨습니다. 우리의 모든 삶을 통해 영광 받으시는 주님이심을 믿습니다. 나의 죄를 용서하시는 분, 나를 인도하시는 분, 나의 구주이심을 찬양합니다.

- 2016년 10월 10일 엄마가 별세 후
10월 16일 우리빛 교회 주일 예배 설교의 내용임-

새 생명

아내가 별세 후 딸 가족들은 네덜란드의 가정으로 돌아가서 다시 공부와 박사학위 논문 준비에 힘썼다. 나의 주변 교수님들과 제자들은 나를 위로한다는 생각으로 중국의 북경 여행에 초청해 주었고, 특히 동료 교수님이시면서 교회의 교우이신 김성후 교수님은 유럽의 북극에서 남극을 오가는 여행에 나의 보호자이자 가이

드가 되어 주셨다.

우리 두 사람은 덴마크 코펜하겐에서 승용차를 렌트 후 핀란드, 노르웨이, 스웨덴을 거쳐 북극에 깃발을 꽂은 후 남쪽으로 내려와 덴마크에 들른 후 네덜란드에서 딸 가족과 함께 프랑스, 독일, 스위스를 거쳐 목적지인 스페인과 산마리노를 여행하는 기회를 만들었다. 한 달 여 동안의 여행 기간 중 하루 평균 1,100㎞를 서로 교대하면서 달렸는데, 노익장(?)의 전설을 쓴 것이다.

네덜란드의 딸 집에 도착 후, 가족회의 결과, 우연히 내 딸이 스페인에 한번 가고 싶었지만 손녀인 리후가 여행을 힘들어할 것 같아 포기하겠다고 말한 것이 마음에 와 닿아 내가 실행에 옮긴 여행이었다. 그런데 가족들 간의 긴 여행을 마친 후 나와 김 교수, 그리고 딸과 사위는 한 달여 동안 여독이 있었는데 손녀딸 리후만이 지치기는커녕 다음 날부터 일상적인 삶으로 되돌아가 싱싱하게 뛰어놀았다.

네덜란드의 딸과 헤어지는 인사를 나눌 때, 나는 딸에게 새로운 선물로 자녀를 주시라고 축복기도를 해 주었다.

한국으로 귀국 후, 어느 날 딸에게서 연락이 오기를 아이를 더 낳고 싶어서 기도하고 있다고 했다. 가족들이 네덜란드에 살게 되면 타국 땅인지라, 형제가 많을수록 서로 의지하고, 어떤 모임이라도 할 때면 형제들이 많아야 서로 간에 힘이 될 것이라고 말하면서 딸의 목표는 네 명의 자녀를 두는 것이라고 했다.

한국 땅에서도 한 명의 자녀를 키우기가 힘들다고 하는 데, 머나먼 타국 땅에서 네 명의 자식을 키운다는 것은 도무지 상상도 안 되었다. 그러나 네 명의 자녀를 목표로 하는 딸이 둘째 아이를 낳겠다고 결심하는데, 무조건 축복할 일이었다.

2018년 4월에 마침내 하나님께서 손자를 선물로 주셨다. 아내의 별세 후에 우리 가족 모두에게 위로의 선물로 주신 생명이다.

첫째 손녀의 이름은 왕손과 결혼한 황후가 되어 물질과 권세로 다스리는 왕이되라는 뜻으로 '리후'라고 이름을 지었고, 둘째 손자는 어떠한 환경과 어려움 가운데 위로부터 주시는 평강을 선포하는 왕이 되라는 뜻으로 '강후'라고 이름을 지었는데 사돈이신 서철원 박사가 작명해 주신 것이다. 나는 내 아들과 딸의 이름 위에 30여 년을 축복기도를 해 주었더니 그대로 이루어진 것을 보았다. 이제 나의 남은 생애 동안 리후와 강후의 이름을 부르면서 그 이름대로 되게 해 주시라고 축복기도를 드릴 것이다. 요즘 들어 리후가 학교에 다니면서 한국어보다 네덜란드어를 많이 사용한다고 하는데, 나의 손녀 리후의 통역으로 네덜란드를 여행하는 날을 고대하고 있다.

소확행

올해로 어머님의 연세가 88세이시다. 어머님의 삶에 있어서 가장 영향력을 크게 끼치신 분은 외할아버님이시다. 어머님 방의 화장대 앞에는 외할아버님과 외할머님의 후손들에게 큰 잔칫상을 받으시고 찍으신 회갑 기념사진이 늘 꽂혀 있다. 어머님의 삶에서 순간순간 어떻게 결정해야 좋을지 망설이는 일이 있을 경우 "내 아버님은 이럴 때 어떻게 하셨을까?"라는 물음으로 시작하여 답을 얻어내곤 하신다.

이제 나 또한 "내 어머님 같으시면 어떻게 하셨을까?"라면서 인생의 답을 찾아오곤 했는데 대개 실패하지 않았다.

올 여름에 퇴근길에 엘리베이터를 탔는데, 주민 안내판에 아파트 통장을 인선 중에 주민들에게 찬, 반을 묻는 양식과 어머님의 경력, 학력, 사진 등이 부착된 안내 용지를 우연히 보게 되었다. 동네 아파트 주민들이 88세 되신 어머님을 통장과 노인당 총무, 자치위원으로 추천한 것이다.

집에 와서 "어머님! 지금 아파트 자치회장이 일부 주민들에게 고발까지 되어있는 복잡한 상황에서 굳이 이 일을 하셔야 합니까?"라고 물었다. 알고 보니 아파트 주민들끼리 법적인 문제가 진행 중이었는데 어머님이 개입하셔야 화평을 이룰 것 같아서 양쪽 편에서 모시기로 한 것이었다.

동네 사람들은 이사를 갈 때나 또는 아파트 주변의 화분 꽃이 시들어 죽어 갈듯 싶으면 거의 우리 집으로 가지고 오면, 그러면 대개 2~3 개월이면 다시 생기를 되찾아 가는 화초들이다. 그래서 아파트 주민들은 우리 집을 '103동 1903호'라고 호칭하지 않고 "꽃집! 또는 꽃집 할머님!"이라고 부른다. 우리 집은 어머님과 나, 단둘이 거주하기에는 확실히 큰 집이다. 그러나 어머님께서 가꾸시는 화초의 분량을 보면 그리 큰집이 아니다. 아파트 베란다는 오래전부터 화초가 모두 점령해 버렸다.

어머님은 오후 8시쯤이 되면 주무시고 나서 거의 새벽 1시에 일어나셨다가, 이때부터 한두 시간 동안 집안의 화초를 가꾸신다. 화초를 가꾸신다는 표현보다 화초와 이야기를 나누신다. 내가 깊은 잠을 자다가 혹시라도 새벽 한두 시에 깨면 어머님은 화초 하나하나의 잎사귀를 만져주고, 닦아 주고, 물을 주며 대화를 나누고 계신다. 이것이 우리 집이 동네에서 '화초 병원'이라 불리게 된 연유이다.

어머님께서 키우시는 화초는 모두 사연이 있다. 우리 집에서 가장 큰 화초는 아버님께서 동물 병원 개원하시던 22살 된 것이다, 또 이 화초는 내 아들의 초등학교 입학을 기념하는 28년 전의 화초, 저 화초는 마음이 슬퍼서 또는 홧김에 구한 화초 등등의 사연이 있다.

내가 한 번은 어디서나 볼 수 있는 풀 종류 같은 화초는 좀 줄이자고 했더니 "안 된다. 모양은 저리 보여도 향기 있는 꽃이라도 피우잖냐!"는 한마디로 일축하셨다.

30년 전에 인터넷을 처음으로 배우시고 이메일 주소를 만드신 후 나의 메일로 첫 번째 글을 보내셨는데 '박 장로! 말을 줄이고 행동으로 보여줘!'라는 내용이었다. 이번에 카톡을 배우시고 처음으로 나에게 보낸 문자는 '아들아 사랑한다. 운전할 때 전화받지 말고 앞만 보고 가야 한다'라는 내용이었다.

어머님의 건강 비결은 '제시간에 제 양 먹기'라고 주저 없이 말씀하신다. 서울의 동생네 집에 가려고 할 때, 어쩌다가 고속버스 안에서 오전 12시를 지나게 되면 곁에 앉은 승객을 아랑곳하지 않으시고 그 시각에 준비해 간 도시락을 드시고 내 몫도 그 자리에서 챙겨 주신다.

어머님의 하루 일과를 보면 아침 6시에 일어나시고 8시에 아침 식사를 하신다. 9시에 노인당에 가셔서 점심거리를 준비해 놓으신 후, 오전에는 하모니카 학원, 영어 학원을 다녀오고 스마트폰을 배우신다.

오후에는 하모니카 학원, 각종 자원봉사 참여 후, 아파트 주변의 화 살피기 외에 동네 한 바퀴를 운동 삼아 돌아다니신 후, 오후 5시쯤에 집으로 귀가하신다. 나도 이리 바쁘게 사는 데 9 순을 바라보시는 어머님은 나보다 더 바쁘시다. 이러한 어머님의 모습에서 나의 미래를 그려 본다. 다음 글은 2018년에 쓴 어머님에 대해 쓴 내용이다.

어머님의 재봉틀

내가 초등학교 입학할 즈음 일이다. 어느 날 어머님이 오랫동안 모은 저금통을 깨서 충장로로 가자신다. 어머님과 여기저기의 재봉틀을 파는 가게를 찾아 나섰다. 당시 어머님은 저금통을 깨서 우리 집 살림살이를 하나씩 늘리는 것이 취미셨다. 어린 시절이었지만 당시에 유명한 재봉틀로 '아이디알 미싱'과 '드레스 미싱'이 있었는데 가정용으로 많이 쓰던 '드레스 미싱'을 선택했던 기억이 뚜렷하다. 재봉들이 집에 들어온 후 가족들의 옷 모양이 바뀌었다.

앞 무릎이 헤어진 바지는 토끼 귀 모양의 천을 덧붙여 어느새 멋있는 옷으로 변신했다. 중학교 때 체육시간에 입을 하얀색 바지는 집안의 커튼을 재단하여 재봉질해서 만들어 입으면 내 몸에 꼭 맞았다. 다른 친구들은 대개 옷을 사 입을 때 우리 가족은 맞춤형으로 재단해서 입었으니 지금 나의 멋은 그때부터 연습되었는지도 모른다. 우리 집의 옷뿐 아니라 동네 사람들의 옷 수선도 어머님은 척척 해내셨다.

어머님의 20대 처녀 시절에 양장을 배우신 것이 90대 가까우신 연세까지 쓰임 받게 된 것이다. 어머님의 재봉틀은 반세기를 우리와 함께 지낸 가족인 셈이다.

나는 재봉틀 앞에서 어머님이 옷감을 이리저리 옮기면서 박음질하는 것을 놀이 구경처럼 신기하게 들여다보곤 했다. 재봉질을 하시다가 실이 끊어지면 이리저리 연결시켜 바늘귀에 실을 꿰는 모습, 재봉틀 아래의 북통의 실과 위 바늘, 아래의 실이 함께 움직이면서 작품이 완성되어 가는 과정을 바라보는 것이 그때의 즐거움이기도 했다.

학교에서 돌아와서 재봉틀 소리가 먼저 들리면 어머님이 계시다는 증표가 되어서 안심이었고, 어쩔 때는 늦은 밤에도 어머님의 재봉질은 이어졌다. 어찌 보면 살아가시면서 필요할 때 옷을 만드실 때나 혹은 마음 아프실 때 위안을 삼고 싶으면 어머님은 재봉틀 앞에 앉으셨던 것 같다.

의자에 앉아서 발을 굴리는 스탠드식 재봉틀이 앉은뱅이 재봉틀로 바꿔지면서도 어머님의 재봉질은 이어졌다. 최근 2년 동안 어머님의 재봉틀로 만드신 작품만도 족히 300벌은 될 것이다. 교회 성도 가족과 아파트 이웃 주민, 경비원 아저씨들의 몫까지 다 챙기신 것이다. 어머님이 즐겨하시는 일이시기에 옷감 값은 내가 마련해 드렸고 어머님과 수십 년 단골집에 함께 다니면서 옷감의 색상도 골라 드렸다.

얼마 전 집에 돌아와 보니 어머님 방이 온통 재봉질 옷감으로 널려 있었다. 재봉틀 주인인 어머님은 어디로 가셨는지 안보이기에 나는 그 옷감을 전부 보자기에 싸고 방을 정리해 드렸다. 얼마 후 어머님이 오시자 "애구! 어머님! 재봉질만 하시면 항상 온 방이 이렇게 어지럽혀지네요. 이제 그만 하시지요"라고 잠깐 투정을 부렸다.

알고 보니 그날이 어머님과 재봉틀의 이별의 날이었다. 나의 투정 어린 말에 어머님은 상당히 마음이 상하셨나 보다. 다음날 교회에 나가는 아침에 어머님은 재봉틀을 상자에 고이 담으셨다. 재봉틀이 교회로 이사를 한 것이다. 알고 보니 전날 밤 어머님은 그동안 오랜 친구 같은 재봉틀과 이별의 정을 나눈 것이었으니 그 마음이 오죽 섭섭하셨을까!

거의 평생을 함께한 오랜 친구를 멀리 보내는 마음이셨을 터인데 아들이 그 마음을 못 알아주고 투정을 부렸으니 당연히 서운하셨을 것이다.

어머님께는 반세기가 넘는 시간 동안 고물 재봉틀이 되도록 회한과 추억과 땀방울을 함께 주고받던 친구와 헤어지게 된 것이다. 다행히 교회로 옮겨진 재봉틀은 봉사자 있었기에 다시 젊은 새 주인을 만난 셈이다. 어머님도 재봉틀 친구가 생을 마감하지 않고 멋진 새 주인을 만날 수 있었다는 사실에 위로를 받으신 것 같다. 몇 번이고 나에게 재봉틀의 새 주인에게 고맙다는 말을 전하라는 말씀을 반복하셨다.

나는 예배를 다녀와서 어머님께 말씀드렸다. "어머님! 어제 죄송했습니다. 저는 계속 재봉질을 하시면 눈이 더 안 좋아지실 것 같은 염려에서 그만 하시라 한 것이었는데… 아무튼 죄송합니다."라고 용서를 구했다. 어머님 얼굴은 금세 환해지시면서 그날 밤 저녁 식사 메뉴가 달라졌다.

"재봉틀아! 이제 늙으신 어머님의 품을 떠나 새 주인의 손에서 다시 너의 새로운 삶을 시작해 다오. 나도 너의 덜덜거리는 소리를 다시 들을 때마다 오랜 친구를 대하듯 반가워할게!"(2018년)

퇴임

이제 내년이면 정년퇴임을 맞이한다. 그동안 내가 가진 실력보다 더 쓰임 받아서 감사하다. 내가 본래 가지고 역량보다 200% 더 사용하며 살아왔다. "녹슬어 없어지기보다 닳아져서 없어지자"는 열심으로 여기까지 왔다. 가진 재능이 없으니 성실로 승부를 건 내 인생이었다고나 할까? 그래서 나의 제자들에게 '성실이 재능을 이긴다'라는 말을 자주 해준다. 그리고 무엇보다 '생활인'의 삶을 살아가면서도 '사명자'로 살 수 있어서 감사하다.

사명이 무엇인가? 나에게는 아픔이 사명이었다.

어떠한 형편에 처해져 있다 할지라도 그 아픔을 껴안을 수 있어서 감사하다. 어느 날 내가 아는 대학 선배의 가족이 우리 부부를 급히 불러서 그 집에 방문했다. 원하지 않는 결혼을 했다는 선배의 딸이 아이를 임신했는데 성격차이로 인해 이미 남편과 헤어지기로 결심하고서 다음날에 유산시키기로 병원 예약을 했다는 것이다.

우리나라에서 유명세를 갖고 있는 역술인, 예언 잘하는 온사자 여러 사람을 만났는데 "이 부부는 절대 함께 못 살 것이라 말했다"는 것이다. 아이는 유산시키고 이혼을 해야 모두가 살 수 있다는 팔자라는 것이다.

죽음의 시간이 카운트다운된 상황에 내가 무슨 말을 한다고 그 굳은 마음을 돌이키겠는가! 내가 할 수 있는 길은 그 딸을 안고 울어주는 것 밖에 없었다.

처음에는 그 딸의 인생이 불쌍해서 울어주고, 다음에는 내일이면 유산되는 엄마 뱃속의 아이가 불쌍해서 울어 줄 수밖에 없었다. 그런데 통곡의 눈물을 흘리며 울어주는 어느 한순간 어둠과 사망의 권세가 그 딸에게서 빠져나가는 것을 분명히 느낄 수가 있었다.

그 후 어느덧 세월이 흘렀다. 하나님과 화평을 이루게 한 그 아들이기에 이름을 '화평'이라고 지어주었다. 그때 엄마 뱃속의 아이는 지금 중학생이 되어 씩씩하고 건강하게 자라고 있다. 나는 그 아이를 볼 때마다 "눈물이 너를 살렸단다."라고 읊조렸다. 그 딸의 남편은 세월이 갈수록 멋진 가장이요, 목회자가 되어 여수의 교회에서 목사로 헌신하고 있다.

어찌 나의 인생 중에 이런 일이 한두 번이었던가! 나에게는 아픔이 사명이다. 우리에게는 많은 아픔이 있다. 그 아픔을 사명으로 여기는 인생을 살아서 다행이다.

나는 고난이 사명이었다. 나의 고난은 아들로 인한 것이었으나 이 아들이 아니었다면 나는 교만하게 살았을 것이다. 나는 고난을 좋아하지 않는다. 그러나 고난에 익숙하다. 나의 딸은 결혼 후 네덜란드에서 살고 있으며. 내 아들은 병으로 인한 장애 때문에 어려운 생활과 병원 생활을 많이 했다. 아들의 고난으로 인해 나는 마음의 사형선고를 수없이 받았다. 죽음의 유혹에 시달리기도 했다. 그리고 내 아내는 회갑을 맞이한 1년 후 천국으로 가셨다.

어찌 보면 운명적인 고난의 인생이기도 하다. 그러나 고난이 해석이 안 되면 고난 그대로이지만 해석이 되면 섭리로 바뀐다는 것을 '나 자신의 삶'을 통해 확신할 수 있었다. 이 땅의 고난이 있었기에 영원한 나라를 사모하게 되었다. 고난이 있었기에 진흙 같은 내가 정금 같은 '믿음'으로 살 수 있어서 감사할 뿐이다.

부담감이 사명이다. 나는 건강한 사람보다 병자를 볼 때, 부담감을 가졌다. 인생의 황금기라고 말할 수 있는 40대부터 60대까지 부담감이 가는 인생들과 살았다. 60대 중순의 어느 때, 이젠 부담감이 없는 사람들과 만나고 싶었다. 그런데 장애인이나 연약한 사람을 보면 그냥 지나치지 못한다. 장애인 학생들을 보면 몸이 자석처럼 끌려가 버린다. 그리고 그들과 곧바로 서로 가슴을 안아주고 마음을 나누는 것이 자연스럽다.

특히 나에게는 가정적으로 아픔이 있는 사람을 보면 내 아픔으로 여겨지는 부담감이 있다. 나와 가까운 H가 있었다. 어쩌다가 마음씨 좋은 아내와 이혼한 지 16여 년이 되었다. 주변에서 "H에 대해 현실 감각은 없지만, 그분의 순수함 앞에 자신의 영혼이 부끄럽다"라고 말한다. 어느 날 H에게 "집에서 식사하실 때 국은 어떻게 끓여먹느냐?"라고 물었더니 "TV 홈쇼핑에서 곰탕을 사서 먹는다."라고 대답했다. 이 말 한마디가 나에게 엄청난 부담감으로 다가왔다. 영원히 곰탕을 끓여드릴 분을 모셔드려야 한다는 사명감이 생겼다.

오래전에 헤어진 H의 아내를 이리저리 수소문해서 만나 뵈니 첫마디가 "H가 근무하는 곳 옥상에 올라가서 그 사람을 원망하는 전단지를 뿌리고 뛰어내리고 싶은 억울하고 분한 심정이었다."라고 말했다. 이후에 H의 이야기를 하면 아예 안 만나겠다고 선포했다. 그 후 수 십번의 대화 끝에 이 부부를 유럽 여행에 초대했다. 가는 길의 버스에는 두 분이 따로따로 앉았지만, 돌아올 때는 내내 함께 앉았고 광주에 도착 후 마침내 한집으로 들어가셨다. 그리고 얼마 후 여행을 마친 H부부는 내게 '가족관계증명원' 한 장을 선물해 주었다. 그분의 행복이 나의 행복이었다. 남편 되신 H의 어깨에 고즈넉이 고개를 기대고 가을 단풍길을 다정스럽게 걸어가는 그분들의 뒷모습을 보니 내가 더 행복했다.

남들은 무심코 지나치지만 내게는 부담감으로 다가오니 얼마나 감사한 일인가!

나의 남은 생애 동안 아픔과 고난을 사랑하며 부담감을 사명으로 알고 살아갈 수 있게 해 주시라고 기도한다.

뒤센의 미소!

우리 대학에서는 2016학년도 졸업생들까지 졸업 앨범을 제작했는데, 해마다 광주의 쌍광 사진관에서 학교까지 출장을 나와, 교수들의 사진을 촬영해 주었다. 2016년의 가을에도 이리저리 미루다 보니 거의 마지막 촬영 날짜에 맞추어 학과의 동료 교수님들과 촬영 장소에 갔다. 나보다 한자리 앞서 사진을 찍으신 분이 같은 학과의 신희삼 교수님이셨는데 사진 기사의 "하나, 둘, 셋 하면 웃어보세요." 소리에 따라 사진을 찍었다. 하지만 사진 기사의 마음에 들지 않아서인지 3번이나 촬영을 하고서 "이 중에 가장 좋은 것을 고르겠다."는 기사님의 말을 들었다. 다음 순서로 내가 사진 촬영 자리에 앉았다. 나 역시 미소를 머금은 채 첫 번째 사진을 찍었는데, 사진 기사님이 하시는 말씀이다.

"박 교수님! 제가 동신대학에서 오랫동안 교수님들의 인물 사진 촬영을 해드렸는데 항상 한번 만에 만족할만한 사진을 제대로 찍으신 분이 바로 박 교수님이십니다. 한번 촬영에 제가 원하는 미소가 나옵니다. 혹시 뒤셴의 미소를 아십니까? 박 교수님이 전형적인 뒤셴의 미소입니다"

'뒤셴의 미소'에 대해 『회복 탄력성』이라는 책에서는 이렇게 소개한다.

> 얼굴 표정에 대한 본격적인 연구를 했던 심리학자 폴 에크만은 인간의 웃음 중에서도 긍정적 정서가 반영된 환한 웃음을'뒤셴의 미소'라 이름 지었다.
>
> 이러한 뒤셴의 미소를 짓는 사람들의 뇌는 기본적으로 긍정적 정서를 타고났다고 볼 수 있다. 이러한 긍정적 정서야말로 회복탄력성의 원천이다. 긍정적 정서는 상당 부분 유전적으로 결정되는 것이지만, 사후적인 훈련과 노력을 통해서도 얼마든지 향상시킬 수 있다.

당신이 만약 환한 뒤센의 미소를 지을 수 있다면 당신의 뇌는 높은 수준의 긍정성을 지녔다고 볼 수 있으며, 높은 수준의 회복탄력성을 통해 평생 좋은 팔자를 누리게 될 것이다. 여기에는 과학적인 근거가 있다.

이 연구는 젊은 날 한순간의 표정만으로도 그 사람의 인생이 얼마나 행복할지를 어느 정도 예측해 볼 수 있음을 알려주고 있다. 지금 거울 앞에 서서 활짝 웃어보라. 그때 당신의 웃음이 위쪽 두 사진과 유사하다면 당신의 회복탄력성 점수도 높을 가능성이 크다. 나이 들수록 얼굴에 책임져야 한다는 말이 바로 이런 뜻이다.

'생긴 대로 논다'는 말도 단순히 우스갯소리로만 들을 일이 아니다.

- 김주환, 『회복탄력성』 위즈덤하우스출판사, 2011년, 85쪽.

운명을 섭리로, 고난을 축복으로 알고 살아왔기에 언제든지 뒤센의 미소를 지을 수 있어서 다행이다.

"박 교수님의 미소가 전형적인 뒤센의 미소입니다."라는 말을 듣고서 내게 주어진 고난의 삶이 '치유된 증표'라고 스스로 받아들였다. 그러던 때에 대학에서 학생들을 대상으로 '투게더 데이' 라는 프로그램의 특강을 맡게 되었는데, '뒤센의 미소'에 대해 강의를 했다. 대학 1, 2학년 전체 학생이 의무적으로 들어야 할 특강

이기에 한번 강의를 하면 2, 3백 명씩 참석을 했다.

그런데 특강의 마지막 시간에는 내 기준의 '뒤센의 미소'에 합격을 해야만 최종 출석으로 인정을 해 주었다. 처음에는 '인위적인 미소'를 짓던 학생들도 연습을 하다 보니 점차로 '뒤센의 미소'로 바뀌어져 간다는 사실을 우리 모두가 알게 되었다. 나의 웃음에 순간적으로 전염(?)되는 제자들을 보니 이보다 기쁜 일이 있겠는가!

나의 딸아이가 서울에서 공부할 때 책상 앞에 '행복해서 웃는 것이 아니라 웃어서 행복하다.'라는 글귀를 붙여놓은 것이 마음에 와 닿았다.

나의 남은 삶을 사랑하는 내 주변의 모든 분들에게 진정한 '뒤센의 미소'를 보여주고 또 가르쳐 주며 살아가는 행복을 누리길 소망한다.

한때는 나보다 더 불행한 사람을 한 사람이라도 보았으면 위로를 삼겠다고 하늘을 향해 하소연했는데, 고백록을 쓰면서 '내 인생을 해석' 해보니 이 세상에서 가장 행복한 사람이 있다면 '바로 나'라고 다시 한번 확인할 수 있게 된 것에 감사하다.

저 멀리 아득해 보이던 천국이 아내가 돌아가신 후에는 손만 내밀면 와 닿을 듯이 가깝게 느껴진다. 천국에 가면 사랑하는 아내를 만날 수 있다는 것과 나의 아들도 원래 하나님의 창조하신 모습으로 다시 빚어질 것을 생각하니 기대감과 설렘으로 이 생 다음에 열리는 새로운 세상을 소망한다. 보이는 이 땅의 것에 매일까봐 피하거나 멸하지 않은 영원한 것에 소망을 두고 살고자 하는 마음을 갖도록 선물을 준 내 가족들이라고 생각한다.

고백록이라는 제목으로 시작했지만 죄의 고백보다 결국은 내 자랑이 되어버린 것 같아서 책으로 출판하는 것을 주저한 것이 사실이다. 내 약함만이 자랑이 되기를 소망한다. 하나님의 영광을 위해 산다고 했지만 내 인생의 마지막 결산은 이 땅과 나를 위한 삶이었음을 고백한다. 진정한 자기 고백은 신에게만 드릴 수 있는가 보다.

긍정심리학의 창시자인 마틴 셀리그먼(미국 펜실베이니아 대학) 교수의 말로 나의 고백록을 마무리한다.

"더 바랄 것도 없고, 더 올라갈 데도 없고, 더 채울 것도 없는 상태가 진정한 행복이다."

2020년 6월
저자 박배식

박배식의 걸어온 길

1955	· 12월 22일 - 부친 박진열(朴振烈, 본관은 밀양, 모친 조정익(趙貞翊, 본관은 옥천)의 2남 1녀 중, 장남으로 태어남 - 고흥에서 출생, 수의학 전공의 부친은 전통 유교적 가문으로 연구직 공무원 이셨고 모친은 보수적이면서도 진취적인 균형을 갖추심
1956~1960	공무원이신 부친을 따라 장성, 나주, 광주에서 거주
1960	나주에 살던 중, 집 앞의 교회 주일학교에 출석
1962	광주 대성 초등학교 입학
1968, 1971	조선대학교 부속 중학교 입학, 부속 고등학교 입학
1975	대학생 성경읽기 선교회(UBF)를 통해 예수님을 인격적으로 영접, 선교사로 헌신하고자 서원
1976	광주중앙교회 출석 중, 아내(고미자)를 교회에서 만남
1978	조선대학교 문리과대학 국어국문학과 졸업(문학사)
1976~2001	광주중앙교회에서 세례(1976년), 안수집사(1994년), 시무장로(1997년), 전도사 시무(1998년), 준목(2000년), 목사안수(2002년)
1978~1980	육군 소위 임관(1978년), 중위 예편 (1980년)
1978	아내(고미자) 전남대학교 병원 근무(간호사)
1980	9월 28일 추석날 교통사고로 생, 사의 갈림길에서 회생
1980	10월 27일 사고를 통해 전통적인 유교 집안의 아버님께서 세례를 받고, 전 가족이 교회에 출석

1981	광주 진흥중학교 교사로 발령
1981	4월 4일 고미자(高美子, 본관은 장흥)와 혼인
1982, 1983	장녀 박유나 출생 (1982년), 장남 박준성 출생(1983년)
1982~2004	국민대학교 대학원 졸업(교육학석사, 1982년), 세종대학교 대학원 졸업(문학박사, 1991년), 광신대학교 개혁신학연구원 신학연구과 졸업(M,Div. equ 2002년), 아세아연합신학대학원 졸업(목회상담학석사, 2004년)
1981~2013	국민대학교, 세종대학교, 광주교육대학교 강사 역임
1982~1985	대학원에 재학하면서 매일유업 대리점장, 롯데유업 영업소장 역임
1982~2013	광신대학교에서 31년간 시간강사 역임
1986~1994	동강대학교 전임강사, 조교수, 도서관장, 대학 신문사 주간 역임
1989, 2001	아내(고미자) 전남대학교 대학원 졸업(간호학석사, 1989년) 카톨릭대학교 대학원 졸업(간호학박사, 2001년)
1990	· 12월 30일 - 부친 (박진열, 서기관) 대통령 녹조근정훈장 수여 및 공직에 40년 봉직후, 퇴임 - 부모님께서 세계여행 후, 동물 병원 개원(전라남도 수의사 회장 역임)
1990~2016	아내(고미자) 목포과학대학 전임강사, 조교수, 부교수, 정교수 역임
1994~2020	동신대학교 전임강사, 조교수, 부교수, 정교수 역임
1994~2020	동신대학교 학과구조조정위원회, 세계화위원회, 학업능력강화위원회, 학술연구위원회, 기획위원회, 교과목개발위원회, 창의형교과과목개발위원회, E-러닝 클리닉 개발위원회, 교원인사위원회, 교양교과목개발위원회, 학업능력심화교육과정개발 원회, 지역사회선도대학운영위원회, 등에서 활동
1994~2001	멕시코 오아카 미혜부족을 대상으로 사역하시는 이주태 선교사의 선교지에서 방학 때 마다 가족과 함께 단기 선교

1994~2001	필리핀, 태국, 캄보디아, 방글라데시 의료선교에 아내와 함께 파견 봉사
1994	-아들(준성)이 초등학교 4학년부터 행동장애(뇌염 후유증)가 나타남 -초등학교를 3번이나 전학, 전문적인 치료 후에도 완치 어려움
1997	2월 광주개혁신학연구원 부설 성경대학원 졸업
1997~2001	전라남도 문화상 심사위원 위촉
1997~1999	조선대학교 인문과학연구소 객원 연구원
1997	광주 지방검찰청으로부터 범죄 예방전문 교육위원으로 위촉
1998	법무부 장관으로부터 아내와 함께 비행 청소년 지도위원으로 위촉
1998	국제PEN클럽 한국본부 《펜과 문학》지 평론 부문 추천 완료
1998	- 아들의 행동장애로 인한 문제 행동으로 법원에서 보호관찰 명령 3회 받음 - 공주 법무 병원과 서울대 병원의 치료과정에서 유아시절 뇌염의 후유증으로 인한 '양극성 장애'로 판정되어 '치료의 대상'으로 법원에서 판결됨(심신장애 2급 판정) - 아들의 상황을 통해 비행 청소년과 부모 대상으로 전문 상담가의 길을 걷게 됨
1998~2010	광주 보호관찰소 비행 청소년 상담자로 아내와 함께 수강 명령교육 활동
1998~2010	광주광역시로부터 위탁받아 아내와 함께 탈북민 정착을 위한 교육 및 상담 활동
1998~2020	광주광역시에서 청소년 전문직 상담위원으로 아내와 활동
1998~2020	한국청소년 상담 전문직 자원 봉사자 위촉받아 아내와 활동
1999~2005	KBS〈6시 내 고향〉 프로그램에 나주 다도면 수덕의 집(치매 요양원)에서 전 가족과 함께 5년간의 봉사내용 방영
2001	〈호남 신문〉에 '태촌파 소년원 출신' 양아들 삼은 기사 보도

2001	7월 〈고향사랑〉 저널지에 사형수를 대상으로 하는 교도소 방문과 비행 청소년 상담에 관한 기사 보도
2002	한국청소년 상담원으로부터 감사패 수여
2002	광신대학교 대학원장이신 정준기 교수가 설립한 샬롬교회의 터 위에, 우리빛 교회 개척 및 사역
2003	2월 3일 부친(박진열, 70세) 별세
2003	4월 4일 〈중앙일보〉에 비행청소년 전문직 상담에 관한 기사 보도 5월 SBS 방송 〈이 사람을 보라〉에 비행청소년 상담 활동 방영
2003	5월 15일 아내 고미자 교수, 목포시 교원 연합회로부터 공로패 수여
2003	8월 동신대 인터넷방송에 〈비행청소년의 아버지 박배식 교수를 찾아〉 방영 (1개월간 밀착 취재)
2004	5월 15일 부총리겸 교육인적자원부 장관 표창 수상
2004	한국청소년 상담원으로부터 우수전문직 자원봉사자상 수상
2004~2018	현대사회와스피치(예원출판사), 정보화시대의 생활작문(예원출판사), 문학과 인생(도서출판 예원) 한국문학의 이해와 감상(동신대 출판부), 발표와 토론(동신대 출판부), 대학인의 읽기와 쓰기(동신대 출판부), 문학의 이해(역락), 전래동화로 배우는 한국어(역락), 논리적 말하기(도서출판문화원), 창의적 글쓰기(공동체), 동양의 문학(동인출판) 등의 출간
2004~2020	- 동신대학교 국어국문학과가 폐과 된 후, 벤처정신을 갖고 동료 교수들과 한국어교원학과를 개설(2004년) - 외국인 유학생 유치를 위해 3년간 50여개 중국대학과 고등학교의 현지방문을 통한 자매결연 체결 - 한국어교원학과가 안정기에 들어가면서, 일반대학원 석사과정 개설(2012년), 일반대학원 박사과정과정 개설(2014년), 사회개발 대학원 석사과정 개설 (2018년) - '시간제수업' 기관개설승인을 받아 연간 300여명 입학(2014년) 현재 (2020년)까지 운영

2005, 2009	딸(유나), 이화여자대학교 졸업(2005년), 연세대학교 졸업(2009년)
2005~2013	- 아들(준성), 전남과학대학 사회복지학과 졸업(2005년), 광주대학교 사회복지학부 졸업(2007년), 광주신학교 졸업(2009년), 광주바이블칼리지 졸업 (2013년) - 사회복지사 자격증 취득(2005년), 요양보호사 자격 취득(2008년), 대한예수교 장로회(합동), 전도사 자격 취득(2009년) - 담양도립대학 식품영양학과 재학 중 재발 된 장애 증세로 장기 입원 (2013년)
2005~2020	청소넌 1388 청소년 지원단 대표 위촉(내 자신이 가장 간직하고 싶은 직분임)
2005~2020	동신대학교 기독교수회를 동료들과 설립(2005년) 및 회장 역임
2014	전국대학 기독교수회 조직 및 상임이사
2007	광주 광역시 교육정보원 주관 학생 상담자원봉사자 위촉
2008	요양보호사 자격 취득
2009	전남 매일신문 컬럼위원 선정(장애우에 대한 부모교육)
2010	대한예수교 장로회 광주제일시찰 교역자회장
2011	장녀 박유나(사위 서 벤 목사, 네덜란드 거주) 혼인(사돈은 총신대학교 부총장, 개혁신학원장 서철원 박사, 아들 준성이가 중매를 함)
2013	한국어교원 2급 자격증 취득(문화체육부장관, 2013년)
2013~2020	광주광역시 청소년 통합체계 운영위원회 위원 위촉
2014~2016	아내(고미자 교수), 목포 과학대학교 산학 협력단장
2014	8월 7일 네덜란드에서 외손녀 리후 출생

2015~2020	새날학교와 고려인 마을 자문, 고문
2016	**8월~9월** 아내와 네덜란드의 딸 집을 방문, 10월 11일 아내(고미자)별세 (주일 예배 후, 사인불명(死因不明)으로 사망)
2017	**8월 31일** 아내(故 고미자) 대통령 표창장 수여
2016~2020	도로교통공단 청렴옴부즈만 재임
2017	학교법인 해인학원(동신대학교) 30년 근속상 표창
2018	**5월 30일** 네덜란드에서 외손자 강후 출생
2018	아내 고미자 교수의 유고 명상집 발간, 중국어 번역판 발간(제목: 마음이 가난한 자는)
2018	우리빛교회의 18년간 사역을 통해 교회가 안정기에 접어들자 더욱 새로운 변화를 위해 담임목사직 사임(젊은 후임을 세우고, 장애아들을 돌보면서 하나님의 새로운 인도하심에 순종하고자 사임함)
2019	아내가 매입했던 터(광산구 예림 마을)에 기도원 설립 후, 노회규정에 따라 예림교회로 승인
2018~2020	한국어교육연구학회장 재임중 한국, 중국, 일본 국제학술대회 3회 개최 (주제: 동아시아에서의 한국어 교육 등)
2018~2020	국제 농업박람회 이사 재임
2020	한국어교육연구학회장 재임중 일본 한국어 교육학회와 M.O.U 체결 및 일본 대학에서 공동 학술발표대회 개최
2004-2020	한국어교육연구학회장, 한글학회부회장, 동북아시아문화학회 이사, 구보학회 이사, 현대비평과 이론학회 이사, 한국지역문학인 협회이사, 한국어 교육학과 협의회이사, 광주문인협회 평론분과 위원장 등 역임
1994~2020	동신대학교 문화관광대학장, 사회문화대학장,국제교류부장, 국제어문 학부장, 한국어교원학과장, 신문방송학과장 역임
2020	6월 『밥배식의 25시』 출간 기념회

학과를 세우기 위해서는
첫째, 시스템에 의한 학과운영. 둘째, 구성원들 간의 소통과 화합.
셋째, 학생들을 향한 비젼 제시와 진정성있는 사랑으로
위기의식에 학과가 세워지기를 기대합니다.

- 위기의 대학, 학과 세우기 강연 中 -

사진으로 보는 발자취

부모님의 연인시절 모습과 결혼사진

· 연인시절 뒷면에 '서로 두려워하면서도 행복감을 숨길 수 없던 바로 이때' 라는 아버지의 글이 적혀 있음(1952년) p.18

· 결혼사진에는 '미지의 세계로 우리 함께 나아가리라!' 라는 아버지의 글이 적혀 있음(1955년 봄) p.18

내가 태어난 생가와 아버님의 군의관 시절

· 아이를 안고 있는 분이 어머님이시고 그 옆에 계신 분이 일본 큰 어머님(1959년경) p.20

· 강원도 연천군에서 나들이를 가셨는데 유모차에서 잠들어 있는 필자(1958년) p.20

나의 돌 기념사진과 초등학교 전교 어린이회장

· '10대에 꿈, 20대에 준비, 30대에 영향력 있는 삶을 살아라' 는 아버님의 글이 적혀 있음(1957년 1월) p.19

· 대성국민학교 전교 어린이 회장, 광주 실내체육관에서 졸업식날 송사를 낭독하는 모습(1967년 2월) p.40

중학교, 고등학교, 대학생 시절

· 중학생 시절에 미국의 여학생과 펜팔을 하기 위해 사직공원에서 찍은 사진(1969년) p.44

· 고등학교 시절에 학교의 정원에서(1972년) p.60

· 대학 캠퍼스에서 음악을 전공하는 여동생과 함께(1976년) p.62

· 대학생 시절 시화전 발표회(1975년) p.64

육군 소위 임관식날과 장교훈련 시절

· 육군 소위 임관식날, 어머님 옆은 여동생 (1978년 2월) p.67

· 장교시절의 유격 훈련 중, 오른쪽 3번째가 필자 (1978년 3월) p.68

결혼 전의 아내

· 아내의 간호사 수여 선서식 (1978년) p.83

· UBF 선교단체에 소속 후 간증 (1980년 8월) p.84

나의 원가족, 결혼식

· 아버님의 서기관승진기념(1977년) p.192

· 광주중앙교회에서 결혼식(1981년 4월 4일) p.102

아내와 신혼살림

· 첫날밤을 제일기도원에서 보냄 (1981년 4월 4일) p.102

· 중등학교 교사시절의 신혼 (1981년 5월) p.102

CEO시절, 매일유업 직원들과 함께

· 매일유업 CEO시절, 직원들과 함께 연수 활동 (1985년) p.152

광주 중앙교회 가족 찬양대회 우승기념

· 부모님과 동생 가족들, 아들, 딸, 맨 오른쪽이 아내 (1987년) p.97

아들의 초등학교 입학기념

· 아들이 초등학교에 입학하던 해, 어느 봄날 (1990년 봄) p.224

가족묘지를 조성하고 나서

· 가족묘지를 조성 후 부모님, 동생네 가족들과 함께 (1992년 봄) p.209

· '서로 사랑하라'라는 가훈을 묘비에 세긴 가족묘지 전경 (2006년경) p.209

박사학위 수여기념

· 나의 문학박사학위 수여기념, 서울에 계시는 아내의 친가 가족들과 함께 (1995년) p.148

· 아내의 간호학 박사학위 수여기념 (2002년) p.191

미혜부족을 향한 선교활동

· 멕시코 인디오 원주민부족을 대상으로 선교 방문 중인 가족들 p.294

(1991년~2001년까지 10여년 간 이어짐)

아버님의 정년 퇴임식

· 아버님의 정년 퇴임식 날, 꽃다발을 전달하는 아들과 딸 (1990년) p.189

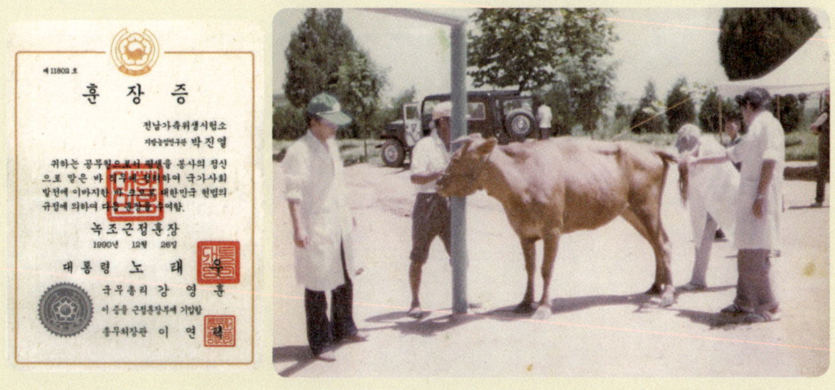

제 11802 호

훈 장 증

전남가축위생시험소
지방농업연구관 박 진 열

귀하는 공무원으로서 평생을 봉사의 정신으로 맡은 바 직무에 정려하여 국가사회 발전에 이바지한 바 크므로 대한민국 헌법의 규정에 의하여 다음 훈장을 수여함.

녹조근정훈장

1990년 12월 26일

대통령 노 태 우

국무총리 강 영 훈

이 증을 근정훈장부에 기입함

총무처장관 이 연 택

수의료 봉사

· 아버님께서 대통령으로부터 녹조근조훈장 수여(1990년) p.199

· 수의료 봉사를 하시는 아버님(1980년 세례를 받으신 후 20여 년간 봉사에 헌신하심) p.199

아버님의 장례예배

(2003년 2월 3일) p.199

세계 자원봉사자의 해

끈끈한 신뢰가 '사랑의 끈'

소년원 출신 민수군과
양아버지 박배식 교수

박교수 소년원 수감된 민수 지도 양아들 입적
믿음속 진한 가족애 나누며 따뜻한 가정 일궈

끈끈한 신뢰가 사랑의 끈, 기독교수의 창립

· 세계자원봉사자의 해를 맞아 일간지에 소개된 내용 (2001년) p.259

· 기독교수회의 창립 및 연합찬양제(2013년) p.187

제96-11-18호

傳道師考試 合格證

성　　명 : 박 준 성
주민등록번호 : 831211-1559017
소 속 교 회 : 우리빛교회

위 사람은 총회헌법 제10장과 총회규칙 제4장 제17조에 의거 제96회기 주후 2011년 10월 28일 대한예수교장로회 광주노회에서 실시한 전도사고시에 합격하였음을 증명함.

주후 2011년 12월 17일

대한예수교장로회　광주노회

노회장　이 태 권 목사
서 기　이 준 재 목사

아들의 광주대학교 사회복지학과 졸업식 날

· 졸업식 날, 아내를 업어주는 아들 (2007년) p.250

· 아들의 전도사 고시합격 (2011년) p.210

광신대학교 방문 설교 기념

· 광신대학교에 방문하여 설교함 (2010년) p.140

신학 강좌 개최

· 사돈인 서철원 부총장 부부를 내가 시무하는 우리빛 교회에 초청하여 신학 강좌 개최 (2011년) p.308

딸의 결혼식

· 아들의 중매로 이어진 딸의 결혼식, 동생네 가족들과 함께 (2011년) p.307

아들의 신학교졸업 기념, 임직예배

· 아들의 신학교 졸업 기념, 가족들과 함께(2013년) p.250

· 18년간 사역한 우리빛교회의 장로, 안수집사, 권사 임직(2014년) p.250

아내와 암스테르담에서

· 아내와 함께 네덜란드의 딸 가족들과 암스텔르담에서 (2016년) p.336

아내의 장례식장

· 한 순간에 천국으로 입성한 아내의 장례식 (2016년 10월 10일) p.345

제 209089 호

표 창 장

전 목포과학대학교
교수 고 고 미 자

위는 교육에 헌신적으로 봉사하여
국민 교육 발전에 이바지한 공로가 크므로
이에 표창합니다.

2017년 8월 31일

대통령 문 재 인

이 증을 대통령 표창부에 기록합니다
행정안전부장관 김 부 겸

문재인 대통령의 표창장과 아내의 유고집

· 문재인 대통령으로부터 아내 고미자 교수에게 표창 (2017년) p.345

· 아내의 유고집 고미자 명상집 『마음이 가난한자는』 발간 (2018년) p.345

동신대학교 보직자와 함께, 아시스의 순례길

· 사회문화대학 학장 재임 중 김황식 국무총리를 모시고 보직자와 함께(2016년) p.186

· 아내의 소천 후, 중학생때부터 가보고 싶었던 성,프란시스코의 고향 아시스의 순례길(2019년) p.175

한국어교육연구 학회장 재임 중에 한중일 국제학술대회 개최

· 일본 한국어 교육학회와의 M.O.U 체결 및 학술 발표대회 참석 (2018년) p.185

71년만에 어머님의 순천여고 졸업장

· 71년만에 순천여중/고(4년과정) 졸업장, 학적 복원되신 어머님

(2020년 5월 14일 KBS 뉴스에 여순 항쟁 사건과 관련보도)

『밥배식의 24시』 출판기념회

· 코로나19 상황으로 인해 동료 교수, 대학원 학생들과 함께 (2020)